U0926476

峥嶸歲月 築造輝煌

中交四航局第一工程有限公司◎主编

中交四航局第一工程有限公司发展简史（1943—2019）

南方日报出版社
NANFANG DAILY PRESS
中国·广州

图书在版编目（CIP）数据

峥嵘岁月　筑造辉煌:中交四航局第一工程有限公司发展简史:1943—2019 / 中交四航局第一工程有限公司主编. -- 广州:南方日报出版社, 2020.9
ISBN 978-7-5491-2232-5

Ⅰ. ①峥… Ⅱ. ①中… Ⅲ. ①道路工程－建筑企业－企业史－中国－1943-2019 Ⅳ. ①F426.9

中国版本图书馆CIP数据核字(2020)第191815号

ZHENGRONG SUIYUE ZHUZAO HUIHUANG
峥嵘岁月　筑造辉煌——中交四航局第一工程有限公司发展简史（1943—2019）
编　　者：中交四航局第一工程有限公司
出版发行：南方日报出版社
地　　址：广州市广州大道中289号
出 版 人：周山丹
责任编辑：刘志一　李　哲
责任技编：王　兰
责任校对：阮昌汉
装帧设计：劳华义
经　　销：全国新华书店
印　　刷：广州市尚铭印刷有限公司
开　　本：787mm×1092mm　1/16
印　　张：20.25
字　　数：350千字
版　　次：2020年9月第1版
印　　次：2020年9月第1次印刷
定　　价：88.00元

投稿热线：（020）87360640　读者热线：（020）87363865
发现印装质量问题，影响阅读，请与承印厂联系调换。

编委会

序

让历史告诉未来

“珠江滔滔，云山苍苍”，在波澜壮阔的历史长河中，绽放过无数浪花，涌现过无数英雄，有多少情怀灿若星辰，有多少精神耀如明灯，我们将高举传承，照耀前进的道路。

四航局一公司的历史肇始于1943年。

这是一家从血与火中走出来的英雄企业，在抗战的烽火硝烟中筑路报国，在新中国建设的热潮中勇当骨干，在改革开放的洪流中砥砺前行，在“走出去”的浪潮中率先走出国门，走向世界。企业发展的每一个脚步，都深深地镌刻了大时代的烙印。从抗战时期应急应险之用的军用机场（广西丹竹，四川绵阳、简阳等机场）的修筑到抗战输血大动脉——滇缅公路保密线的建设；从抗战胜利后广州沙河基地的组建，奠定我国机械施工之基础，到新中国成立初期助力广州乃至整个华南地区经济恢复的国防交通（海珠桥、海榆中线等）建设；从华南地区地方经济与交通（金盘岭隧道、韶关大桥等）建设的中坚力量到“三线建设”时期的奔赴全国参与国防建设（307国道、0401工程、重庆江川港口机械厂等）的中南处；从改革开放建设大潮中的“拓荒牛”、“深圳速度”、广州市政建设的“王牌军”、华南路桥建设的劲旅，到新世纪企业发展升级的探索者、优胜者，创造了诸多项建设传奇，获得了鲁班奖、詹天佑奖、布鲁内尔奖、中国市政工程金杯奖、国家优质工程奖等奖项，增强了企业发展自信。一系列“一带一路”品牌工程（埃及塞得东港集装箱码头二期工程、马来西亚槟城二桥、肯尼亚蒙内铁路、马来西亚东海岸铁路）的承建，再次让这个老牌英雄企业扬威异域。

“历史是由人民创造的”，同样，企业的辉煌历史也是由一代又一代的先贤、前辈、员工们，用汗水甚至是鲜血铸就的。

四航局一公司经历了76年不同寻常的历史。这是记录着荣光与辉煌、荆棘与坎坷、拼搏与汗水的峥嵘岁月；这是与民族共患难，与国家同命运，与时代共呼吸的爱国史；这是共铸中国梦，实现中华民族伟大复兴的奋斗史。烽火硝烟中的“救国情怀”、祖国建设中的“一颗红心，多手准备”、改革大潮中的“惊人一跃”、“走出去”中的“先行者”，这些闪亮的词汇紧贴着时代的脉搏，也映射出了四航局一公司人的精神特质。他们当年的赤诚与热血、胆识与抱负、付出与奉献、辛酸与苦乐、故事与传奇，不应仅仅停留在老一辈们的回忆中，而应不断得到发掘、提炼、升华，成为企业发展历史中不可磨灭的一部分，成为全体职工共同的“精神家园”，这是本书的灵魂，也是目的所在——“致敬前辈，激励后人”。

薪火相传，光荣延续，四航局一公司76年的发展历程孕育了“特别能吃苦、特别能战斗、特别能奉献、特别能包容”的奋斗精神，也告诉我们，发展之路从来没有平坦的大道可走，过往的辉煌繁荣会让我们更加自豪和自信，未来征途上的荆棘挑战也终将让我们变得更强，只要我们顺应发展大势，扛起责任，拿出信心，采取行动，我们有自信、有能力创造属于我们时代的辉煌，就如同滇缅公路上的“二十四道弯”，一路蜿蜒向上，坚韧不拔，历久弥强。

一家企业的自豪、荣光和受人尊敬，不仅仅在于她过往的辉煌和业绩，更在于她在一次次时代淬炼下的浴火重生，在于她在体制机制变革中的自我革新，在于她包容的胸怀、开放的态度、永不言馁的笃定和不断内生的源源活力。

新时代奔向新目标。如今，我国进入了决胜全面建成小康社会，开启全面建设社会主义现代化国家新征程，向建设社会主义现代化强国奋进的新时代。党的十九大报告指出，历史车轮滚滚前进，时代潮流浩浩荡荡。历史只会眷顾坚定者、奋进者、搏击者，而不会等待犹豫者、懈怠者、畏难者。

站在历史的新起点，不忘初心，牢记使命。铭记四航局一公司的风雨峥嵘历史，将让我们充满自信，永不言败！传承四航局一公司的奋斗精神，将让我们充满力量，开拓前行！牢记四航局一公司的光荣历史使命，将让我们不忘初心，充满希望，创造出美好的前景、美好的生活！

谨以此书向曾经在民族危亡时刻做出过特殊贡献的四航局一公司先辈们致以崇高的敬意！向在新中国经济建设中不畏艰辛、默默奉献的四航局一公司前辈们致以崇高的敬意！向在国家改革开放大潮和“走出去”市场洪流中奋勇搏击的四航局一公司员工致以崇高的敬意！

四航局一公司党委书记：陈汉良 四航局 一公司总经理：[illegible]

目 录

第三篇　砥砺奋进：行改革求跃升（1979—2019）

CONTENTS

历 程

四航局一公司是一家具有76年历史的英雄企业，在半个多世纪的峥嵘岁月里，承建、参建了一大批重大历史工程，在工程建设领域扮演了多种重要角色。以下展示的，为各个时期中部分具有代表性的工程项目。

》》抗日战争时期

战时交通建设的英雄队伍

在烽火连天的年代，四航局一公司前身的先辈们胸怀满腔的爱国热情，不辱肩负的光荣使命，参与建设了多项艰难、险重的军事交通工程，贯通了一条条事关战事大局的陆空“生命线”，谱写了一篇篇厚重的英雄乐章。

■1944年，滇缅公路保密公路工程处第二工程处（四航局一公司前身）第一次走出国门，参建史称“抗战输血大动脉”的滇缅公路，被载入了抗日战争的史册。图为滇缅公路24道弯

》》新中国成立初期

护国利民的工程“子弟兵”

新中国成立初期，国基尚未稳固，向往和平的中国人民仍面临着潜在的战争威胁。四航局一公司的先辈们义不容辞，肩挑大梁，新建和修复了一系列关乎国家和人民利益的重要工程，为巩固国家安全的基础、助力国民经济的复苏做出了不朽的贡献。

■海珠桥被称为珠江“千古第一桥”。1949年10月，败退的国民党当局炸毁了这座当时广州市第一座也是唯一一座跨江大桥。次年，广东省机械筑路工程总队（四航局一公司前身）仅用七个多月（1950年3月至11月）便完成了海珠桥的修复，恢复了这条连接广州南北的主干道

■1952年至1954年，中央交通部华南区公路修建工程指挥部机筑总队第三机筑大队（四航局一公司前身）参建了海南岛第一条国防战备公路——海榆中线。图为海榆中线公路建设烈士纪念碑

》》社会主义建设时期

“三线建设”的坚强力量

1964年起，党和国家基于彼时复杂的国际关系，发起了一场以战备为指导思想的大规模国防、科技、工业和交通基础设施建设——“三线建设”。拥有技术、人才优势的交通部中南公路工程处（四航局一公司前身），响应国家号召，走南闯北，承担了多条国家公路干线的建设。

■1965年至1969年，交通部第三公路工程局机械筑路工程处（四航局一公司前身）参建代号为0401的国防战备公路。该工程是当时国内一次性投资最多、技术标准最高、通过能力最大的国防公路干线，集设计、科研、施工、教学等功能为一体，被誉为“山区公路教科书”。图为0401国防公路东大岭隧道

■1971年至1973年，交通部中南公路工程处（四航局一公司前身）承建广州金盘岭隧道。该工程是广东省第一条公路隧道，也是一条平战两用隧道。图为金盘岭隧道出入口

■早期的深圳市和平路立交桥

》》改革开放时期

特区建设的“拓荒牛”

1979年6月，四航局一公司进入深圳特区，相继承建了深南大道、深南中路、和平路、建设路、滨河大道、文锦渡大桥（从深圳进入香港的过关通道）等深圳特区最早的一批市政工程，被誉为“信得过的施工队伍”。

■如今繁华的深圳市深南大道

路桥建设的劲旅

改革开放后，随着我国交通基础建设速度的加快，四航局一公司承担了国家诸多大型路桥项目的施工任务，塑造了自己的品牌，在我国路桥建筑史上留下了精彩的一笔，堪称一支路桥建设的劲旅。

■1987年至1993年，四航局一公司参建连接广州、深圳的第一条高速公路——广深高速公路。该公路被誉为“南国第一路”

■1990年，四航局一公司参建澳门地区第一座跨海大桥——澳门友谊大桥。1994年4月17日，大桥正式通车，时任葡萄牙总理席尔瓦为大桥剪彩，并将其命名为“友谊大桥”

■1997年至2003年，四航局一公司承建广东丰顺莲花山隧道工程。该工程是我国内地较早采用“新奥法”施工的隧道工程之一，获2002年度中港优质工程奖

华南港口建设的生力军

20世纪80年代初，党中央强调要尽快把铁路、港口建设起来。在这一大背景下，华南地区港口建设掀起高潮，四航局迎来了港口建设的一个黄金时期，一公司跟随四航局的步伐，完成了多项港口工程。

■1984年至1985年，四航局一公司承建了广东沙角电厂A厂码头。该工程获1991年度国家优质工程奖，是四航局一公司自1974年加入国家建港队伍后，第一个获得国家级奖项的水工工程

广州市政建设的“王牌军”

20世纪80年代至90年代，四航局一公司成为最早参与广州市政工程建设的施工队伍，承建了一大批一流的标志性大型工程，被广州市领导称为“能打硬仗的市政建设的‘王牌军’”。

■1988年至1993年，四航局一公司承建了广州市第一座过江隧道——广州珠江隧道黄沙出口段工程。广州珠江隧道工程获中国市政工程金杯奖

■1986年至1989年，四航局一公司承建了广州海印大桥北引桥，该工程被誉为“创下了广州市桥梁建设高质量的样板”。图为广州海印大桥

■1995年至1997年，四航局一公司承建了广州鹤洞大桥。该桥堪称20世纪90年代广州市的标志性建筑，是当时广州市主塔最高、跨径最长的大桥

中港四航局第一工程公司：

你单位参建的广州内环路主线桥梁工程　经国家工程建设质量奖审定委员会审定，荣获国家优质工程银质奖。特发此证，以资鼓励。

国家工程建设质量奖审定委员会
二OO三年十二月三日

■四航局一公司从1998年至2000年参建广州市内环路多个标段的工程，这是四航局一公司市政建设史上最辉煌、最自豪的系列工程。四航局一公司参建的广州内环路主线桥梁工程于2003年获国家优质工程银质奖

》》进入新世纪以来

BOT工程施工的主力

从2003年起，四航局积极开拓高端业务，走向价值链的前沿，尝试做投资项目。四航局一公司参与了当时四航局第一个BOT（“建设—经营—转让”模式）项目施工，并成为主力军。

■2004年至2007年，四航局一公司承建了湘潭莲城大桥。该工程是世界首座斜拉双飞燕式钢管混凝土系杆拱桥，也是四航局工程史上第一个BOT项目，获2010年度国家优质工程银质奖

■2004年至2007年，四航局一公司承建了重庆李渡长江大桥。该工程有效拉近了重庆涪陵区与主城区的时空距离，对涪陵区社会经济及城市的发展具有重要推动作用，也成为四航局一公司实力和品牌的极佳展示窗口

■2005年至2009年，四航局一公司参建广明高速公路，该高速公路是广东省2004—2030年高速公路网规划“九纵五横两环”中的一条重要加密线。在四航局一公司负责的广明高速的多个标段中，富湾特大桥是当时西江流域规模最大、宽度最大的特大桥。上图为建成时的广明高速公路，下图为富湾特大桥

修筑铁路的中坚

面对国家“十五”时期过后路桥市场逐渐饱和的态势，四航局一公司开始积极探索新出路，提出了向高技术和大规模的高端市场挺进的战略。以进军太中银铁路为标志，四航局一公司成为四航局最早进入铁路建设新领域的单位。

■2006年至2011年，四航局一公司参建了太中银铁路项目，该项目是中国交建施工史上第一个大型铁路项目

■2007年至2011年，四航局一公司参建了哈尔滨至大连铁路客运专线，该专线是我国《中长期铁路网规划》中投资规模大、技术含量高的一项工程，被称为“东北第一高速铁路”。该工程获第十四届中国土木工程詹天佑奖。图为哈大曲家屯特大桥施工现场

■2008年起，四航局一公司参建了贵广铁路项目，这是四航局以自身资质独立承揽的首个铁路项目，也是当时四航局有史以来国内市场单项工程标的最大的项目。图为一列高铁驶过贵广铁路北江特大桥

■2010年至2016年，四航局一公司参建了云桂铁路项目，它的建设结束了文山州没有铁路的历史。图为云桂铁路那莫双线大桥

勇挑区域建设的大梁

21世纪的第一个十年，工程建设市场风起云涌。为改善经营状况，四航局一公司下大力气狠抓省内省外两个市场。随后，在山西、福建、湖北、新疆、海南等地开辟了新战场。

■2006年至2008年，四航局一公司承建了沪蓉西高速公路薛湾隧道（原名乌池坝隧道）工程，该工程获2010年度中国铁道工程建设“火车头”优质工程奖以及2010—2011年度国家优质工程银质奖

■2015年至2018年，四航局一公司重回海南，参建海南省琼乐高速公路，这是四航局一公司继1952年参建海榆中线国防公路后重回海南的首个项目

■为践行国家“西部大开发”战略，四航局一公司积极开拓新疆市场。2017年，四航局一公司参建了新疆乌尉高速公路项目，有力推进新疆“丝绸之路经济带”核心区的打造。图为新疆乌尉高速公路施工现场

担当开拓新业务的先锋

四航局基于市场形势的变化，对业务结构的组成进行了调整。一公司作为四航局的主力子公司，积极贯彻落实四航局的经营理念，充分发挥自身优势，在继续承担路桥、隧道、铁路施工任务的基础上，积极开拓经营，担当了四航局开拓新业务的先锋。

■2007年至2009年，四航局一公司参建浙江舟山大陆连岛工程金塘大桥工程

证书

中交第四航务工程局有限公司：

贵单位参与施工的舟山大陆连岛工程金塘大桥工程，荣获交通运输部公路交通优质工程奖(李春奖)

一等奖

中国公路建设行业协会

二〇一六年三月

■2007年至2009年，四航局一公司参建的浙江舟山大陆连岛工程金塘大桥工程于2016年3月获交通运输部公路交通优质工程奖（李春奖），于2017年11月获中国建设工程鲁班奖（国家优质工程），并获2016—2017年度国家优质工程奖

中国建设工程鲁班奖

（国家优质工程）

工程名称：舟山大陆连岛工程金塘大桥项目

参建单位：中交第四航务工程局有限公司

中国建筑业协会

二〇一七年十一月

■2017年6月28日，四航局首台盾构机“四航盾1”在进行珠海城际项目施工时，于当天24小时内完成掘进16环（25.6米），创造了城际轨道交通工程用同类大型盾构机掘进的全国新纪录

■厦门地铁2号线项目首台盾构在马銮北站顺利始发

■2016年底至2017年底，四航局一公司参建世纪工程——港珠澳大桥工程中的澳门口岸工程。该工程是粤港澳三地建筑面积最大的口岸工程

“走出去”战略的先行者

早在“一带一路”倡议提出之前，四航局一公司便已开始独立组织实施海外项目，逐步参与国际建筑市场竞争，大胆争做国家“走出去”战略的先行者。

■2008年至2011年，四航局一公司参建了埃及塞得东港集装箱码头二期工程。该工程是当时中国企业在埃及实施的最大项目，获2012—2013年度国家优质工程奖

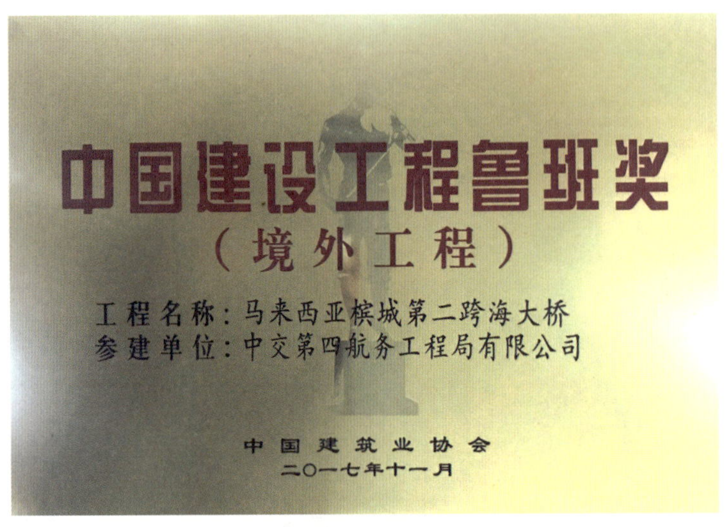

■2008年至2014年，四航局一公司参建了马来西亚槟城第二跨海大桥工程。槟城二桥是东南亚最长的跨海大桥，被马来西亚政府称为“中马建交40周年象征两国友谊不断增强的新里程碑”。该工程获2015年度英国布鲁内尔大奖、2016年度中国建设工程鲁班奖（境外工程）、第十五届土木工程詹天佑奖

中交四航局第一工程有限公司：

你单位参建的安哥拉Lobito港扩建项目 荣获

2016-2017年度国家优质工程奖。

特发此证。

中国施工企业管理协会

二〇一六年十二月

■2008年至2013年，四航局一公司参建的安哥拉洛比托港扩建工程，获2016—2017年度国家优质工程奖

■2016年至2018年，四航局一公司参建的马普托南部连接线公路项目，是中交四航局海外第一条公路项目，对推动莫桑比克首都马普托市旅游、物流等行业的发展，促进当地国民经济增长，做出了重要贡献

“一带一路”的筑梦人

2013年国家“一带一路”倡议的提出，为四航局一公司实施“走出去”的战略拓展了新的前景。四航局一公司抓住机遇，通过参建多区域、多形式、多层次的国外项目，逐步形成一种带有长远性和战略性的“走出去”的大格局。

■2014年至2017年，四航局一公司参建蒙内铁路工程。蒙内铁路是肯尼亚独立以来最大的基建工程，也是肯尼亚“2030年远景规划”旗舰项目，是首届“一带一路”国际合作高峰论坛后第一个竣工的相关项目

■肯尼亚“拉姆港—南苏丹—埃塞俄比亚交通走廊”计划被认为是非洲国家独立以来“非洲大陆最大工程”，承载了肯尼亚、埃塞俄比亚、南苏丹三国实现协同发展、区域共荣的战略构想。2016年，四航局一公司肯尼亚拉姆港项目进入实质施工阶段，作为“拉姆港—南苏丹—埃塞俄比亚交通走廊”计划的重要起点项目，具有标志性意义

■马来西亚东海岸铁路项目是“一带一路”沿线重要的战略支点项目。四航局一公司负责马来西亚东海岸铁路项目四分部标段的施工，图为四航局一公司承建的龙运隧道

第一篇

向光而生：浴炮火而崛起

（1943—1949）

导 读

这一篇所记述的，是中交四航局一公司的前身在其成立后最初几年的历史。

这一篇所讲述的，是发生在烽火连天、民族危难时期的英雄故事。

四航局一公司的前身，肇始于1943年。她是当时“军委会”管属下的一个带番号的非军事编制单位，是一支抗日救亡的英雄建筑队伍，全称是“国民政府军事委员会工程委员会第九工程处”。

从1937年到1943年，中国的全面抗日战争已经进行了六个年头，并且进入了白热化阶段。当其时也，中国的大半国土沦陷，处在日军铁蹄的蹂躏之下，中国所有的沿海港口都被日军占领，原先经过越南、马来西亚、新加坡和缅甸等国港口通往中国的援助通道也都被日军切断。中国的抗战几乎处于孤立无援的境地，出现了险恶万分的状况。

虽然进入如此艰难的时期，深陷于如此险恶的境地，但是中华民族没有屈服，中国人民没有低头，依然艰苦卓绝地将抗日战争坚持到底。在国际上，世界反法西斯同盟也不遗余力地给予中国巨大的支持，不但不惜一切代价开辟“驼峰航线”和不畏艰难险阻修筑中印滇缅公路，继续为中国提供极为宝贵的战争物资，而且还在中国的西南地区修建军用机场，为陈纳德将军的“飞虎队”和美国援华空军提供基地，以便“飞虎队”和美军能与中国军队并肩作战，共同打击日本侵略者。

生于忧患的“国民政府军事委员会工程委员会第九工程处”，在成立伊始，便被赋予了奔赴抗战最紧急、最需要的地方，密切配合对日作战的需要，抢修抢建中国军队军用公路、桥梁和机场的应“急”应“险”任务。

国难当头，方显英雄本色。

历史证明，虽经过多次改称和改编，但“第九工程处”确实没有辜负国人对她的期望，也没有辜负“军委会”对她的重托。工程处成立不久便开赴靠近抗战前线的广西，参与了丹竹军用机场的修建。之后，又马不停蹄地赶赴四川简阳和绵阳，参与了两地军用机场的维修和扩建。

而更值得大书特书的是，当时已被改编为“滇缅公路保密公路工程处第二工程处”的四航局一公司前身，在完成了多个军用机场的兴建、扩建和维修任务后，紧接着又参与了举世瞩目的滇缅公路的修筑工程，直接承担了该工程保（保山）密（密支那）公路境外段的修筑，并出色地完成了这项艰巨而危险的任务，从而在公司的史册上留下了永放光芒的一页！

四航局一公司的前身，生于危难，长于磨难。也正是这种艰难险阻，玉汝于成，不但使之锻造成为一支具有英雄气概的爱国施工队伍，产生了功勋人物，而且在施工装备和技术手段等方面达到了当时中国的最高水平，从而为中国大陆在政权更迭后基础设施的机械化施工奠定了人员基础、装备基础和技术基础。

Introduction

The history of the predecessors of the First Engineering Company of the China Communications Construction Company (CCCC) Fourth Harbour Engineering Co., Ltd. (for short the Company), in the first years after its establishment, is recorded in this part. It was a heroic story that took place in the flames of battle raging in our motherland.

Growing out of a non-military unit with designation in 1943 and formerly at the Ninth Engineering Division of the Engineering Department of the Military Commission of the Kuomingtang (KMT) Government, the Company later proved herself to be a heroic construction team in the Chinese People’s War of Resistance against Japanese Aggression.

From 1937 to 1943, the counter-Japanese war had been going on for six years and entered a hard and critical times. At that time, most of China's territory were ravaged by the Japanese invaders. all of the coastal ports were occupied by the Japanese army, and the logistic aid routes that had previously passed through ports of Vietnam, Malaysia, Singapore and Burma to China were also cut off by the Japanese aggressors. Isolated, helpless and in perilous situation, the Chinese resistance against Japanese aggression was on the verge of being defeated.

But the unyielding Chinese people would never give up and determined to fight to the last drop of blood even though it was at such a crucial and dark time. In the international arena, the world's anti-fascist alliance also spared no effort to give China tremendous support. Being fearless of danger and difficulty, it not only opened up the "Hump Route" at all costs, but also built China-India and Yunnan-Burma Road, and so continued to transport extremely precious war materials to China. The construction of military airports in the southwestern China provided a base for Lieutenant General Claire Lee Chennault's "Flying Tigers" and the US Air Force in China, enabling the "Flying Tigers", the American army and the Chinese army to fight against the Japanese aggressors hand-in-hand.

Born in a national crisis, the Ninth Engineering Division, at the beginning of its establishment, was sent to the places where the need is greatest and most urgent during the war, closely working with relevant units to take some immediate and dangerous tasks such as rushing to repair and build military roads, bridges and airports.

As our country was faced with a crisis, the character of a true hero shows.

The history has proved that the Ninth Engineering Division did live up to the expectations of the Chinese people as well as "the Military Commission" though afterwards it was renamed and re-organized many times. Shortly after its establishment, the staff of the Division were sent to Guangxi, which was close to the front line of the war, and participated in the construction of the Tanchuk Military

Airport; then without stop they rushed to Jianyang and Mianyang in Sichuan Province, and helped carry out the maintenance and expansion of military airports there.

Later, the Division was re-organized into Second Department of Yunnan-Burma Road & Baoshan-Myitkyina Road Engineering Division, and became another predecessor of the Company. Its history is deserved to be recorded in letters of gold. After completing the construction, expansion and maintenance of quite a few military airports, it participated in a construction project, the Burma Road, which attracted worldwide attention then. The Department directly undertook the task of constructing the Burmese section of the Baoshan-Myitkyina road, and completed this arduous and perilous mission successfully.

Born and grew up in adversity and hardships, the predecessors of the Company forged themselves into a successful construction company with patriotic and heroic spirit, nurturing many distinguished veterans, and reaching the highest level of construction equipment and technology in China at that time, thus laying a solid foundation in terms of staff, equipment and technology for the mechanized construction of infrastructure after 1949.

第一章 支援抗战：抢修机场　通达滇缅

1943年，“国民政府军事委员会工程委员会第九工程处”（四航局一公司最早的前身）刚刚成立，便领命前往广西抢修丹竹军用机场。首任处长黎杰材带领施工人员，仅用半年时间就完成了任务。随后，工程处又紧急奔赴四川绵阳、简阳两地，承担起两个军用机场的扩建与维修工程。

在完成三个军用机场的修筑任务后，这支施工队伍再次接受了更为艰巨而光荣的新任务：参建堪称人类筑路史上奇迹之一的滇缅公路，第九工程处第一任处长黎杰材也因此荣获“抗日勋章”。

第一节　从广西丹竹到四川绵阳、简阳

1942年，日军切断滇缅公路，盟国的援华物资无法经缅甸运入中国，致使中国的抗战陷入困境，因此盟国不得不冒险开辟空中通道——“驼峰航线”[①]。1943年2月，中、英、美三国首脑在印度加尔各答会晤，确定召开三国军事会议，商讨对日发动战略反攻计划。军事会议决定，在中缅战场动员12个师的中国兵力，从南北两个方向对日本占领军进行反攻，以打通滇缅公路；而在太平洋战场，则由美国海空军联合作战，捕捉和歼灭日本海军主力，而后

① “驼峰航线”系“二战”时期中国和盟国之间一条主要的空中运输线，它西起印度阿萨姆邦，向东横跨喜马拉雅山脉、高黎贡山、横断山，进入中国的云南省和四川省。该航线沿途山峰重叠起伏，酷似驼峰，故而得名。当时的飞机要在海拔四五千米甚至高达七千米的山峰间穿行，极其危险，变化莫测的恶劣气候更是严重威胁。因而美、中飞机和人员在“驼峰航线”上损失惨重，仅美国空军坠毁的飞机就超过500架，整条“驼峰航线”上牺牲的美国和中国机组人员超过1500人。当年的飞行员回忆说，在天气晴朗的时候，完全可以沿着坠机碎片的反光飞行。他们还给这些撒着飞机残骸的山谷取了个金属般冰冷的名字“铝谷”。至今仍有当年的美、中飞行员长眠在无人知晓的崇山峻岭之中。

采用蛙跳战术，实行夺岛进攻，以步步逼近日本本土。同年11月，中、美、英三国政府首脑在开罗举行国际会议。根据中美双方签订的协议，双方合力新建和扩建供美国轰炸机使用的大型机场和供驱逐机使用的机场，由中国方面提供人力和土地，美国则负责专门技术指导以及支付修建机场必需的款项。在此背景下，为适应抗日战争的需要，国民政府在广西、云南、四川等抗战大后方，修建了大量军事机场，被称为“特种工程”。

一、抗战中的首次“亮剑”——参建广西丹竹机场

广西丹竹机场是四航局一公司最早的前身——“国民政府军事委员会工程委员会第九工程处”成立之后承担的首个军事工程。该工程位于广西平南县，它的修建具有重要的战略意义，见证了抗战时期美国“飞虎队”与中国首支伞兵队的辉煌。丹竹机场于1943年3月开工，仅仅用了半年多的时间，便建成投入使用，是真正“抢建”出来的一个军用机场。建场经费预算达数百万美元，由美国开支。机场总工程处设在梅令，其下分九个工区。这两级的领导人以及工程技术、交通运输、财务管理、保卫工作等人员均由中美双方派充，开工人员最多时将近万人，按件计发工资。各工区自己发电，有时连夜开工。

丹竹机场位于广西平南县丹竹镇东北1.5千米处，总面积166.17公顷，这座简易军用机场由跑道、滑行道、机窝、停机坪构成，材料就地挖取，全用人力和手工工具完成，跑道长1980米，宽50米，滑行道与跑道平行，长2000米，宽30米。飞行跑道和滑行跑道的基础，先是用人工拉动的石头碾子加以压实，继之铺垫厚约30厘米的鹅卵石，在鹅卵石之上再铺30厘米的水泥。丹竹机场建有停机坪3个，总面积达6000平方米。这些停机坪也是先铺鹅卵石再覆盖黄泥和细沙，以确保飞机的安全停放。此外，丹竹机场还建有指挥台、油库、弹药库和16座飞机堡，以及飞行员和地勤人员的宿舍和俱乐部。

建成后的丹竹机场，成为陈纳德将军带领的美国援华“飞虎队”在桂东南布局的临时起降点之一。美国驻中国空军司令部调来了一个战斗机中队，连同轰炸机、运输机和训练机共30多架进驻丹竹机场，担负起保卫两广上空，牵制日本空军补给线，并伺机飞到南海北部海域协同盟军海上作战、袭击日军的任务。

■跑道被日军破坏后的丹竹机场

抗战时期广西平南丹竹军用机场的成功修建，是中美合作的成果，也是中国民众齐心合力、流血流汗的成果。作为修筑丹竹机场的主要参与者，“国民政府军事委员会工程委员会第九工程处”建立了卓越的历史功勋！

二、“会战”抗日大后方——四川绵阳、简阳军用机场的修筑

抗战时期，“国民政府军事委员会工程委员会第九工程处”（四航局一公司最早的前身）在中国抗战的大后方，以抢修军用作战机场的实际行动有力地支援了抗战前线。为配合盟军的重大战略实施，国民政府最高当局决定在四川成都附近修建大型机场，以适应战争的需要。当时的四川省政府遵照“国民政府军事委员会”的命令，在太平寺、双流、新津、温江、崇庆、邛崃、泰宁、彭山、简阳等九地新建或扩建机场。

■丹竹机场旧址

在完成广西丹竹机场的修筑后，“国民政府军事委员会

■成都百姓靠顽强的意志以人力修筑机场

工程委员会第九工程处”改称为第25工程处，原班人马分赴四川绵阳、简阳两地，承担扩建与维修工程，所参建机场主要为绵阳的塘汛机场（时称中国空军29站飞机场）和简阳的平泉机场。

绵阳塘汛机场修筑过程中，绵阳县政府按照四川省政府征工命令，征集了1.5万余民工，日夜不停抢时修建塘汛机场。当时正值严冬，天寒地冷，又无机械施工，全靠人肩挑背扛，但民工们抗日情绪高昂，为抢修塘汛机场流汗出力，不畏艰苦，日夜奋战。经过3个月的全力抢修，这座南北长1600米，东西宽300米的塘汛机场按期竣工。

简阳平泉机场修建过程中，当地政府按照四川省政府征工命令，发布《修筑简阳机场及征用土地的报告》《修筑简阳机场征集民工的公函指令》，全力推动机场施工。机场修建费用很大一部分来源于美国，“为修筑B-29飞机场（即简阳平泉机场），美国每月可以向中国开支二千五百万美元”[①]。简阳人民积极参与机场的修建，在几个月内就完成了机场的抢建工作，有力地支援了对日空战需要。

①塔奇曼：《史迪威与美国在华经验（下册）》，陆增平译，商务印书馆，1985，第598页。

第二节 从云南保山到缅甸密支那

1944年冬，由第25工程处改编而成的滇缅公路保密公路工程处第二工程处（拥有大量先进的美式工程机械装备武装、由美军机械工程师作指导），开赴缅甸北部，负责滇缅公路国外段（也称腾冲至密支那段）中37号国界桩至密支那段的测绘和施工，这一举世瞩目的壮举，被载入了抗日战争的史册。

早在1938年，中国为了开辟新的国际通道，以争取盟国对中国抗战的援助，经当时云南省主席龙云提议，并得到当时中国最高当局的同意，云南投入大量的人力物力，使用最原始的工具，几乎是以血肉之躯修筑了一条与缅甸中央铁路连接并与仰光港连通的滇缅公路，成为中国与海外联系和取得国际援助的重要陆上通道，史称“抗战输血大动脉”。

1942年，日本入侵缅甸，大败英军，占领了缅甸大部分国土，也切断了滇缅公路，从而使抗战中的中国处在了一个十分险恶的境地。

为扭转战局，1943年2月，中、英、美三国首脑在印度加尔各答会晤，商议召开军事会议，策划对占领缅甸的日军从东西两个方向实行战略大反攻的计划。计划决议修建两条新的公路，一是从印度的雷多出发，穿过野人山修建一条到达缅甸北部的密支那与中国连通的中印公路，二是从中国云南的保山出发，修建一条经过腾冲到达缅甸密支那的新的滇缅公路，将中印公路和新的滇缅公路两相连接，以形成一条连接中国与盟国的新的国际通道。

据《贵港市文史资料》第二十二辑（中国人民政治协商会议贵港市委员会文史资料研究会编）记载：“1942年4月，盟军在缅甸战场失利，退守印度。日军逼近中缅边境。当时，盟军总部设在印度雷多，以这里作为中缅战区的反攻基地，所以决定先修雷多公路（434公里），从印度雷多到缅甸的密支那，由美军工程队主持修筑，印度政府供给物资，双方合作进行。我国远征军工兵团也从事协助。然后根据军事进展情况，再修筑由我国云南保山至缅甸密支那的滇缅公路。

“1944年盟军在中缅战场对日军发动反攻。为了配合军事形势的需要，必须尽快打通中印公路。滇缅公路工务局奉命抢修从云南保山大官市经龙陵、腾冲到缅甸密支那、伊洛瓦底江东南岸的宛貌，长367公里的保密公路，以便与雷多公路相连接（美军工程兵以机械相协助），形成中、缅、印国际交通的大干线，突破日军对我国的封锁。因此，修筑保山至密支那的公路就成为军事急需的任务。

“1944年7月9日，滇缅公路工务局分别在保山与洒鲁（密支那东部）成立滇缅公路保密公路工程处第一、第二工程处，负责国内段（保山至37号国界桩段）和国外段（37号国界桩至密支那段）的测绘和施工。

“主办保密公路缅境工程（即滇缅公路国外段）的国外段工程处（即滇缅公路保密公路工程处第二工程处）处长黎杰材，副处长沈锡林[①]，他们两人都是广西贵县（今贵港市）人，早年曾留学美国康奈尔大学，并取得土木工程硕士学位。回国后，黎杰材任南宁市政工程处处长，沈锡林任广西大学教授。抗日战争一爆发，他们两人奉调抢修铁路、公路、飞机场。”

滇缅公路保密公路工程处第二工程处所在地为缅甸洒鲁，处本部设工务课、材料课、会计课、总务课、汽车检修所和医务室，处以下设八个测量队，两个月就完成国外段的测量任务，测量任务完成后，易名为八个施工段，有固定员工约800人，从云南保山、腾冲等地征调民工约6000人进行全路段工程施工。第二工程处共分为八段，第一段在瓦桑，由二处副处长余季智兼任段长；第二段在奴蚊约，黎储材（黎杰材之弟）任段长；第三段在玛瑙山，甄龙泮任段长；第四段在罗兰，杨志中任段长；第五段在吴家，何善龄任段长；第六段在腊拜，蔡善松任段长；第七段在无穷，邓镜容任段长；第八段在甘拜地，段长不详。

为了完成任务，黎杰材、沈锡林两人将施工主力放在工程最难路段，并取得美军工程兵团的配合，全力以赴推进施工。只要测好一段，便马上交给美军工程队以机械操作修筑。

黎杰材、沈锡林负责的路段，要通过大片原始森林，毒蛇猛兽出没，群山瘴

---

① 沈锡林（1905—1982），广西贵县城厢人，清华大学毕业，后留学美国康奈尔大学，并获土木工程硕士学位。曾任广西大学（现梧州理工学院）力学教授。抗日战争时期，先后任湘桂铁路、叙昆铁路、丹竹机场、滇缅公路等工程副总工程师、副处长等职，获国民政府授予抗日勋章。1948年当选为“国大”代表。新中国成立后，任黎湛铁路工程处副处长，黎湛铁路通车后，被调任衡阳铁路工程学校校长。

气弥漫，自然环境非常恶劣。雨季期间，工程人员整天身上都湿淋淋的，晚上住在浸水的帐篷里，睡在竹制的小屋里和丛林的吊床上，而且雨水浸泡导致道路开裂、土崩山塌，筑路机械坠崖的事故时有发生。工程队百分之八九十的人员，都因患恶性疟疾而就医，几乎天天都有人病死！路，每前进一步，都要付出生命的代价。为了加快筑路进程，工程处实行日夜不停轮流作业的工作制度。就这样，筑路员工艰苦奋斗，完成了一般人认为不可能的工作，这堪称人类筑路史上的奇迹。潮湿的雨季，中国筑路队伍在丛林峻岭沼泽之间，修筑了一条由印度通到祖国的、常年可以通行的供应路线，而这条供应路线正是支持祖国抵抗日本侵略者的生命线。

何善龄[①]（左一）、朱树民[②]（左三）参与了滇缅公路施工

退休后的何善龄（左）与朱树民（右）

滇缅公路国外段的施工中，还存在中国工人征用和粮食欠缺的问题。线路经过的地方人迹稀少，有些地方丛林茂盛，走几天也见不到人烟，在当地雇用工人困难，少数熟练技工须在昆明招雇，再乘飞机到密支那，普通工人约需4万人，只能就近在腾冲地区征用。其次是粮食问题，工程处所需大米，每日需10架运输机进行运送，除请美军协作外，由中航公司利用回空飞机运一部分粮食投放工地。

滇缅公路国外段虽困难重

① 何善龄（1914—2016），广东兴宁人，1937 年毕业于中山大学工程系；1944 年任滇缅公路保密公路工程处第二工程处第五段段长。

② 朱树民（1930—2017），四航局一公司退休职工，1943 年参与了滇缅公路的修筑。

重，但黎杰材、沈锡林坚决表示："既负此重大使命，自当全力以赴，冀此唯一的国际路线能于短期打通。"黎杰材和沈锡林在工作中不怕艰难险阻，勇克难关，不仅开了中国人在境外筑路之先河，而且借着当时的美式筑路设备，在29天内抢通了一条长137公里、穿越原始森林的毛路，使中美抗日物资车队顺利通过。在4个月时间内打通367公里长的复杂线路。从此，自云南昆明经缅甸密支那至印度雷多1568公里的军事供给线全线打通，对中国抗日战争取得最后胜利产生了重要推动作用，为抗战做出了巨大贡献。

■1944年12月28日，行驶在滇缅公路上的第一辆吉普车越过中缅边境，车上搭载着滇缅公路工程部队的指挥人员。这条公路的通车标志着中国陆上供给线的正式开通

■滇缅公路通车（图为凤凰卫视节目《凤凰大视野》截图）

1945年8月15日，日本投降，抗日战争胜利，国民政府由重庆还都南京，黎杰材、沈锡林因在十四年抗战的艰苦岁月中抢修铁路、盟军机场、国际公路有功，获国民政府授勋。

第二工程处工程师李养如在修筑滇缅公路中被土匪枪杀。当年陈三和朱树民两名员工刚参加修路时，分别年仅17岁和14岁，他们在缅甸密支那参与滇缅公路施工时还遇到了中国远征军，在异国他乡遇到中国军人，令他们感到亲切。回忆起往事，他们仍非常激动："我们和全国人民一样，都是为了赶走日本侵略者。"

■当年滇缅公路施工时的情景（图为凤凰卫视节目《凤凰大视野》截图）

第三节　抗日功勋黎杰材

黎杰材是四航局一公司最早前身——“国民政府军事委员会工程委员会第九工程处”第一任处长。

据《贵港市文史资料》第十九辑（中国人民政治协商会议贵港市委员会文史资料研究会编）记载：“黎杰材（1899—1975），别号明旭，1899年10月出生，广西贵港木格君子乡（今云垌村）人。贵县旧制中学毕业后到广州岭南学校（岭南大学前身）就读，旋考上唐山工学院，毕业后考取‘庚款’保送美国留学，在康奈尔大学攻读，获得土木工程硕士。在美国担任过美国桥梁公司绘图员、设计员，是美国志愿空军飞虎队队长陈纳德的同学、国内知名建筑专家。1928年回国，首任南宁市政工程处处长，后赴沪任沪杭甬铁路副工程师（铁道部技士）、杭曹工程处正工程师兼段长。抗日战争期间，任湘桂铁路、叙昆铁路和广西丹竹机场、四川绵阳塘汛机场、简阳平泉机场、滇缅公路等工程处总工程师、处长，奉命抢修公路、铁路和飞机场。1945年获国民政府授予抗日勋章。”

在修筑滇缅公路期间，黎杰材的职务全衔是军委会运输统制局滇缅公路工务局保密段第二工程处副总工程师兼处长，沈锡林为副处长。

1944年7月9日，滇缅公路总工程处在保山和洒鲁（密支那东部）成立滇缅公路保密公路工程处第一、第二工程处，分别负责滇缅公路国内段（保山至37号国界桩段）和国外段（37号国界桩至密支那段）的测绘和施工，黎杰材任第二工程处处长。1944年11月13 日，军委会电令滇缅公路工务局先集中人力和机械等一切力量于腾冲至密支那段，星夜赶工，设法务必于1945年2月前将该路段打通。这是当时中央的命令，谁也不敢违抗，谁也不会违抗。为了完成任务，黎杰材把主力放在工程最难路段，并取得美军工程兵团的配合，全力以赴推进施工，只要测好一段便交给美军工程队以机械操作修筑。

黎杰材与美国志愿空军“飞虎队”队长陈纳德将军是在美国的老同学，其才干为陈纳德所赏识，修筑广西丹竹机场和四川绵阳塘汛机场、简阳平泉机场的任务就是陈纳德推荐的。同时，黎杰材也得到了美军司令的信任，所以他的工程队受到了美军空运大队的大力支持，凡是人员、器材调动都是由大队的飞机空运，就是粮食给养，大部分也都由空运解决。黎杰材还经常与陈纳德将军坐飞机出去巡视。

1945年8月15日，日本宣布投降，抗战胜利结束，这个庞大的工程队（固定员工约800人、民工约6000人）部分遣散，大部分另调和平建设工作。黎杰材和他的一班技术骨干和职工被调往广州属于交通部的机械筑路工程总队第二工程处（第一工程处设在上海），黎杰材任处长。第二工程处接收了美军的剩余物资（主要为美军在广州、上海、香港等地的筑路机械），并利用这些筑路机械修筑从化公路及修补受破坏的各条公路。

■黎杰材，国内知名建筑专家，在抗战时期曾参建滇缅公路等重要工程

已故的原四航局一公司退休职工朱树民曾回忆说：“黎杰材处长平易近人，对我们职工很好。经常在密支那工地组织召开现场会议，布置任务，检查工作。大家都很听从他的领导和指挥。因为他和美国空军关系很好，我们工程队吃的粮食都是由美军空运来的，他还组织我们的工程技术人员与美军开展球赛活动。”

《贵港市文史资料》第十九辑记载：“黎处长对职工的工作和生活是十分关怀的，有些虽属小事，但也可看出黎对职工关怀备至，如公布员工家用委托转发清单；给予每位运粮员工伙食补助费400元；本处工务员刘某、杨某领生育补助费；本处员工薪资领卢比，扣缴所得税办法之一；本处缅境各级员工待遇办法除按原薪改支卢比，并一律附支卢比津贴150盾外，各级主管另支职务津贴；战时公教人员子女就读中等学校有补助费；请调升本处课员林某职务；工务员孙某不遵遣免职。本人在本机关服务一年以上始有申请补助权；本处办事员刘某因积劳病故，照章给恤。领导关心职工，使职工无后顾之忧，自能尽心尽力地工作。”

黎傑材學長事略

秦丕基述

學長諱傑材，字明旭，廣西貴縣人，民前十四年生。民十二年畢業於唐院土木系，赴美深造，在康奈爾大學獲土木工程碩士學位，入美國橋樑公司任工程師職。返國後歷任廣州市工務局技士，廣西省建設廳技正，南寧市政工程處處長，京滬滬杭甬鐵路局副工程師，抗戰軍興，負責該局杭曹段曹娥江大橋工程。旋赴後方擔任湘桂鐵路工程局第四總段總段長，滇緬鐵路工程局總段長，橋梁設計處正工程司等職。復奉軍事委員會工程委員會命令，趕築雲南昆貢，廣西丹竹，四川簡陽綿陽等飛機場，配合軍事反攻，厥功至偉。抗戰勝利前一年，率領員工赴緬甸北部密支那蠻荒地區，趕築保（山）密（支那）公路國外段之工程，不僅開國人在國外築路之先河，且能藉築路機械及民工之力量，將一百三十七公里穿越原始森林之毛路，於二十九日內完全搶通，使中美軍隊順利通過，蜚聲中外，名震一時。抗戰勝利，學長首先飛滬，恢復上海機場，使接收及復員工作，如期完成。三十五年交通部公路總局鑒於機械築路之成功及重要，任學長為第二機械築路工程總隊總隊長，駐節廣州，一方面接收香港及上海方面之美軍築路機械，一方面組訓機械築路技術員工，奠定我國機械施工之基礎。學長雖一生從事工程建設，但對故鄉福利關懷備切，極受桑梓愛戴，獲選為國民大會代表，非偶然也。三十八年廣州淪為匪區，學長率領一部份員工，轉輾赴北婆羅州（現稱馬來西亞沙巴省）組織南洋建築公司，從事該地開發及建設工作，並獲准登記為該地為數極少之建築師之一，為該地華僑爭得無上之光榮。學長身在海外，心懷祖國，每逢國民大會有重要集會，均不辭辛勞，返國參加。半年以前曾來臺北檢查身體，仍返僑居地醫治，七月二十九日攜夫人及公子返國就醫，初患肋膜炎積水，肺活量減小，呼吸急促，引起心臟衰弱，後又引起腸胃出血，以致於八月六日上午十時四十五分不治逝世於宏恩醫院，使我工程耆宿，又失一人，痛哉。夫人何麗明女士，公子民仰與親合猷。八月十三日上午九時半同學會於市立殯儀館懷德廳舉行公祭，由林家楣學長主祭，參加者有李孟瀅、徐名樞、陳鉌錚、黃壽曾學長等及筆者。凌校長及劉浩春院長亦均親蒞弔唁。當日上午十時啓靈卜葬於陽明山第一公墓。

— 35

■秦丕基[①]为黎杰材写的悼词

1975年，黎杰材在台北逝世，享年76岁。曾任“国民政府交通部公路总局第二机械筑路工程总队”副总队长的秦丕基为黎杰材撰写悼词——《黎杰材学长事略》，其中写道：“抗战胜利前一年，学长率领员工赴缅甸北部密支那荒地处，赶筑保（保山）密（密支那）公路国外段之工程，不仅开创中国人在境外筑路之先河，且能籍（借）筑路机械及民工之力量，将137公里穿越原始森林之毛路，于29日内完全抢通，使中美车队顺利通过，蜚声中外，名震一时。”

① 秦丕基，1913年生，浙江宁波人，1931年考入上海交通大学土木工程学院构造门，1935年毕业。新中国成立前夕，曾任“国民党政府交通部公路总局第二机械筑路工程总队”副总队长。1949年6月离队赴港。

第二章
奠基立业：择定新址　迎来转折

1946年，全国成立了三个机械筑路工程总队，原滇缅公路保密公路工程处第二施工处改称为“国民政府交通部公路总局第二机械筑路工程总队”，并迁址广州沙河镇。

1949年，广州解放前夕，在中国共产党地下党的帮助下，“国民政府交通部公路总局第二机械筑路工程总队”员工组织了秘密护厂队，秘密进行护厂护队，迎接新中国的成立。

第一节　迁址沙河　肇创基业

1945年8月，日本投降，滇缅公路保密公路工程处第二工程处撤回云南昆明待命。

1946年1月，“国民政府交通部公路总局”领导的第二机械筑路工程总队（一总队设上海，二总队设广州，三总队设福州）筹建。全队人员离滇迁穗，途中在广西南宁停留3个月。派出部分前站人员往广州沙河镇选址并进行简单基建。同时派出人员往上海接收美国赠送的冲绳战争胜利品——各种旧机械、设备约80台，旧汽车10辆，用船运至黄埔港后运回沙河。

1947年初，黎杰材又派人到香港接收工程机械数十台，有推土机10台、平地机3台、压路机5台、挖沟机2台，空压机、碎石机、工程车各1台。

第二机械筑路工程总队由黎杰材任总队长，秦丕基任副总队长，总队设技术室、人事室、工务课、会计课、总务课、管理课和五个工程队。初建时期的主要任务是建设沙河基地和招收、自培两期筑路机械学员班，至1947年3月共培训出机械工人56人。

已故的朱树民就是当年的机械学员班学员，他生前回忆说：“给我们培训的老师是总队的工程师李刚汝等，自1947年学习工程机械技术后，我就一辈子与工程机械打交道，再也没有离开过本单位。新中国成立前的广州有‘三不’：电灯不明、电话不灵、马路不平，我们的工程机械为广州的基础设施建设发挥了重要作用。”

在选址上，当时广州沙河镇地域辽阔，处于交通不便的郊区，还有不少墓地。四航局一公司退休职工陈三回忆说：“我们有很多机械，不可能在广州市区选址，只能选在面积较大的郊区。”1946年9月，第二机械筑路工程总队队址曾设在广州市东山江岭东街4号。1947年初，迁至沙河镇沙和路10号。1947年5月，“国民政府交通部公路总局第二机械筑路工程总队”（四航局一公司前身）与广州仲元农场签订租用荒地合约，合约称：“荒地面积40亩，坐落广州沙河江垦乡前，东以小河为界，南以江垦乡国民学校校舍为界，北至竹笋园为界。8月扩充场地，又与仲元农场签订租用11亩荒地合约，该片荒地东至连胜中学校址，西至新一军坟场，北至新一军墓道，南至糖寮背村。”

■西鲁大桥工作人员合影

■广州沙河基地工人实习场景（图片来自上海交通大学校史博物馆，由秦丕基夫人钱鸿琳捐赠）

1948年，第二机械筑路工程总队承担了粤汉铁路狗牙洞支线工程建设任务，派出100多人配备工程机械参加施工，后因工人对扣回30%施工津贴的规定不满，加之物价日日飞涨，伪钞天天贬值，工人生活难以为继，多次举行自发性的罢工。同时，又因战争形势急剧变化，工程经费没有着落，该支线工程仅完成一半就被迫下马，直至1949年5月，工地上仅留4人看守机械设备，其余人员全部撤回广州基地。后设备因无法运回，而严重失散。

这个时期的第二机械筑路工程总队通过接收上海及香港方面的美军筑路机械，训练机械筑路技术人员，“奠定了我国机械施工之基础”①。

第二节　护厂护队　迎来解放

1949年10月14日，广州解放。广大市民欢呼解放，男女老少走上街头夹道欢迎解放军的到来，盼望在新社会过上幸福的生活。然而，国民党却不甘心退出历史舞台，就在败退广州前夕，提出“总撤退、总罢工、总破坏”的行动口号，妄图变广州为废墟。

① 引自秦丕基撰写的《黎杰材学长事略》。

为了与国民党斗争，中共广州地下市委提出了“反破坏、反撤退、迎解放”的对策，积极开展保护文物、保护基础设施、保护工厂、保护科技专家的工作。据已故老员工朱树民生前回忆：“为了防止国民党撤退前对工程机械进行破坏，第二机械筑路工程总队员工自发组织了秘密护厂队，对工程机械进行秘密保护。护厂队队长是李克欧，他与中共地下党员进行单线联系，接受中国共产党的领导。”朱树民说：“我就是护厂队队员，大家都舍命保护工程机械。”

当时，第二机械筑路工程总队员工由于工资常遭克扣，且钞票不断贬值，生活极为艰辛，在中共地下党的策划领导下，纷纷起来反抗。1949年6月，总

■1949年，工人上街游行，庆祝广州解放

■1955年，广州市先烈东路（沙河段）北段的景象

队密谋南迁海南岛，成立筹委会。因大多数员工都不愿跟随国民党撤退到海南岛，拒绝南撤，纷纷申请疏散、退职，301名总队员工所剩无几，总队长黎杰材、副总队长秦丕基离队赴港，只留下副总队长、总工程师罗贵贤率少数员工

■1957年，广州市先烈东路（沙河段）南段的骑楼

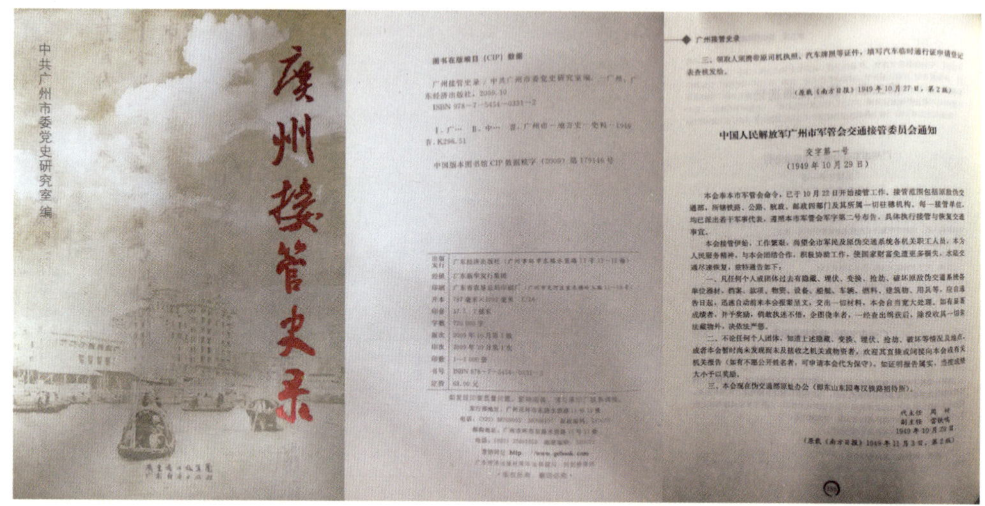

广州接管史录

三、领取人须携带原司机执照、汽车牌照等证件，填写汽车临时通行证申请登记表查核发给。

（原载《南方日报》1949年10月27日，第2版）

中国人民解放军广州市军管会交通接管委员会通知

交字第一号

（1949年10月29日）

本会奉本市军管会命令，已于10月22日开始接管工作，接管范围包括原敌伪交通部、所辖铁路、公路、航政、邮政四部门及其所属一切驻穗机构，每一接管单位，均已派出若干军事代表，遵照本市军管会军字第二号布告，具体执行接管与恢复交通事宜。

本会接管伊始，工作繁艰，尚望全市军民及原伪交通系统各机关职工人员，本为人民服务精神，与本会团结合作，积极协助工作，使国家财富免遭更多损失，永能交通尽速恢复，兹特通告如下：

一、凡任何个人或团体过去有隐藏、埋伏、变换、抢劫、破坏原敌伪交通系统各单位器材、档案、款项、物资、设备、船舶、车辆、燃料、建筑物、用具等，应自通告日起，迅速自动前来本会报案呈文，交出一切材料，本会自当宽大处理。如有显著成绩者，并予奖励，倘敢执迷不悟，企图侥幸者，一经查出缉获后，除没收其一切非法藏物外，决依法严惩。

二、不论任何个人团体，知道上述隐藏、变换、埋伏、抢劫、破坏等情况及地点，或者本会暂时尚未发现附未及接收之机关或物资者，欢迎其直接或间接向本会或有关机关报告（如有不愿公开姓名者，可申请本会代为保守），如证明报告属实，当按成绩大小予以奖励。

三、本会现在伪交通部原址办公（即东山东园粤汉铁路招待所）。

代主任 周[illegible]
副主任 [illegible]
1949年10月29日

（原载《南方日报》1949年11月3日，第2版）

■《广州接管史录》书影

在沙河留守待命，等待解放军的接管。

广州解放时，第二机械筑路工程总队的机械严重失散，员工所剩无几。留下的只有一批万国牌车辆和少数机械设备，大多残旧，能使用的仅20余台。总队办公室、职工宿舍全是简易的树皮茅房，机械设备全部放置在泥地，任凭日晒雨淋。偌大一片40余亩的场地，点缀着寥寥可数的几幢低矮平房。场内杂草丛生、荆棘遍地，只有一条沙河涌，日夜不停地汩汩流淌，述说着人间的世态炎凉，向人们昭示着发生在中国大地上翻天覆地的历史变迁①。

据《广东省志·水运志》记载："1949年10月14日下午，广州解放。广州市军事委员会交通接管人员在10月18日进入广州市。进城之前，中国共产党中央华南分局已抽调和派定交通接管人员60余人，集中广州，分成4组，分别进行政策和业务学习，广东省交通委员会于10月21日正式开展工作。"

1949年10月，各行各业的接管工作紧锣密鼓地展开。10月23日，《南方日报》发表题为《新的中国，新的广东》的创刊词，文章分析当时的形势后指出："当前的工作除抓紧接管以外，要迅速复工、复学、复业，恢复正常生活秩序，巩固治安，保障人民生命财产；加强城乡物资交流，搞好工农业生产，

① 引自1989年版《四航局一公司简史》。

发展经济。”

广州市军事管制委员会交通委员会，派员持广州市军事管制委员会主席叶剑英签发的命令，接收“国民政府交通部公路总局第二机械筑路工程总队”。据《广州解放见闻录》记载：“10月22日，继续接管广州邮政管理局、交通部广州航政局、招商局广州分局、公路总局第三运输处、建设厅公路处等。其中，公路总局第二机械筑路工程总队，是当时全国仅有的三个筑路队之一。”

第二篇

负重前行：系国运图发展

（1950—1978）

导　读

这一篇所记述的是四航局一公司从1950年开始直至改革开放前那段时期的主要历史。

这一篇所讲述的，主要是四航局一公司在医治战争创伤、恢复国民经济，发挥自身优势、进行基础建设，响应国家号召、参加“三线建设”工程等方面的故事。

随着中华人民共和国的成立，中国进入了和平建设时期。但在20世纪50年代伊始，展现在人们面前的，却是一种由于长年战争所造成的满目疮痍、百废待兴的境况。因此，医治战争创伤和恢复国民经济，便成为政府和国家的当务之急和重中之重。

四航局一公司从其前身成立开始，就是一家以道路、桥梁等基础设施建设为主要专业的施工单位，后来逐渐成长为一支装备和技术水平较高的机械化施工队伍。这支队伍，更在抗战期间磨炼出了一种以国家为重、急国家之所急的报国精神。

广州解放后，积极参与对遭受战争破坏的桥梁道路的修复，积极参与关系到国计民生的一些基础设施的建设，便成为四航局一公司在新中国成立初期的义不容辞的态度和当仁不让的行动。

这一篇，选取了诸如抢修广州海珠桥、参与荆江分洪工程、参建海榆中线公路、投身建港大潮等一些事例，用以铭记四航局一公司在国民经济恢复与发展中所创下的历史功绩。

在20世纪60年代的中国西南、西北地区，曾经掀起过一个热火朝天的“三线建设”热潮。“三线建设”项目，地处高山大峒、穷乡僻壤。

项目的建设，要逢山开路、遇水架桥，也都跟四航局一公司的业务专长密切相关。因此，响应国家号召，参与“三线建设”的四航局一公司，也就顺理成章地成了建设中的一支骨干力量。

公司参与“三线建设”，不但在艰苦和复杂的条件下完成了诸多项目的建设任务，而且也在艰苦复杂的环境中锻炼了队伍，涌现出了一批行业专家和劳动模范。

在医治创伤和恢复国民经济中，在经济建设和“三线建设”中，四航局一公司的员工数量和队伍结构都发生了巨大的变化。随着队伍的扩大和各种人员的相继加入，在四航局一公司驻地（广东广州）的开放包容精神感召和熏陶下，四航局一公司内部也逐步形成了一种相互融合、团结合作、五湖四海一家亲的精神，并且这种精神逐渐注入到了四航局一公司的肌体之中。

Introduction

This part records the historic period from the 1950 to that before the reform and opening-up of China. The Company, in response to the call of New China, devoted herself to undertaking the post-war reconstruction, energizing the national economy, giving full play to our own advantages to carry out infrastructure construction, and supporting projects of “Construction of the Third Front”.

With the founding of the People’s Republic of China, China entered a new era of peaceful construction. But at the beginning of the 1950s, many things of our battle-scarred motherland were waiting to be done. The post-war reconstruction and economic recovery were among the top priorities of the government and New China.

Since the establishment of its predecessor, the Company had worked as a unit specialized in infrastructure construction including the building of roads, bridges and others. Later it gradually grew into a mechanized construction group with the highest level of equipment and technology. Moreover, during the War of Resistance Against Japanese Aggression, the Company had fostered a patriotic spirit of responding to the country's needs and serving our motherland.

After the founding of New China, the Company actively participated in the repair of bridges and roads damaged in wars as well as the construction of some infrastructures related to the national economy and people's livelihood. In the early days of the People's Republic of China, the Company took it as her unshirkable duty and obligation.

In this part, some examples such as performing rush repairs on Guangzhou Haizhu Bridge, participating in the Jingjiang River flood-diversion project, the construction of National Highway G224 , and the large-scale port constructions. All these represented the historical achievements of the Company in rebuilding and developing our national economy.

In the 1960s, the government launched a huge campaign named "Construction of the Third Front" , in which the relevant projects were located in the remote mountains, big caves and far-off villages in southwest and northwest China.

These construction projects were in need of building roads through mountains and bridges across rivers, which called on the expertise of the Company. Therefore, in response to the call of the country, the Company naturally became one of the backbones that involved in these projects.

During the participation in the "Construction of the Third Front" , the Company completed many construction projects under difficult and complicated conditions, and in the meantime a great team, a group of engineering experts and model workers were springing up.

During the above-mentioned historical periods after 1949, the total number of employees and the staffing structure of the Company underwent tremendous changes. With the expansion of our team and the successive participation of various personnel, and inspired by the atmosphere of openness and inclusiveness in Guangzhou where the Company is based, we have gradually formed a spirit of mutual integration, unity and cooperation, and all employees are as dear to each other as members of a big family no matter where they come from. This has gradually become part of the Company's DNA.

第三章　护国利民：投身基建　恢复经济

为巩固国家安全的基础，助力国民经济的复苏，四航局一公司（当时单位名为广东省机械筑路工程总队）积极参与紧急修复广州海珠桥、建设白云机场等工程，参加了治淮工程中白沙、石漫滩、板桥、官厅水库的建设和郑州机场、京汉铁路信阳段等机械施工工程，以出租机械的方式参与荆江分洪工程建设、完成佛山机场工程施工，并抽调部分机械参加“抗美援朝”的军事交通建设，调配部分人员和机械支援南昌八一大桥、青藏公路、武汉长江大桥等工程建设。其中，承担的规模最大、意义最重要的工程，当属国防战备公路——海榆中线公路。

最初，四航局一公司在册职工只有108人，开动着尚能使用的20多部机车，担负起国防建设工程、重点工程和援外工程三大重任。施工队伍由小到大；施工设备从旧到新，从少到多；施工内容从配合施工、机械出租到独立承包，完成了广东省首例大规模爆破施工工程，并自力更生制造机器出国门，四航局一公司逐步成为国民经济建设的重要力量。

第一节　抢修广州海珠桥

解放初期的广州，千疮百孔，百废待兴，在交通设施建设方面，对广州海珠桥的修复任务迫在眉睫。

海珠桥是当时广州市第一座也是唯一的跨江大桥，于1929年12月动工，1933年2月建成通车，全长356.67米，主桥长182.90米。

1949年，国民党当局图谋破坏海珠桥。10月，广州卫戍司令李及兰派遣

■新中国成立前的海珠桥

■被炸毁的海珠桥

军队和便衣特务，用汽车运载黄色炸药近100箱，置于桥墩、桥梁接合部，10月14日下午5时50分施爆，但事先未通知桥上人员撤离，造成400多名市民死伤，沉毁民船100多艘，震损房屋数百间，受灾居民3000多人，鲜血染红了珠江，钢铁大桥被炸得粉身碎骨，沉在水中。人们说海珠桥被炸，使广州缺了“一条腿”！一个小时后，解放军进入广州。

海珠桥是珠江“千古第一桥”，是连接广州南北的主干道，必须尽快恢复通车。1950年3月，大桥由湖南衡阳铁路局修复开工，广东省机械筑路工程总队（彼时四航局一公司名）迅速参与了海珠桥的修复工作，仅用七个月时间便把海珠桥修复完成。11月7日，海珠桥修复通车，恢复了广州南北交通，时任广州市市长叶剑英亲自剪彩。

之后，广东省机械筑路工程总队又肩负了一系列艰巨繁重的施工任务，靠着10部运输汽车和修旧利废的80多台土方施工机械等少量机械设备，为广州市的人防、交通、水利设施恢复和建设竭尽所能，承接了越秀山体育场土方工程、省政府防空洞工程、白云机场的新建、天河机场的扩建、白云山山洞建设等工程，并配合解放军工兵团抢修支前运输动脉广海北线、翻修广从公路等。职工们风餐露宿，夜以继日地工作，为巩固后方、支援前线立下赫赫战功，以成果消耗少、修路工期短、质量安全好得到了广东省政府的高度赞扬，广州市第一任市长叶剑英，亲临越秀山体育场土方工程施工现场视察，并嘉奖了全体施工人员。

第二节　“荆江分洪”洒汗水

1950年，新中国刚刚成立，国家正在恢复发展经济，党中央为了减轻洞庭湖区的洪涝灾害，决定整治长江，在湖北与湖南交界处的藕池口黄山头修建节制闸，在特大洪水到来时，通过开闸分洪，分流洪水，减轻洪水造成的灾害，这就是建国初期声势浩大、震惊中外的“荆江分洪工程”。

长江自湖北省枝江县至湖南省岳阳县洞庭湖口的城陵矶这一段称为荆江，全长360公里。以藕池口为界，以上称上荆江，以下称下荆江。“万里长江，险在荆江”。我国的长江，历朝历代都不免以洪水为患，尤其是洞庭湖区一到雨季，上游洪水倾泻，加上湖南的湘江、资江、沅江、澧江四条大江的洪水，汇聚到洞庭湖，便会造成洪水暴涨，溃堤缺口，人民生命财产遭受重大损失，是悬在千百万人民心中的一大忧患。

分洪工程就是在荆江南岸太平口虎渡河以东，藕池口安乡河西北，开辟一个广大的分洪区。在分洪区的北端太平口，建筑一座进洪闸；在南段黄山头，建筑一座节制闸；在分洪区的周围，筑成一道高大的围堤，包括安乡河北堤、黄天湖新堤、虎渡河东堤，以及虎渡河西岸的虎渡河西堤，同时，又把荆江北岸的荆江大堤培修加固。

1952年，毛泽东主席亲自决策启动荆江分洪工程，并题词“为广大人民的利益，争取荆江分洪工程的胜利”，同时批准了《荆江分洪工程技术设施实施方案》，由当时的中共中央中南局代理书记邓子恢执行。1952年4月初，荆江分洪工程委员会和荆江分洪指挥部成立，工程委员会由李先念任主任委员，指挥部由唐天际任总指挥，抽调中南军区六个建制师、十二个独立团共约十万大军组建中南军区水利工程部队为施工主力；湖北、湖南两省调配了水利专家和技术骨干，组织二十万民工，共约三十万军民工，于1952年4月5日全面动工，以不到三个月的时间，提前15天于6月20日抢在汛期前全部完工。

当时，原广东省机械筑路工程总队（四航局一公司前身）改称为中国交通建设企业总公司中南机筑区队广州管理处，以出租机械为主要方式，参与了荆江分洪工程，与三十万军民肩并肩建设浩大的水利工程。

离休干部孙金彪（1974年至1979年任四航局一公司主任、处长，党的核心小组组长、党委书记）回忆说："当时采取人海战术的土办法，工地上人山人海，人挑肩扛，靠一根扁担、两只土筐运土。采用两种工具夯土，一种是两个人抬着一个木桩压土，另一种是八个人用绳子拉着一个石方，一人领头喊口号将土夯实。工地上还发明了一种'活钩倒土法'，挑土时倒土不用弯腰，泥土便倒出去了，既节省体力又提高工效。工程最紧张的阶段是浇筑河堤、合龙那几天，工地气氛特别严肃，军工民工挑着土往堵口处冲，由于下雨，运土的路已踩成泥浆，挑一担土到合龙处，都十分艰难，不少战士脚陷在深泥坑里拔不出来，只得放下担子把脚拔出来再前进。由于运土的人太多，互相碰碰撞撞，一担土挑到目的地所剩无几。"

■荆江分洪工程施工现场热火朝天的景象

四航局一公司前身有一大批干部是从中国人民解放军第二十一兵团转业来的，当时第二十一兵团的一个师改编为水利一师参加了荆江分洪工程，转业军人王俊甫（后任四航局办公室秘书），就是当年的水利工程部队的一名军人，参加了荆江分洪工程。50多年后他心中仍难以忘怀那动人的岁月，于2006年12月撰写了回忆文章《勇士搏倒荆江浪——参加荆江分洪工程》，记录了50多年前发生在中国大地上的伟大壮举，以下是王俊甫记述那段时光的文章摘录：

“荆江分洪工程的工期短，工程量浩大。蓄洪区由长江南岸大堤以西覆盖到虎渡河以东，建筑面积为920平方公里，有效蓄洪量为54亿立方米。整个工程包括加固荆江大堤和分洪区围堤，堤线全长208.4公里，筑堤土方近四千万立方米，如将其筑成1米高、1米宽的长堤，可绕地球一周。此外，在太平口修建进洪闸（北闸）；在黄山头修建节制闸（南闸），两闸均为钢筋混凝土结构，设计流量分别为8000立方米/秒和3800立方米/秒。完成这么浩大的工程，虽然有少数混凝土搅拌机、抽水机，但施工机械化水平低，无论是完成筑堤土方或是浇灌混凝土，都离不开人力劳动。三十万劳动大军依靠双手和两肩，在极其简陋的条件下，创造了又一个震惊世界的奇迹。”

1951年，王俊甫所在的二十一团，在完成了广西剿匪任务后，正准备进行文化学习时，接到了参加荆江分洪工程的命令，1952年2月到达寒风凛冽的湖北省藕池口，3月进入到黄山头南闸工地，4月初正式开工。

部队由扛枪打仗到扛铁锹扁担搞建设，确实是一个方向性的转变，部队官兵都面临严峻的考验。他们是党领导的为人民服务的人民军队，可以扛枪上前线，现在为建设新中国，也可以拿起铁锹扁担上工地。指战员们说：“人民需要我们干什么，我们就干什么，而且要干好。”通过层层的动员教育，战士们的决心书、挑战书，贴满了连队的板报栏。高昂的情绪体现了人民军队高度的组织性、纪律性和为国为民的高尚觉悟。

王俊甫回忆：“黄山头的深春时节，早晚还有薄霜，不时还有清明时节的纷飞阴雨，战士们在施工时都把从南方穿去的薄棉衣脱在一边，光着膀子，淌着大汗挑起土筐来回奔跑。四连战士张庆林经常是挑四筐泥，叫作挑双担。他的扁担是三根竹扁担扎起来的，重足九斤四两。同志们一般不叫他的姓名，而是昵称‘张九斤’。机枪二连的战士在一个夜班里挑出了一个180立方米的大土坑。照运距推算，每个人足足跑了一百多里路程。新中国成立初期的物质供应不丰富，但对施工部队供应的大米、面粉、肉类是很充足的。炊事员做好香喷喷的饭、肉包子和红烧肉，等战友们收工回来吃个够。可是，战士们回到营地就迫不及待地找床铺睡觉了。有的拿着包子还来不及咬一口就呼呼睡着了。有的在收工途中就睡在路上了。战士们实在太累了！可是，一到工地上又是生龙活虎般地开展劳动竞赛。有的同志不顾自己的疲劳给已经睡着的同志打来热水洗脚、挑血泡。南闸改河合龙的那天，挑一担土单程要走近千米，而且大腿都陷入烂泥里很难拔出来。为了加快合龙，指挥部采取多路多点运输方法，还设立了送百担土奖一条白色毛巾的鼓励机制。在那样艰难的条件下，不少战士获得十条或接近十条毛巾的奖励。哪一个战士肩膀不红肿！哪一个战士的脚不打起血泡！同志们高昂的情绪不是现在可以回忆起来的，也不是现在用几行文字可以表达出来的。没有哪位同志要求把他的事迹写出来。然而，这些事实就是历史！我们只能记住这动人的时代！记住荆江分洪这伟大的创举！

“荆江分洪工程一直是在党中央的关怀下进行的。许多中央领导如李先念、当时的水利部长傅作义等都亲临现场视察；中央、省、市的文艺团体代表各级领导多次来慰问演出，还派来不少外国水利专家。在施工过程中不断有外国友人来参观、采访。其中包括有宋庆龄主持的亚洲及太平洋区域和平会议的代表。他们看到工地上一派紧张而又欢快的劳动景象时，赞叹新中国确实站起来了，中国的强大指日可待。得知战士们不到三个月就完成这么巨大的工程时，羡慕地说：‘在我们国家里，三年也难完

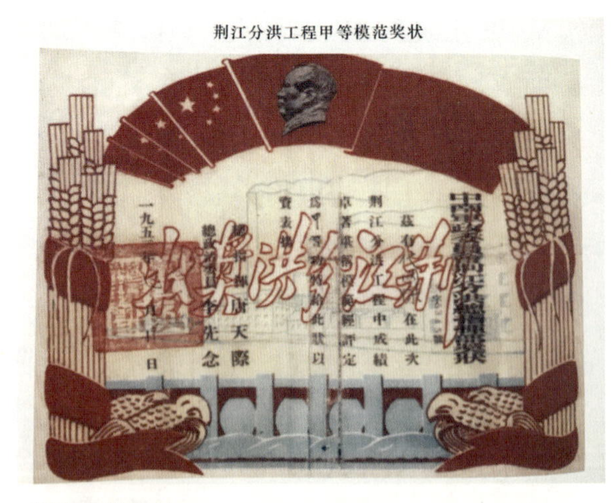

■荆江分洪奖状

成。’的确，荆江分洪工程不仅获得了党和人民的肯定，也获得了国际友人的赞誉。荆江分洪干出了中国人民奋发图强的气势！干出了国威！荆江分洪也是一个大课堂，我们的官兵经受了严峻的考验，终于毕业了，而且个个满分！在进行竣工总结评比中，机枪二连荣获集体立大功，张庆林、李亮等五位同志被评为全国劳动模范，代国杰等二十多位同志获评兵团劳模，其他多人荣获二等功、三等功，并获荆江分洪奖章。完成荆江分洪工程是集体荣誉，也是难忘的纪念，让我们都珍惜她吧！”

诗曰：

放下钢枪荷扁担，人民需要乐陶陶。
红旗指向荆江去，战士齐投苦斗豪。
磨破铁肩为建设，瘦身肌肉立功劳。
回思往昔如昨日，为国为民境界高。

——2006年12月写于广州

第三节 海榆中线立功劳

为巩固海南前哨，加快海南的建设和发展，1952年8月1日，中央政府决定修建海口至三亚榆林的国防战备公路——海榆中线公路，海榆中线公路不仅是海南岛海拔最高的第一条公路，贯穿南北的大动脉，将海南中部山区连成一体，而且也是当时中央修建的华南公路中的一条主干道。

据广东省公路管理局编写的《广东省公路志》（1993年中山大学出版社出版）记载：“1952年9月成立华南国防公路修建委员会，下设工程指挥部在广州，另设前进指挥部在海口，指挥尹林平，下面分设6个工程局，局下设工务段，段下设施工站。直接管理施工的单位华南国防公路修建委员会负责修建海榆中线、那八线、乌那线、广海北线素东段、秀英和海安两港工程、嘉积大桥、海安港引道。”

《广东省志·公路交通志》记载：“海榆中线公路，贯穿海南岛中部北南各市县，在开发海南岛资源和国防建设中起重要作用。全线以什益为界分南北段施工，北段长191.03公里，由第一工程局负责施工；南段长105.57公里，由第二工程局负责施工。以军工为主，配备机械担任路基（艰险、陡峭路段）、路面和桥涵修建任务；平丘地段则以民工为主，采取包工方式进行。工程总投资3,203.3158万元，平均每公里造价111,589.8元，至1954年12月中旬全部竣工通车。”

据《海南日报》报道：“1952年8月，中央成立了华南公路工程指挥部，中央军委委派解放军工程兵某部近万名官兵浩浩荡荡开进海南，海南区政府也征调了全岛10万民工，准备修筑海榆中线公路。”

改建后的中央交通部华南区公路修建工程指挥部机筑总队第三机筑大队（即四航局一公司当时的前身，下文简称“三大队”），施工主力调赴海南岛，拥有机械设备260余台，以机械出租方式，全面进行海榆中线的机械施工。其中包括东山、嘉积两座大桥的施工。

同年，三大队吸收了230名中国人民解放军公路工程部队第一师首批转业的优秀战士，继而又从这支南征北战、久经战火考验的部队中，抽调一部分干部转业到三大队工作。这些解放军战士来到三大队后，经过短期培训，跟师学艺，很快成长为施工队伍中的骨干力量，后来很多同志陆续走上了各级

■庆祝通车典礼

领导岗位。

海南气候酷热，雨季漫长，时常遭台风雨水袭击，海榆中线更越过山高林密、人烟稀少的五指山区，工程艰巨。

离休干部彭标梅，就是第一批由部队转业来的干部，她回忆说："那时，我们部队完成广西剿匪、荆江分洪工程任务后，就接到了命令——参与海榆中线公路建设。我们从荆江分洪工地坐船穿越洞庭湖到湖南岳阳市，再坐火车南下到广西黎塘，从广西到海南岛千里行军，走路走了一个多月的时间。海南岛生活条件艰苦，施工人员住的是自己盖的茅草房工棚，床板是用小木条或竹片编排而成。海南岛雨水多、台风多、雷多，一年四季有一百多天响雷。1952年九号台风穿岛而过，风力达十二级。刮台风的时候，棚子都被掀开了，饭堂也被一阵风刮倒了。台风过后，我们又把工棚重新搭盖起来，恢复正常的生活秩序。受台风影响，很多新开路段塌方严重，加大了施工难度，经过十多天清理塌方，施工得以顺利进行。伙食上，有肉、有蛋，但没有蔬菜吃。由于水土不服，医疗条件差，我七次染上疟疾。"

同样是当年由部队转业的离休干部马仁秋回忆说："我们刚完成荆江分洪工程的当晚就在工地召开了动员大会，会议动员大家奔赴海南岛参加海榆中线建设。我们一天都没有耽搁，收拾行李就匆匆赶到海南岛。当时，工程非常艰巨，我们虽然有工程机械，但山坡陡峭的地方，机械上不去，只有靠人工先开路，再由机械大规模施工。我们部队施工仍然依靠铁锹、扁担和土箕，遇到岩石则用炸药爆破。当时炸药是很珍贵的物资，所以我们十分珍惜。一般只是用炸药松动山体，然后用铁镐、钢钎挖、撬土石，多付出劳力以节约炸药。工棚附近支起锻炉，自己修理钢钎、铁镐。砍来竹子，在收工后或周日修理或编织土箕。施工用的水泥、沙、钢材等材料，都是靠双肩扛入工地。工地上劳动竞赛十分热烈。挑土运距一般远则十多米，近则几米，跨几大步就倒土了，回空时也是跨大步。为了解决吃蔬菜的大问题，我们发扬南泥湾精神，一边施工，一边开荒种菜、还养猪、鸡、鸭。不久，就吃上了自己种的蔬菜和自己养的猪、鸡、鸭。部队的包子有饭碗大，油生生的，我们很爱吃。部队自己解决副食品，也给黎族、苗族同胞极大的启发，他们也学着种菜，养的猪也比以前

■1953年，工程部队在海南岛修建海榆中线国防公路时，驻扎在五指山区的一个营地

肥大。当时五指山仍处于原始状态，生产仍是刀耕火种，一些农作物都种在山上，有少量稻田，收割的谷子用筐子装着放在田埂上，拿稻草盖着，住房也很少，只有些茅屋，面积很小，也没有什么家具，人进屋要弯着腰，有些苗族、黎族同胞住在山洞里，或在树上搭草棚木架屋，经济落后，老百姓生活很艰苦。但随着公路逐段初通，当地的合作社办起来了。合作社就是出售布匹、衣服、杂货的商店。我们时常能看见黎族姑娘穿上从合作社买回的花布衣裳，黎族、苗族同胞从合作社买回食盐、糖等杂物。黎族、苗族同胞的生活确实得到明显改善。”

离休干部钱齐达回忆说：“那时海南岛刚解放，国民党经常从台湾空降特务到海南岛进行破坏活动，在我们施工点附近就有国民党特务在活动，部队有一名炊事员到离驻地几里外的水井取水时，就被特务袭击杀害了。因此，在开职工大会时，领导要求大家要注意安全，晚上不要单独行动。山上蚊子多、蛇多、野兽多，环境恶劣。五指山蚂蟥很多，不仅会爬，还会飞，我们在工地休息时，它就来了，蚂蟥钻到人身上，藏了十多只，扒也扒不出来。后来各单位采取防护措施，大腿以下涂抹肥皂，防止蚂蟥爬上身。猴子也多，经常来伙房偷饭菜吃。”

■周文莲珍藏了60多年的海榆中线公路通车纪念章，金黄色的纪念章以五指山、椰树、压路机、蓝天和大海作背景，小小的纪念章记录了筑路英雄的不朽功勋

离休干部周文莲，在海榆中线建设中任三大队支部书记，追忆起60多年前的筑路情景仍觉历历在目，他说：“当时我们有1000多人（含民工），队伍很庞大，与解放军的工兵一起建设海榆中线，因机械化程度高而出名。华南地区只有一个机械大队，有推土机、挖沟机等260多台，都是靠机械化施工，我们还设有机械修配厂，可随时修理施工机械，以保证前线施工机械的完好率。虽然条件艰苦，但我们克服一切困难，最终出色地完成了施工任务。”

刘自立，退休前任四航局一公司生产科科长。60多年前，他中专毕业就加入到了海榆中线的建设队伍中。他回忆说：“华南区公路修建工程总指挥部由叶剑英直接领导，总指挥尹林平带队去海南岛。当时工地上的机械很多，大多是美制的，如果损坏需要维修，没有零配件，没有图纸，我们就自己钻研，采取土洋结合的办法克服困难。我们有时模仿机械的零配件自行设计制造零配件，有时用其他的替代品，千方百计使工程机械运转起来。我们还会通过改良，使机械一机多用，如将推土机改装成打桩机、挖土机，没有钢板，就用木制的打桩机。100多米长的东山、嘉积两座大桥，虽然在今天看来不算什么大桥，但在60多年前，在那样艰苦的条件下，能够建起来，实在是很不容易的。”

退休职工肖汉雄回忆当年参加海榆中线公路建设时仍十分激动，他说：“从工程开始到结束，我都在海南工地。当时我们的施工机械如推土机、压路机、抽水机等都是先进的美式机械，美式机械比苏式机械先进，海榆中线从起点至终点，都有我们的机械，我们的机械配合工程兵进行施工，只要哪个工点需要，我们的机械就会出现在哪个工点，当时大家为能参加海榆中线建设而感到自豪。记得1953年，当时的交通部公路总局局长潘琪视察海榆中线工程时，还出席了我们在海口秀英码头第一大队队部召开的第一届职工代表大会并做了讲话，其中的两句话我还记得，他说，我们要关心职工生活，在艰苦的条件下，仍然不能杀鸡取蛋，割韭菜要留根，要有长远的观点。”

1954年12月19日，全长296公里的海榆中线全线建成通车。经交通部验收，达到国内五级公路的水平，而为修建这条长达296公里的山区公路，221名指战员和民工献出了宝贵的生命！也就是说，平均每修建1.34公里就有一人牺牲！这是一条用血肉筑成的公路。

工程竣工后，指挥部举行了庆功会，给每位公路建设者颁发了一枚纪念章。

1954年，毛泽东、朱德分别为海榆中线公路建成作了“加强防卫，巩固海南”和“好好建设公路，为造福人民与巩固国防而努力”的题词。

■今天的海榆中线公路

■海榆中线公路建设烈士纪念碑

1954年12月，交通部在海口市秀英小街修建了海榆中线公路建设烈士纪念碑。2001年底，海南省交通厅在海榆中线9公里处又新建了纪念碑，碑上镌刻着毛泽东、朱德的题词，交通部1954年12月撰写的碑文及牺牲的烈士名单。纪念碑由碑基底层、二层和碑身三部分组成，总高19.52米（其意为纪念1952年修建公路而牺牲的烈士），碑基底层高2.21米（意为纪念221名烈士），设计甚为壮观。

广东省交通厅原厅长李配武曾在交通部中南公路工程处（简称“中南处”，即四航局一公司前身）技术科任技术员，在与工程兵的并肩战斗中相互结下了深厚的友谊，他于1955年创作了《工程兵》这首贴心窝的诗歌。现转摘李配武的诗歌：

昨天，
刚刚放下手中的钢枪，
今日，
又把扁担扛在肩上。
从枪林弹雨中走过，
又来到开山放炮的筑路现场。
为了人民的解放，
从北到南，
跨过黄河长江。
为了国家的繁荣，
修筑公路扎根南疆。

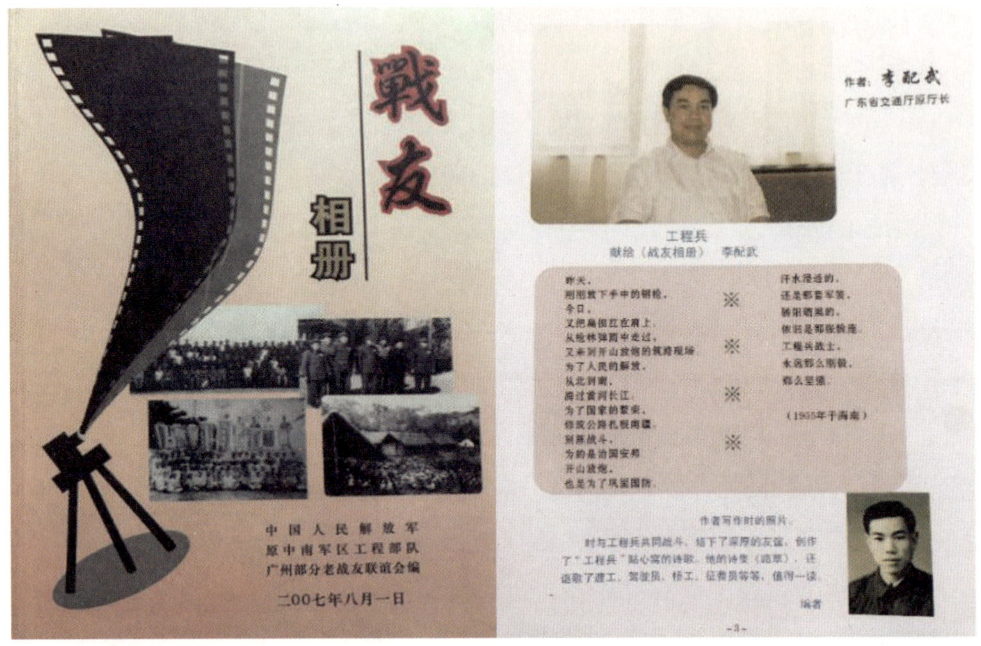
戰友
相册
中国人民解放军
原中南军区工程部队
广州部分老战友联谊会编
二〇〇七年八月一日

作者：李配武
广东省交通厅原厅长

工程兵
献给《战友相册》　李配武

昨天，
刚刚放下手中的钢枪，
今日，
又把扁担扛在肩上，
从枪林弹雨中走过，
又来到开山放炮的筑路现场
为了人民的解放，
从北到南，
跨过黄河长江，
为了国家的繁荣，
修筑公路扎根南疆，
剿匪战斗，
为的是治国安邦
开山放炮，
也是为了巩固国防，
※
※
※
※
汗水浸透的，
还是那套军装，
骄阳晒黑的，
依旧是那张脸庞，
工程兵战士，
永远那么刚毅，
那么坚强。

（1955年于海南）

作者写作时的照片。

时与工程兵共同战斗，结下了深厚的友谊，创作了“工程兵”贴心窝的诗歌，他的诗集《路草》，还讴歌了渡工、驾驶员、桥工、征费员等等，值得一读。

编者

-3-

■中国人民解放军原中南军区工程部队广州部分老战友联谊会编写的《战友相册》，以及其中刊载的李配武所作诗歌——《工程兵》

剿匪战斗，
为的是治国安邦。
开山放炮，
也是为了巩固国防。
汗水浸透的，
还是那套军装，
骄阳晒黑的，
依旧是那张脸庞。
工程兵战士，
永远那么刚毅
那么坚强。

——1955年写于海南

第四节　青史留名的两大业绩

幸福是奋斗出来的，事业因创造而寻得新路，因探索而日趋卓越。在面临困难、面临新的挑战之时，四航局一公司前身以“敢为天下先”的精神，为自己打造了光鲜的名片，也以一项项工程实践在广东交通建设史上留下了浓墨重彩的篇章。从当初尝试爆破，到如今精研隧道的“新奥法”施工；从仅具备难以运转的瘫旧设备，到自主进行配件改造、移花接木，再到根据工程需要改装设备、形成量产，这一系列巨大的转变过程，无不淋漓尽致地展现着一代代四航局一公司人的勤劳与智慧。

一、敢闯敢试开首例　群策群力克险难

1960年元月，广东省交通厅公路基建工程处（四航局一公司前身）负责施工广东省连坪铁路，这是连阳煤田外运的主要通道，也是广东省北煤南运的主动脉。对于广东省交通厅公路基建工程处来说，这是有史以来第一次搞铁路工程。任务新，施工技术要求高，地势险峻，项目繁多，主要有隧道、路基、高架桥和大爆破。

广东省交通厅公路基建工程处的施工人员边干边学，请铁道兵专家来传授技术。基建工程处在施工中充分发动职工献计献策，提合理化建议，运用职工们学得的技术和群众的智慧，将难题一个个解决，如大爆破和高架桥的施工，在当时，都是省内交通建设史上的首例。一次大爆破，填装100吨炸药，从竖井深15—20米处的不同方位设置药室，几十个炮位组成一个炮群，光装药就靠400多人花了一天半才装完。要保证这400多人的生命安全，一定要有严密的组织和措施，人命关天，不容丝毫疏忽。最终顺利爆破的结果证明，此前的工作万无一失，非常成功。职工们欢呼：“大炮一响，黄金万两！”只要一次放炮，几万立方的土石就乖乖地躺到路两边，一条路基的雏形就展现在人们的眼前，因此，广东省交通厅公路基建工程处的施工技术力量得到了铁道兵领导的肯定。

在架设两座高、大、严、难的高架桥时，更是对施工队伍意志和力量的

一次考验。所谓“高”就是两座桥高分别为38米和44米，等于13层至15层楼高。所谓“大”就是桥的跨度是从两个相距100多米的山头中间建起来的，这样的高架桥放在今天不算难事，但当时这样的高架桥在广东还是第一个，而且技术严，工程难度大，怎么办？领导和职工一心知难勇进，不能搞满堂的脚手架，如何解决高空运输问题？一线职工就不用说，就连会计、医生、炊事员，也都夜不成眠，人人都参与拿方案、出主意，深入开展专业人员同群众智慧相结合的合理化建议活动。最后，集合众智，决定采用横向索道高空运输，竖向提升架上落，使工程进度能按预定计划有条不紊地完成。广东省交通厅公路基建工程处，在这个新的难题前，又交出了一份令人满意的答卷。

二、自力更生创奇迹　机器制造出国门

1958年，在西方国家长期对我国进行经济封锁，盟友苏联同我国关系恶化的大背景下，我国进口汽车零配件的后路已断，但中国人民没有被吓到，四航局一公司（时称广东省交通厅公路基建工程处）将当时的保养车间（时称广东省交通厅公路基建处修配厂，以下简称“修配厂”）变大厂，通过自力更生创造了一个又一个奇迹。

同年，国民经济建设进入“大跃进”年代，修配厂集中了自己的维修人员，自力更生，土法上马，在确保筑路机械正常修理业务的同时，扩大制配能力，自制机床设备，建设了初具规模的维修制配体系，有了自己的型铸、热处理、电镀等车间。自制机床设备60余台（套），武装了自己，扩大了制配生产能力，初步实现配套扩大制配生产能力的机床和制造自我武装设备的计划。1958年，修配厂开始了机床通用配件（活塞环、活塞、缸套等）的大批量生产，至1961年，全厂仅活塞环的生产量就达到40万标准片（以直径100毫米为标准）。

修配厂原来只生产一种活塞，为活塞环单一紧俏的品种。在为国争光、为民造福，“大跃进”号角震天动地的年代，职工们激发出冲天干劲，苦干加巧干，革命加拼命，在短短两年之内，就把原有的一些美制、苏制旧机械及车辆，全部用自己的代替材料和自制设备改装修理一新，让这些将要报废的履

带起重机、压路机、抽水机、空压机及发电机、砼搅拌机等机械、车辆起死回生，继续在工程建设中发挥作用。如，在承建江门甘化厂厂房打桩和填土任务时，参加机械施工的车辆有美制自卸车、打桩机、空压机等40台，机车维修工作极为繁重，自卸车是美制大蒙天、大万国车，钢板折断较多，而又无配件换，于是工程队采取代用改制办法解决，其他部分的损坏也是采取代用加工修复等办法，使工程按期完成。

四航局一公司已故退休高级工程师、原机务科科长廖国荣生前曾回忆说："在零配件缺乏的情况下，广大修理工人发挥聪明才智，采取各种办法，克服了困难，修理了全部机械。无零配件，特别是缺底盘配件，我们就在维修过程中采取旧件修复、加工新制等方法，采取镶、补、焊等工艺解决了配件的难题。"

1958年，修配厂的生产取得了巨大成绩，除完成126台机车维修任务外，还制造了车床、龙门刨床、拖挂车、翻斗车、锯木机等新产品。

1957年4月，根据毛主席积极援外的指示，交通部成立了援外办公室，指令修配厂担负起援外设备的研制工作。在没有图纸、没有零配件和材料的情况下，一切自力更生。即使有样品，也不能将精密部件拆卸，技术人员夜以继日展开研究，根据机械制造原理，大胆设计出各种有效部件图纸，经过试制，获得了巨大成功。从1958年到20世纪60年代中期，修配厂就制造出了仿苏制3500公升沥青洒布车，从图纸到试制出样机只用了一个多月时间，该沥青洒布车经过广州市道路公司鉴定合格，被中华人民共和国第一机械工业部鉴定批准列入国家定型产品，定名为"L31-3500型"。修配厂成为当时我国唯一生产此种车的厂家，先后生产20多台此种沥青洒布车支援我国在也门、蒙古、尼泊尔、巴基斯坦等国家的援外公路工程。20多年后，这一产品仍是从四航局一公司前身划分出去的郴州筑路机械制造厂的拳头产品。修配厂还研制成功42吨"ㄅㄆ42型"振动打桩机及"290型"拔桩机、碎石机、内燃式电焊机、6寸自吸式抽水机等一大批生产设备，受到了交通部的嘉奖。其中，生产的内燃机气缸活塞环在全国享有盛誉，是当时的拳头产品，订货者纷至沓来，已形成批量生产。

第五节 难忘军管“吴代表”

吴智民是马来西亚地下共产党员，回国后赴延安，后随解放军大军南下。1949年10月，广州市军事管制委员会交通委员会派吴智民持广州市军事管制委员会主席叶剑英签发的命令，接收“国民政府交通部公路总局第二机械筑路工程总队”。吴智民成为总队的军管代表、第一任党支部（1955年后，党支部升格为党委）书记，“交通部公路总局第二机械筑路工程总队”也改称为广东省机械筑路工程总队，直属广东省交通厅领导。

■吴智民夫妇

当时，国民党撤往台湾后，意图带走一批专业的建设人才，为了适应新中国成立初期的形势，确保新中国的建设任务顺利进行，吴智民担任广东省机械筑路工程总队军管代表后，首要任务是稳定人心，平稳地将领导核心从国民党过渡到由中国共产党接管，千方百计挽留国民党管理时期的总队工程技术专家。他经常组织召开职工大会，积极宣传中国共产党的政治主张、方针政策，用大量的事实证明中国共产党是为人民谋利益的。

■吴智民墓（人物正后方）以及当时四航局一公司前身的办公楼——沙河第一楼（图右）

吴智民告诉大家：“请大家放心，对于从国民党改编过来的技术专家，只要拥护共产党的领导，我们是不会秋后算账的。”消除了大家的疑虑。四航局一公司退休职工黄瑞潮回忆说：“我的岳父周铭波早年毕业于唐山交通大学（今西南交通大学），新中国成立前夕，曾带着一家人去台湾和香港，但最后还是回到内地，没有留在台湾或香港定居，就是相信机械筑路工程总队的军管代表吴智民，也就是相信共产党才留下的。岳父非常佩服吴代表，他后来任机械筑路工程总队副总队长。”已故退休员工朱树民生前曾回忆道：“为了尽快恢复生产，吴代表经常组织召开生产动员大会，并让职工家属也参加，要求家属们照顾好家庭，以实际行动支持丈夫的工作。吴代表非常关心员工生活，当时由于没有自来水，从1947年进驻广州沙河镇，到1949年的三年时间，我们都是喝沙河坑的水，直到1950年，吴代表带领我们在办公区和宿舍区各挖了一口井，解决了生活用水的大问题，我们再也不用喝沙河坑的水了，井水非常甜。吴代表还请省卫生厅的专业人员每月对井水进行消毒检测，省卫生厅的专业人员都说我们沙河镇职工宿舍的井水是广州最好的水源。吴代表还说‘自己动手，盖沙河第一楼’，带领我们自己烧砖，盖了一幢两层高的办公楼，这栋崭新的两层办公楼成了沙河镇一道亮丽的风景线。吴代表平易近人，他原住在广州东山东湖公园旁的一幢3层楼里，为了和大家同住同工作，就搬到沙和路10号职工宿舍的一间平房，这样他与职工的关系就更密切了。”

1951年9月14日，吴智民不幸病逝，职工们非常悲伤。“很多人都哭了，吴代表是个好人啊！”朱树民曾感叹。吴智民的骨灰本来要安放在广州银河公墓，但全体员工坚决要求将吴智民葬于总队场内，于是总队顺应民心，将吴智民的骨灰葬在沙河镇沙和路10号内的总队办公楼南侧，时任广东省副主席古大存为墓碑题词。就这样，吴智民的墓碑一直在厂内耸立了30多年，直到20世纪80年代初才被移到了广州银河公墓。

第四章
三线建设：走南闯北　献力国防

“三线建设”指的是自1964年起我国政府在中国中西部地区的13个省、自治区进行的一场以战备为指导思想的大规模国防、科技、工业和交通基础设施建设。“三线建设”是中国经济史上一次极大规模的工业迁移过程，发生背景是中苏交恶以及美国在中国东南沿海的攻势。

中南处积极响应国家的号召，全力投入“三线建设”，凭借技术、人才的优势，在“三线建设”中充分发挥了“老牌”专业筑路队伍的作用，先后在湘、桂、鄂、苏和晋、冀、甘、陕等地担负过国家公路干线的建设。

第一节　功业卓著的“中南处”

1966年1月，经国家建委批准，交通部第三公路工程局机械筑路工程处改称为交通部中南公路工程处，简称“中南处”，直属交通部公路总局领导（政治上由广东省交通厅代管），下有三个施工处和一个机械修配厂。“中南处”的称谓及隶属关系维持时间较长，自1966年1月至1972年1月，共有6年时间。1966年全年平均职工人数4448人，年底实有人数6287人。

“中南处”时期的生产简况

1966年完成产值1249.01万元，接近上年产值的两倍，全员劳动生产率3033元/人，创历史最好成绩。年末实有机械252台。

总长度为27.2公里的跨年度652工程于3月竣工，新增2.7公里年底完工；0526工程12月竣工。在此之前，施工队伍陆续完成了安徽的0605公路工程线、广西梧州的6605公路工程线（10.7公里）等项目。

1966年1月，响应中央备战号召，在湖南郴州兴建后方基地，全部面积达11万平方米，计划投资230余万元，当年投资54.31万元（其中国家投资21.82万元），施工面积10,708平方米，其中家属宿舍6栋。2月成立房建办公室。

同年，修配厂完成LS沥青洒布车15辆，6BZ汽油抽水机63台及起重设备和其他配件设备一批。

1967年，全国上下正值“文革”时期，但中南处的生产生活基本正常，没有为外界所影响，在生产第一线的各个工程队，仍在利用一切有利条件，凭着工人阶级的社会责任感努力完成各自的任务。一队从0401工程转入甘肃嘉峪关镜铁山03号公路工程，全路段是山高奇寒的不毛之地，在海拔3005米、气温零下30多摄氏度的高山缺氧地带施工，苦难可想而知。但广大职工把困难踩在脚下，同奇寒斗威风，同坚石比高下，一直干到1969年10月，工程因建设单位资金不足而下马。

这一年，湖北英山0605工程9月竣工。其中，杨柳湾大桥是一座钢筋混凝土梁式桥，全长338.6米，宽7.5米，全桥15孔，每孔20米，全桥造价97.528万元。该桥位于湖北省英山县白马石至曹家岭段之间，跨越浠水东河，于1966年4月29日试桩，9月正式全面开工，1967年4月上旬通车。1970年因发洪水，浠水东河上下游大桥尽数垮塌，唯独该桥坚挺如初。另一座大桥王家河大桥（当时改名为红桥），大桥全长142.8米，全长8孔，每孔15米，1966年7月开工，1967年4月通车。该桥位于湖北省英山县、罗田县两县交界处，跨越浠水西河。

这一年，广西梧州6605工程4月竣工。一队担负的河北0401工程完成产值297万元，桥队完成163万元，其余工程是一队从0401工程转入甘肃嘉峪关镜铁山完成03号公路工程；二队7月抽出部分力量去天津胜利油田铺设沥青路面；二队于七八月间开始转向湖北长阳。

1968年完成总产值562.51万元，比上年下降26.17%，全年机械出租收入仅1.28万元，是历年来机械出租收入的最低点。建安工程主要是跨年度的0401、6411道路，甘肃嘉峪关03公路工程。郴州基地房建完成29.66万元。生产不正常，仍然是两个原因：一是气候奇寒，641厂道路须到四月才能开工，

03公路工程7月才施工，而新接的湖北长阳三线建设工程，因建设单位濒临瘫痪，资金落实不到位，一直拖到11月才开工。二是“文革”进入“斗、批、改”阶段，人心浮动，一年竟有5个月没有基层单位的工作量报表。

1969年，全年完成总产值1079.1万元，比上年增长了91.84%。

主要完成的工程有跨年度的甘肃嘉峪关镜铁山03号公路工程、湖北长阳三线建设工程和河北0401工程。甘肃03号公路工程10月下马，只完成产值330.1万元。郴州厂基地完成基建产值56.86万元，完成建筑面积5622立方米，湖北长阳三线建设工程也于10月下马停建，只完成产值238.79万元。

1970年完成总产值1106.63万元，比上年增长2.55%。全年全员劳动生产率每人1740元。跨年度工程有湖北长阳三线建设工程续建，鸭子口至扁担垭23公里于1月竣工，下渔口至鸭子口段及黄陵洞大桥继续施工；承接湖北远安工程；桥队接四川川江港机厂厂区道路工程及土方和房建工程，高产优质，信誉显著，建设单位赞扬有加。另外，郴州厂房完成30.76万元，设备购置34.55万元，施工机械购置32.201万元，该厂本年度完成工业产值236.61万元，全员930人，全年全员劳动生产率每人平均2544元。

1971年完成总产值741.15万元，比上年下降34%。新建工程有韶瘦线、广钢二期土方、广州沙太线金盘岭隧道。在广汕公路12公里内进的小新塘（现广州市天河区新塘街道），征得丘陵地约6万平方米，建作基地。

1972年完成产值613.05万元，比上年下降17.3%。新开工程有惠阳西支江大桥、石龙铁路中桥等。

第二节　从太行山麓到川江之滨

在“三线建设”时期，中南处从太行山麓到川江之滨，先后承担了307国防公路、0401国防公路、重庆川江港口机械厂等工程项目（其中，承担307国防公路时企业名称为“交通部第三公路工程局机械筑路工程处”，在0401国防公路工程后期，企业名称改为“中南处”）。接着，回到广州，承担了广东省第一条公路隧道——平战两用的金盘岭隧道的修筑任务。

一、参建 307国防公路工程

1963年，交通部第三公路工程局机械筑路工程处（四航局一公司前身）奉命北上江苏，承接国防公路307国道，建筑路段100多公里，主要工程是水满桥。从广州到江苏，虽然在承建广州芳村建山村大桥时积累的成功经验用得上，但307国道工程现场管理难度更大，而且建设现场公路桥梁专家多。有一个搞预算的专家，绰号“一把刀”，一切费用算尽算绝，稍有不慎就会造成亏损。工程老兵遇到了预算专家，是真刀真枪的考验，于是号召职工个个要当铁算盘，不该花、不该用的钱坚决不花、坚决不用，能挣一分钱的坚决去挣。“能赚一元就是胜利！”当时大家喊出了口号，也将口号记在了心里，落实到施工生产中。各工种都牢固树立起成本核算意识，把好现场管理关。用了一年多时间，交通部第三公路工程局机械筑路工程处不仅圆满完成了工程任务，还盈利几万元，307国防公路工程是当年全处唯一盈利的工点。这一工程实践，大大提高了施工现场管理水平。

二、参建0401国防公路工程

据《四航局一公司简史》记载：“1965年6月，开赴河北0401工程点，开我处建路史上最艰险、最困难、最好信誉之先河。”

1965年春天，国家决定修建一条穿越太行山崇山峻岭、代号为0401线的国防公路，为实现周总理“提前半年完成0401国防工程，向国庆20周年献礼”的指示，两万筑路大军在战备工程“安全、畅通、隐蔽”的原则下，转战京、冀、晋三地，穿越山势陡峭的燕山三大山脉，翻越峡谷纵横的西峰岭九座山岭，跨越水流湍急的

中华人民共和国国务院文件

交通部并转告义务工役制全体工人同志们：

我们伟大的领袖毛主席亲自发动和领导的无产阶级文化大革命运动开展以来，广大革命职工揭发了许多关于执行义务工役制中存在的问题，很值得重视。义务工役制是试点性的劳动制度，许多规定和办法都不够完善，甚至有不合理的地方，国务院将责成有关部门认真进行研究改革。但是，为了保证国家重点工程的顺利进行，在没有下达新规定以前，仍应按原办法执行。

建立义务工役制的修路队伍，是经国务院批准的，为国防公路服役是光荣的，0401 工程和边防公路是重要的国防工程，任务很艰巨。全体革命职工同志们都要不折不扣贯彻执行毛主席、党中央的最新指示，誓作“抓革命，促生产”的模范，在夺取无产阶级文化大革命胜利的同时，更好地完成国交给我们的重大国防建设任务。

国务院

（内部张贴）

一九六七年四月十七日

■1967年国务院发布的关于完成0401 工程的文件

永定河五条大河，饱尝人烟稀少、缺水少粮的煎熬，以人工打眼放炮开挖，靠人推肩扛运输，历时5年零8个月，建成当时一次性投资最多、国内技术标准最高、通过能力最大，集设计、科研、施工、教学为一体，被誉为“山区公路教科书”的全长511公里的0401国防公路干线。

中南处承建的是0401工程北京房山至河北涞水县接界的路段——驿马岭。驿马岭曾是宋朝杨家将大逞威武的历史名地，地势险要，海拔2000米，也是历代兵家进取京津、退守五行山必争的军事要地，这也是一处山高石坚飞鸟少，日寒路窄行人稀的地方，要在这样一个不毛之地修一条国道，简直是蜀道之难啊！中南处的施工人员却本着“明知山有虎，偏向虎山行”的大无畏精神开赴工地。离休干部孙金彪（1974年至1979年任四航局一公司主任、处长、党的核心小组组长、党委书记）回忆说：“0410工程属于国防公路工程，当时实行的是义务工役制的劳动制度，即国家征招了一批批沿线施工工人，由县委书记、县长带队，为国防公路建设服役。”

中南处带领工役制工人近5000人，包教技术，包施工管理，分五个施工大队，大队领导由当地县级干部担任。中南处抓党委、抓技术，当地县级干部抓人员管理、抓进度，协调作战，紧密无间，人扛肩挑挖土方，工程进度日新月异。孙金彪回忆说：“当时，条件虽然艰苦，又处在‘文革’时期，有的工点忙于政治运动，生产都瘫痪了。天冷的时候，其他工点的工人都躲在房里烤火，我们这里却是坚持开工，所以我们的进度比其他工点快。因为我们工程任务完成出色，交通部还在我们路段召开现场会。”

如由三个老机械驾驶带领9个工人，在炉子水工点担负5万多立方填挖土方任务，上下班来回要走一个半小时，气温正处在零下15至零下20摄氏度，机器冻得要用热油烧底壳才能启动。工人们在此情况下，为提高工效，毅然要求吃住在工地，人停机不停，盖的是“雪花绣被”，吃的是冰碴冷饭。两个月的任务，只用了一个半月就完成。

离休干部马仁秋回忆说：“1966年12月至1969年8月，我在0401工地担任第五施工处机械大队土方中队指导员兼支部书记，那时正处在‘文化大革命’时期，由于派性斗争，各施工大队都处于停工状态，但我们土方中队有推土机、铲

■翻新后的中南处施工的0401国防公路东大岭隧道

运机近20台，分布在各施工大队配合施工，当工役制工人停产时，我们土方机械却日夜奋战在崇山峻岭之中，3年时间未停过一天工，完成土石方300多万立方，受到上级的表扬。我们的设备差，路段险，完成任务名列8个工程处之首。”

退休高级工程师宋红峰回忆：“0401工程在大山里施工，工地条件非常艰苦，我们住着名叫‘干打垒’和‘石打垒’的房子，‘干打垒’就是四壁和房顶都是用竹席和茅草盖的工棚房，外部批上泥土和石灰，这样可以保暖。‘石打垒’就是石头盖的房子，比较结实。施工除了几部卡车等少量机械设备外，大部分施工靠工人手推肩挑，工程用的材料，都是用人工加毛驴、骆驼运来的。我负责测量工作，四处是大山，测量经常要翻山越岭。当时没有GPS（全球定位系统）和测距仪、全站仪等先进仪器，只能用安全绳吊着自己，爬在悬崖峭壁上搞测量，非常危险。当地的老百姓第一次看到推土机，感到非常惊奇，‘这个家伙很厉害，把石头吃掉了，把泥土搬走了’。他们以前没见过汽车，看到汽车从河滩上开过来，也觉得很稀奇‘这玩意像个柜子，自己还可

■ 0401工程通车典礼

以走’。当时汽车是烧木炭驱动的，晚上赶工，汽车亮灯作业，有的老乡嫌吵，‘我们把他两个眼睛（车头灯）打掉，看他还能不能走’。当道路修好后，当地老百姓纷纷伸出大拇指，‘不简单，不简单，这么山的地方，还能把路修通’。”

1969年10月，0401工程竣工通车。

三、建设重庆川江港口机械厂

1970年，中南处承担了重庆川江港口机械厂的建设任务。该厂位于重庆江北县鱼嘴镇（现属重庆市渝北区），主要负责厂区道路、场地平整及厂房车间工程建设。

退休高级工程师宋红峰回忆：“当时正是工业学大庆的年代，‘大干快上’的氛围非常浓厚，大家的工作热情高涨，当时我们的口号是‘先生产后生活’‘好人好马上三线’‘一颗红心多种准备’。在重庆港机厂的建设中，我们大力弘扬大庆精神，艰苦奋斗，就地取材，勤俭办事。”

重庆是全国有名的三大“火炉”之一，夏天气温最高达40多摄氏度，中南处的推土机手仍超定额完成任务。厂房构件就地预制，进度快、质量好，让其他兄弟建设单位赞叹不已，1973年上半年完成修筑公路30多公里、大车间6座、家属宿舍1座、挖土石方40多万方的任务时，建设单位、地方政府所送的锦旗挂满了工棚。当地老百姓还编了“661的耍劲，662的吹劲，中南处的干劲”的（661、662均为同场施工单位）顺口溜称赞中南处。特别让人感动的是，中南处的队伍从0401工程转移到川江港机厂时，光机车、设备及其他物资，共发装了22节火车皮，当时施工机械从北京装上火车运到武汉，再从武汉装船运到重庆江北县鱼嘴镇，卸船的时候，没有装卸机械设备，全部是职工们肩扛手拉，肩头手掌脱了几层皮，也没人叫一声苦，总是高唱劳动号子，互相鼓励，互相扶持，眉飞色舞地把一件件机件装卸火车，安全运送到新工地。

四、承建平战两用隧道——金盘岭隧道

广州金盘岭隧道是广东省内的第一条公路隧道。金盘岭隧道位于广州市北

■1971年至1973年，交通部中南公路工程处（四航局一公司前身）承建广州金盘岭隧道。该工程是广东省第一条公路隧道，也是一条平战两用隧道。图为金盘岭隧道出入口

郊，国道105线市区入口处，是省会通往粤北地区的主要咽喉。未建隧道和改线之前，北来车辆往粤东必须进入市区，经过繁杂狭窄的沙河大街，才能转到广州至汕头方向公路，交通经常阻塞。20世纪70年代初，省政府决定将广州北部广韶公路干线入口点往东移至广汕公路干线入口处，避免进入市区街道，新改线要穿过金盘岭，须打400米隧道通过。

据《广东省志·公路交通志》记载："在旧中国，省公路建设技术落后，设备简陋，资金短缺，修建公路隧道工程艰巨、工期长，广东省根本不敢问津。20世纪70年代初，广东省先后修建金盘岭、高山、高筒、南水水坝公路隧道。金盘岭隧道规模最大，属大断面三车道隧道，在国内公路隧道也可跻身前列。1973年7月25日，广东省第一条公路隧道——广从线金盘岭隧道建成通车，全长361.6米。工程由交通部第四航务工程局一处（即中南处）负责设计。"

据《广东省公路志》（1993年中山大学出版社出版）记载："金盘岭隧道1971年8月动工，前期曾经由广州部队工程兵及民兵等负责施工，后来改为由当时的广东省公路运输管理局（即原广东省交通厅）的公路工程分局（即原中南处、现交通部第四航务工程局第一工程处）负责施工。隧道主体工程施工过程中，由于南北两端隧道土石方不均衡，北洞口的上导坑于1971年8月开挖，到1972年春节前夕贯通。挖洞施工程序按品字形开挖，先挖上导坑贯通后，然后开挖下导洞。北端下导坑从1971年10月开挖，南下导坑于1972年7月才开始挖掘，于1972年9月挖通所有导坑。隧道土石方开挖重点在北洞口，北洞口负担300米深的开挖长度，而南洞口只负担61.6米。"

金盘岭隧道标准较高，行车道10米（三车道），行人道各2米，总宽14米，在当时国内公路隧道中算是高标准的；净空高6.5米，从隧道中点设双向-0.5%纵坡，转坡处设半径5000米竖曲线，以利隧道内排水，隧道拱圈矢跨比3.5/14，圆弧半径87.5米，侧墙高3米，路面横坡2%。

隧道主体工程量如下：开挖石方35,716立方米，拱圈及侧墙混凝土5157立方米，80号砂浆砌侧墙1023.34立方米。洞内其他混凝土651立方米，引道路基石方56,642立方米，引道路基土方15,099立方米。耗用劳动力405,675

工日，投资总额374.909,2万元。

隧道门口两侧装饰两大幅浮雕图案，隧道内侧墙起拱线也有花边浮雕装饰，由广州雕塑室设计施工。隧道内设有照明，由广州路灯管理所负责。隧道洞口上“金盘岭隧道”五个大字用钢筋混凝土制成。

四航局一公司退休高级工程师常包庚回忆说：“金盘岭隧道采用典型的矿山法施工，用打风枪放炮的土办法开洞，洞内用木头搭成框架支顶洞壁，这种施工法非常危险，洞内随时会塌方、掉石，常常危及人身安全。当时正值‘文革’时期，但隧道工程施工属于国防交通建设，地方和军队都非常重视，部队还派了一位团长到现场带领解放军官兵和石井民兵打风枪放炮，具体指挥隧道爆破作业。那个年代，能够参加国防工程建设是非常光荣的，假设在施工中工伤遇难，也会成为‘革命烈士’。抱着‘一不怕苦，二不怕死’的革命精神，隧道施工热火朝天，建设者们置生命于度外，不分昼夜炸山开洞。”

第三节 先进模范传佳话

中南处时期，职工中不乏原“老公路[①]”的技术骨干和老干部。这些老干部延续和传承了“老公路”时期的革命精神和战斗精神，在中南处各大工程建设中充当着“定心丸”“总开关”的作用，长年累月的付出和拼搏，也塑造和锻炼了四航局一公司人敢于直面艰苦环境，勇于挑战艰巨任务，“特别能吃苦、特别能战斗”的精神品格。这个时期涌现出了一批批可敬的英雄前辈，他们在国家经济建设中做出了巨大贡献。

一、黄锡九

黄锡九，高级工程师，1932年6月毕业于美国巴利工程学院土木工程系，曾任岭南大学工学院土木工程系讲师、广西大学工学院土木工程系教授。后长期担任中南处和交通部四航局第一工程处主任工程师，在施工生产中解决了许多

① 从1949年到1974年的25年中，四航局一公司前身体制分去合来、易名改属14次，但14次易名没有一次在称谓中缺“路”字，由此，老牌的交通基建队伍被行家称为“老公路”。

■技术专家黄锡九同志

技术难题，是广东省建筑系统名望很高的技术专家，曾当选为广东省第三、第四、第五届人民代表大会代表和广东省第四届政协委员。至1980年12月，78岁高龄的黄锡九才正式退休。

四航局一公司退休高级工程师宋红峰回忆说："黄锡九在我们这一行威望很高，曾作为广东省派出的技术专家支援参与南昌八一大桥、武汉长江大桥等工程建设。后来我们到广西承担工程，广西交通厅的领导听说黄锡九也来施工现场，就说'只要黄锡九老专家在工地做后盾，我们就放心'。而黄总在现场，我们的技术人员也更加踏实，黄总就像是定海神针。"

二、张声英

张声英，1926年出生，1991年退休，退休前任四航局一公司副总工程师。

广从线金盘岭隧道是中南处结束湖北工程回到广州后承建的第一个隧道工程。四航局一公司已故副总工程师张声英在1988年撰写的《个人业务自传》中写道："广州金盘岭隧道跨度为当时全国之冠，是一座平战结合的两用隧道，建成后平时通汽车，战时可以停放战斗机。1971年，我在广州军区的一次准军事部署中奉派主持了该隧道的勘测设计工作。因已经动员了上千工程兵和民兵进场，准备开工，所以该工程特急又特殊，勘测工作必须在一个星期以内完成，按照常规进行地质钻探根本不可能。我们在特急的情况下，经过集体研究讨论，细心观察、认真勘查了金盘岭的山势地形、地貌、地表、地质等特征，加上以往积累的工作经验和体会，最终全部勘测设计任务前后只用了半个月时间完成。金盘岭隧道经过10多年的通车使用，至今情况良好。"

张声英及其工作团队在勘测设计中主要解决了以下问题：一是隧道所经地

层地质的判定问题；二是洞口位置的确定问题；三是衬砌结构的计算及形式问题；四是导洞布置（掘进）方案问题。

三、姚元

姚元出生于1923年1月，1948年毕业于清华大学机械系，同年进入“国民政府交通部第一机械筑路总队”坪石工区任实习生及技术员。新中国成立后，先后在中南区机械筑路总队、交通部中南公路工程处、交通部四航局第一工程公司任机械工程师。1985年6月，被广东省人民政府授予“广东省职工劳动模范”称号。

1983年，姚元积极协助黄埔新港完成将火车交接库、汽车交接库屋顶净重200吨的壳体升高16米的整体顶升任务，只选购了几台国产液力设备，就成功地完成了全部壳体顶升任务，这一国内首创的大跨度、大重量整体顶升新工艺，引起国内同行注目，受到交通部的表彰。

四航局一公司组建预制场时，由四航局调拨了一台60年代自行设计制作的60吨钢桁架式的龙门吊机，该机行走速度慢，生产效率低，起运不安全。经过详细的检测，姚元绘出了科学合理的改装图纸，并自行加工零部件，只用了5万元，便使该机旧貌变新颜，工效提高两倍，节约了机械购置金额55万元。

1984年，四航局一公司进口了一台由西德和意大利提供组合的现代化的高强砼小方块成型机，配套时意大利设备失灵。姚元改装了错接线路，并亲自

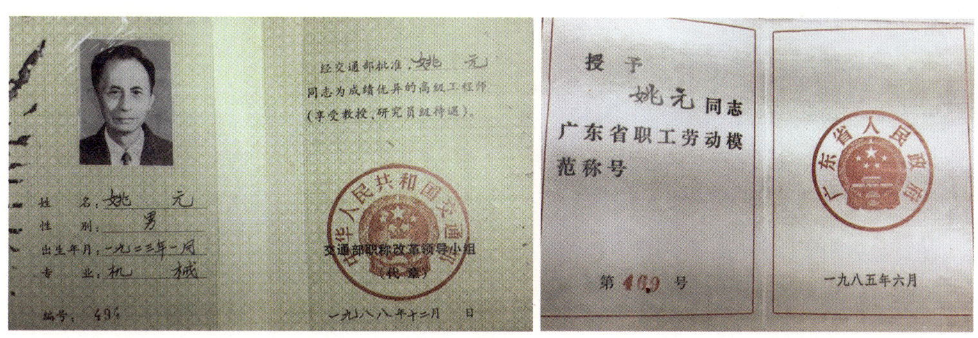

姓　名：姚　元
性　别：男
出生年月：一九二三年一月
专　业：机　械

经交通部批准，姚　元
同志为成绩优异的高级工程师
（享受教授、研究员级待遇）。
中华人民共和国交通部
交通部职称改革领导小组
（代章）
一九八八年十二月　日

授　予
姚元同志
广东省职工劳动模
范称号
第　469　号

广东省人民政府
一九八五年六月

■姚元获得的高级工程师证及广东省职工劳动模范证

开车试运转一次成功，比电请意大利专家来华节约费用两万多元港币。由于姚元与西德专家配合默契，向专家提出的许多建议均被采纳，缩短了安装工期近两个月，并超额完成生产三千块方块任务，为促进码头砌铺工期提前和达到优质工程做出了重要贡献，获得西德专家的赞扬和港方技师的好评。

此外，中南处的一大批离休老干部，在企业的发展中同样做出了积极的贡献，如惠恩泽、马德祥、孙金彪、徐德春、周文莲、程远恒、黄克忠，还有老红军何德志，以及广东省工业学大庆劳动模范、木工班班长黄传沛和钢筋班班长梁宁康。

第五章 再建新功：参与筑港　会战“两路”

1973年初，周恩来总理发出“三年改变港口面貌”的指示，极大地鼓舞了全国广大筑港职工，从此全国掀起了大建港的新高潮，港口建设工程数量剧增，任务繁重。四航局顺应三年大建港高潮，大范围调兵遣将，施工队伍急速壮大。1974年，“老公路”中南处合并到四航局，加入了筑港队伍，成为港口建设的新兵。

第一节　“老公路”的新使命

1973年2月，周恩来总理针对沿海港口出现的严重的压船、压港、压货局面，高瞻远瞩、言简意赅地指出：“全国沿海只有92个1万吨级以上的泊位，太少了。这是基础，不搞上去怎么行？”并发出了“三年改变港口面貌”的指示。同年3月2日，国务院组建了以粟裕、谷牧为首的港口建设领导小组，要求有关省市也要成立建港领导小组或建港指挥部。交通部迅速行动，派出领导干部奔赴各地港航单位传达周总理的指示。

6月中旬，粟裕副总理亲临广东，再次传达了周总理的指示和国务院的决定。周总理“三年改变港口面貌”的指示，吹响了大建港口的进军号角，是我国港口发展史上的重要里程碑。在国务院统一部署下，沿海各省、自治区和直辖市迅速成立港口建设领导小组；各省市大型、重点的港口项目也分别成立或健全了指挥部。在广东省革委会的直接领导下，广东省于1973年5月3日成立了港口建设领导小组，同日发文决定成立广州黄埔港、湛江港建港指挥部，并报备国务院。广东省港口建设领导小组由刘田夫同志任组长，范华、严尚民、梁湘以及湛江市一位负责同志担任副组长。四航局革委会主任刘宣是领导小组的成员之一。

1974年4月1日，广东省革委会工交办正式发出《关于调整省公路运输管理局第一公路工程局管理体制的通知》，该通知指出："鉴于当前我省新建公路任务不多，而港口建设任务繁重，急需加强施工力量。经省革委会与交通部协商同意，并经国家计委批准，将广东省公路运输管理局第一公路工程局全建制划归交通部，并入第四航务工程局，承担华南地区的建港任务。"这是一次较大动作的机构调整。

四航局于当年10月10日决定，原广东省公路运输管理局第一公路工程局改称交通部第四航务工程局第一工程处（简称"四航局一处"），新印章从次年1月1日起开始启用。实际上广东省公路运输管理局第一公路工程局从收到省工交办89号文后，四航局就已部分接管并暂时以"交通部中南公路工程处"印章作为第一公路工程局内行文之用。这段时期，四航局局领导讲话以及四航局的行文中惯用"中南处"这一称谓指称广东省公路运输管理局第一公路工程局，就是这个原因。

中南处合并到四航局前，建筑安装年产值1059万元。与四航局合并时有400余台（套）机械设备和原值近700万元的固定资产；有在册职工1700余名。

■"中南处"合并到交通部第四航务工程局第一工程处后，四航局一处召开了首次工会代表大会。图为会议代表合影

第二节 “两路工程”大会战

“中南处”合并到四航局后承接的第一个港口工程是黄埔新港进港铁路和公路工程（简称“两路”），四航局安排1974年下半年“两路”工作量为291.89万元。

黄埔新港进港铁路由广深铁路夏元站接入，通至港区，全长7.8公里，公路由新港区接广深公路，路基长4.3公里，路面为2.6万平方米沥青路面。“两路”均在软基基础（香蕉地）上修筑，打砂桩处理，总概算1031万元。由四航局一处第一工程队和第二工程队承担施工。

当时，二航局新港区一期工程1—5泊位正在施工。二期工程6—8号泊位准备上马，“两路”是黄埔新港的咽喉，因而也属“三年改变港口面貌”重点工程。1974年7月下旬，四航局在沙河召开三级干部会议，局革委会主任刘宣在大会报告中指出，“两路”是四航局下半年重点工程之一。经紧张筹备后，该工程于当年8月全面开工。工程开工后，四航局机关和基层上上下下不分昼夜、全力以赴进行“大会战”，当年完成投资221.8万元。在广东省建港领导小组直接督战下，“两路”施工始终处于“大会战”状态。当年参加施工的宋红峰回忆道：“黄埔新港两路工程的特点是工期非常紧，在软基基础（香蕉地）上建公路和铁路也是第一次，与过去在山区搞公路完全不同，没有任何经验可借鉴，我们只能加班加点地干，几十台汽车24小时连续作业。记得在1975年，超强台风正面袭击珠江口，我们从没遇到过这么强的台风，于是组织力量应对台风，对工棚、设备进行加固，将人员疏散到较安全的地方，所幸没有造成损失。1976年春节前，时任广东省省长刘田夫到工地视察、慰问，给我们极大的鼓舞。”

1975年9月，四航局原第二工程处的第五工程队和第六工程队并入四航局第一工程处，施工力量增加。至当年第四季度，工程施工节奏更加紧张，工程处机关科室干部每天驰援、昼夜奋战，“两路”的路基于1976年11月完工，沥青路面和铁路桥于1977年1月也完工。“两路”的建成对黄埔新港一期泊位投产和二期泊位施工提供了重要的条件。

第三节　五湖四海一家亲

20世纪70年代前，中南处的成员由来自五湖四海各个民族（汉、满、蒙、藏、壮等族）的同胞组成，一部分是原留用人员，他们大都经历过旧社会的苦难，对新社会充满向往；另一部分是新中国成立后招收和调配的青年工人、知识分子，他们怀着追求光明的激情，义无反顾地甘为新中国交通建设事业献青春；还有一部分是放下枪杆子、走进驾驶室的复员和转业解放军官兵，他们为新中国的成立洒过血、流过汗，深知保天下重任的艰辛和光荣。中南处前后共调入和招进解放军官兵530多人，占20世纪70年代中南处职工的近三分之一。其中一部分成为中南处的各级领导，他们都是创造四航局一公司历史的辛勤耕耘者，是企业得以发展的中坚力量。他们把戎马生涯中的好思想、好作风、好传统带进了施工队伍，使这支队伍任何时候都能听从党和人民的召唤，经得起革命风浪的颠簸，始终不渝地站在第一线吃大苦、耐大劳，出色地完成了一个个新的建设工程。

转业军人中有很多是中国人民解放军第二十一兵团的官兵。中国人民解放军第二十一兵团司令员是毕业于黄埔军校第一期的抗日名将陈明仁。1949年8月4日，陈明仁指挥的国民党军第一兵团在长沙宣布起义，使湖南省长沙及湘潭等地和平解放。1949年11月，陈明仁的部队正式改编为中国人民解放军第二十一兵团，隶属第四野战军。陈明仁任兵团司令员，唐天际任政治委员，文建武、王劲修、傅正模、唐生明、魏镇任副司令员，文建武兼任参谋长，方正平任政治部主任。1950年11月，根据中央军委的命令，第二十一兵团奔赴广西执行剿匪的军事任务，剿匪军事任务完成后，为适应国家发展经济、大修水利和大建国防公路的形势需要，二十一兵团的其中一个师于1952年改编为水利一师，参加荆江分洪工程。荆江分洪工程完成后又改编为公路一师，参加海榆中线工程。在完成了广西剿匪、荆江分洪、海南建设三大任务后，这支既能打仗又能干工程的部队整师转业到全国交通系统。中南处就接收了一大批第二十一兵团的转业官兵，不少人还走上了领导岗位。

新中国成立初期，四航局一公司前身的职工们实行供给制，每月每人从

80斤大米至200斤大米按价折款以供个人作生活费，虽然生活艰难，大家都没有怨言。当抗美援朝捐款时，多数职工甘愿自己过苦日子，也要拿出一两个月的工资捐给国家购买飞机大炮打美帝，为国分忧，一片赤诚。在20世纪50年代中期，大幅度的调资定级之后，职工的工资仍很微薄。但是大家发扬艰苦奋斗、同甘共苦的精神，干部职工同吃、同住、同劳动，蔚然成风，干群关系水乳交融。

到了1974年10月，中南处合并到四航局，为了企业的转型需要，1975年9月，四航局原第二工程处的两个工程队整建调入四航局一公司，之后，公司每年又招收大中专毕业生以及社会人员，使公司的员工队伍不断壮大起来。

从新中国成立初期只有108人的施工队伍，到如今拥有1400多名职工的国有企业；从新中国成立前参加工作的工程技术人员，到新中国成立后相继加入的各方精干，四航局一公司（前身）地处改革开放窗口的广东广州，以开放包容的精神感召天下英才，吸引了来自五湖四海的职工组成了一个和谐的大家庭。

第三篇

砥砺奋进：行改革求跃升

（1979—2019）

导 读

1978年12月召开的党的十一届三中全会，废除了长期执行的以阶级斗争为纲的路线，决定将工作重心转移到经济建设的轨道上来。从此，中国进入了一个以改革、开放和发展为标识的新时代。

从一滴水可以看到太阳！

从四航局一公司这个企业也同样可以看到改革开放和发展的时代潮流！

从其前身成立时算起，四航局一公司的存在和发展，迄今已有76年的历史。而从1978年到2019年的这个时间段，无论是进行纵向比较还是进行横向比对，都可以说是公司有史以来发展最为迅速和成长最为瞩目的一个时期。

这一篇所记述的，就是公司在发展中出现“惊人一跃”的动人轨迹。

这一篇所讲述的，是公司在“改革”“开放”和“发展”大潮中的诸多感人故事。

四航局一公司近几十年来的发展，可谓是在天时、地利、人和条件下所促成的发展：神州大地改革开放春风的强劲吹拂、公司驻地广东在改革开放中先行一步的排头兵示范、整个中交系统与时俱进的创新、调整发展战略以及不断推进国有企业管理体制的改革……这些因素都推动和促进了公司的飞跃发展，并使之成为有口皆碑的“特区建设的拓荒牛”“市政建设的王牌军”“港口建设的生力军”，也使之在中交系统内成为“路桥建设的新劲旅”“铁路建设的新中坚”和“BOT项目的新主力”。

当然，四航局一公司发展成就的取得，跟中交集团和四航局等上级单位的正确领导分不开，跟公司上下观念的转变、机制的改革和内功的锤炼分不开，特别是跟公司领导和员工的市场意识苏醒、敢于参加竞争，建立承包体系、形成激励机制，注重科技进步、锻造过硬实力，实施品牌战略、提升资质水平等方面的努力分不开。

也正是这些自身努力，练就了公司的过硬内功，使公司的市场竞争能力得到不断的加强，从而造就了自身的发展和辉煌。

一公司近几十年来的长足发展，还跟公司坚持和改善党的领导、致力培育具有本公司特色的企业文化密切相关联。因此，在这一部分中，我们选取了相关内容的特色和亮点，读者可以从中看到公司在坚持政治方向、培育企业文化方面一路春风化雨的故事。

Introduction

Held in December 1978, the Third Plenary Session of the 11th Central Committee of the Communist Party of China abolished the long-running principle of class struggle and decided to shift the focus of the nation to the track of economic development. From then on, China has entered a new era marked by reform, opening-up and development.

From the growth of the Company, we can see the trend of the times in China-reform, opening-up and development-as a drop of water can reflect the glory of the sun.

Since the time its first predecessor was set up, the Company has been in existence and development for 76 years. The time between 1978 and 2019 witnessed the most rapid and spectacular growth of the Company ever since its establishment.

This part traces many great deeds of “amazing leap” during the Company’s development as well as some touching stories in the tide of reform, opening-up and development.

The growth of the Company in recent decades can be seen as the development under favorable international and domestic environment as well as popular support.

The reform and opening-up adopted in China, a pioneer role of Guangdong Province (where the Company is based) in the reform and opening-up, the innovation to keep abreast with the times, the adjustment of development strategy and the continuous reform of the management system of state-owned enterprises in the whole CCCC -all these promoted the Company's rapid development, and was universally acclaimed as "a front-runner in the construction of special economic zones", "picked troops in the municipal construction", "crack troops in the port construction", and meanwhile earned it the reputation of "a strong force in road and bridge construction", "a backbone in railway construction" and "the new mainstay in build-operate-transfer (BOT) projects".

We all know that the Company's brilliant achievements are indispensable from the strong leadership of the CCCC and the CCCC Fourth Harbor Engineering Co., Ltd. as well as the change of the mindset of all employees, the reform of the Company's mechanisms, and the improvement of our capabilities. It was also inseparable from the market awareness of the Company's leaders and staff, the courage to enter competitions, the launch of the contracting system, the introduction of incentive system, the focus on the advances of technology, the increase of our strength, the implementation of branding strategies, and the boost of our qualifications.

It is precisely our sustained efforts that have strengthened the Company's expertise, enabling the Company to enhance its market competitiveness continuously, and therefore leading to our ongoing development and glory.

The significant growth of the Company in recent decades owed much to the Company's adherence to and improvement of the Party's leadership and its commitment to fostering a corporate culture with the Company's characteristics. So in this part, we choose some special stories and highlights, from which the readers can see the Company's efforts to follow in the correct political direction and cultivating corporate culture.

第六章
勇立潮头：立足华南　跨越发展

我国改革开放的伟大征程如今已历四十余年，在滚滚发展大潮之中，四航局一公司勇立时代潮头，敢为业界之先，屡建雄伟工程，实现了跨越式发展，完成了企业发展的“惊人一跃”。

四十余年时间里，四航局一公司在继续担负港口建设任务的同时，充分发挥道路、桥梁和市政建设的传统优势，甘于奉献，善打硬仗，勇于拼搏，成为深圳特区市政建设的“拓荒牛”、华南港口建设的生力军、路桥建设的新劲旅、广州市政建设的“王牌军”。

第一节　公司发展的“惊人一跃”

从1979年至2019年的40年时间，是四航局一公司大发展、大繁荣的时期。公司乘着改革开放的春风，紧跟时代步伐，顺势而上，实现了跨越式的发展。这一时期，公司成功进行了数次转型，公司业务结构从原先的公路到水陆并举，同时向水工、市政工程进军，再向铁路、海外发展，形成了传统路桥、铁路、海外各占三分之一的“3：3：3”的业务发展格局，成为公司有史以来的黄金发展期。在2018年的工作会议上，又提出了到2020年实现“百亿公司”的奋斗目标。

在经营方面，积极参与市场竞争，加大经营工作力度，从1992年开始至2001年，签订了一大批不同类型的道路工程项目，同时跻身攻入市政工程建设的施工领域，取得了以广州市内环路系列工程为代表的斐然的经营业绩。四航局一公司充分抓住珠江三角洲地方路桥建设尤其是广州市内环路建设的有利形势，积极开拓经营，通过中（议）标签订路桥、市政项目合同超过50个，合同总金额达到20多亿元。其中，合同金额5000万元以上的项目就有顺德五沙大桥，顺德德胜大桥，广州渔尾大桥及立交，东莞大王洲大桥，广州华南大桥下部结构和上部结构及南北引桥，广州鹤洞大桥，广州中山大道立交，广和大桥主桥，广州内环路的A2.12标、A2.3标、A2.7标、A2.8标（总长约6.8公里）及禺东西立交A1.7标，内环路放射线A6标，肇庆大桥，丰顺莲花山隧道，广惠高速公路义和至萝岗段等约20个。

四航局一公司在路桥工程开拓经营上取得可喜成绩，为四航局第二主业——路桥专业的发展做出了积极的贡献，四航局的产业结构因而发生了重大变化，路桥、市政工程合同金额和施工任务在全局总量所占比例迅速增长。在20世纪80年代末，四航局路桥工程的中标合同还不足全年中标合同总额的10%，而到了1998年，四航局签订路桥、市政工程项目13项，金额5.16亿元，路桥项目的合同占了全年合同总额的55.59%，这是四航局建局以来第一次路桥合同超过水工合同。

进入21世纪，四航局一公司紧跟四航局和中交的发展步伐，转变经营模式，扩大经营范围和经营领域，延伸主业，在坚守路桥、隧道等传统业务的基础上，进军铁路、跨海大桥、地铁、城际铁路市场，参与四航局以及中交的投资项目，同时扩大海外市场份额。新世纪的头十年，四航局一公司新签合同额由2001年的5.5亿元到2010年的63.0亿元，九年增长了10.45倍；2017年，全年新签合同额111.37亿元，首次突破100亿元大关，创历史新高；截至2018年，新签合同额突破130.6亿元，创造了公司发展史上的又一里程碑。市场经营表现抢眼，国内市场经营得到有效巩固，成功守住新疆、云南、澳门、广东鹤山等区域市场；国外经营取得新突破，既有效巩固传统东非区域市场，又成功开辟了赞比亚、柬埔寨、尼日利亚等市场。

在完成产值方面，同样创历史新高，从1979年的1214万元，到2018年的80.99亿元，实现了飞跃式的增长。承建了以广州的华南、鹤洞、广和及肇庆四座大桥为代表的一系列投资大、技术复杂的大型桥梁；承建了广州市第一条过江隧道——珠江隧道黄沙出口段工程，被称为“南国第一路”的广深的第一条高速公路——广深高速公路，四航局第一个高速公路隧道工程——莲花山隧道；作为四航局BOT、EPC（工程总承包模式）、PPP（政府和社会资本合作模式）项目的主力军以及铁路项目的中坚力量，承建了四航局首个BOT项目——湖南湘潭莲城大桥，参建了四航局第一个铁路项目——太中银铁路；承建了四航局具有里程碑意义的跨海大桥——澳门友谊大桥、舟山金塘大桥、马来西亚槟城二桥。

在装备实力方面，实现了多年来的“盾构梦”，如今拥有7台盾构机，公司设立了盾构部。组建了自己的船队，拥有各类船舶22艘，设立了船舶部，实现了拥有盾构机和船舶“零”的突破。建立了曾经的华南地区最大的预制构件场。

在打造精品工程和推进科技进步方面，同样实现了多项“零”的突破，先后获得国家优质工程银质奖、中国市政工程金杯奖、土木工程詹天佑奖、鲁班奖、李春奖、布鲁内尔奖；荣获多项国家级、中交及省部级工法、国家发明专利、实用新型专利等。

此外，在制度建设、企业管理、党的建设、文明建设、企业文化等方面也取得了较好的成绩。

第二节 特区建设的“拓荒牛”

1979年7月，党中央、国务院根据邓小平同志的建议，做出设立深圳、珠海、汕头、厦门四个经济特区的重大决策。我国改革开放的前沿阵地——深圳特区就此诞生了。

四航局一公司是最早进入深圳特区的施工队伍之一，完成了一大批深圳特区的早期市政工程，成为特区建设的先遣队和主力军，为深圳特区的建设做出了重要的贡献。“深圳速度”“深圳人的开荒牛精神”名传全国，其中就包含了四航局一公司所创建的丰功伟绩。

一、一支“信得过的施工队伍”

在深圳特区建设的施工队伍中，有一支被誉为“信得过的施工队伍”，这支队伍就是由第一工程处机械工程队“深圳工地”孕育诞生、并在此成长壮大起来的第一工程处第五工程队（后改名为四航局一公司第五施工处）。这支约250人的队伍，创造了70天快速建成和平路和建设路两条市区大道、一个月建成一座景观桥、在文锦渡桥建设中胜超香港施工队等奇迹。

1979年9月，第一工程处机械工程队承接了进驻深圳市的第一项工程——深圳市一座高层宾馆的土石方工程。当时，第一工程处机械工程队进场的只有三台推土机、十几名职工，和那些大的施工单位比，显得势单力薄，很不起眼。然而，在工地负责人的带领下，十几名职工拧成一股绳，凭着一股“拓荒牛”的倔劲，不分白天黑夜地干，出色地完成了任务，受到了主管深圳基础工程的权威机构——深圳基础工程组的好评。

1979年11月，深南路（现深南大道）改造工程上马，机械工程队正式打出“交通部第四航务工程局第一工程处机械工程队深圳工地”的牌子，摆开了战场，以那三台推土机和十几名职工为班底，从后方调集人员，组织了近两百人的施工队伍，日夜赶工，以优质、高效、安全的标准按期完成了这一工程，赢得了深圳市人民政府的赞誉和深圳市民的好评。

1981年春节前，“深圳工地”全体员工苦战两个月，完成了深南路8.7公里路面的施工任务，响应了深圳市政府“春节前完工”的号召，也实现了自己在开工时发出的“奋战百天，迎接春节通车”的诺言，受到了深圳市政府领导的表扬：“四航局一处工程进度快，质量好，生产秩序好，为其他施工单位做出了榜样，是一支能啃硬骨头的施工队。”

在1982年初的和平路、建设路“大会战”中，为了实现深圳市政府领导提出的早日完工的指示，“深圳工地”全体员工兵分两路，在70天内夜以继日地奋战，高质量地完成了包括路面、水渠、污水管、停车场等施工内容在内的3.1公里道路的重建、拓宽工作，创造了深圳特区城市道路建设速度的奇迹。

为了加强对深圳工程项目的管理，加大经营工作的力度，经四航局批准，1983年7月15日“深圳工地”与第一工程处机械工程队分家，正式成立第一工程处第五工程队，林韩曦任队长，陈春其任党支部副书记、副教导员，付中川、岑管能任副队长。1984年1月，何广珊调任党支部书记、教导员。

此后，第一工程处第五工程队承担的任务越来越多，工程越做越大。

1983年8月，第一工程处第五工程队用15天时间完成了解放西路近3000平方米的扩建任务。

1984年，第一工程处第五工程队承担了沙湾、布吉、文锦渡三座大桥建设任务，工程质量均被评为优良。1984年又为深圳市建设了三条马路——新湖西路、红岭南路、西转盘路，皆为优质工程。有关部门称赞第一工程处第五工程队是“质量信得过的单位”。

■如今繁华的深圳市深南大道

1985年8月，四航局一公司第五施工处又承担了深圳市深南中路西延伸工程，主持施工的是付中川、涂鸣、何广珊。该工程全长620米，路面宽50米，是深圳至广州、深圳至蛇口的咽喉要道，交通极为繁忙，施工期间必须保持道路畅通。四航局一公司第五施工处采取了“先两边后中间”的施工方案，严格施工现场管理，安排了交通安全维护人员，并请交警协助疏通车辆和行人、维护交通秩序。在一年多的施工期间，工地从未发生过交通堵塞和交通事故。1986年10月，工程正式竣工，并于11月7日通过深圳市有关部门验收，工程质量良好。

在深圳，四航局一公司第五施工处刚开始只承接一些小工程，如平平场地、填填鱼塘。后来，施工处承担的工程一个接一个，任务越来越多，工程越做越大，先后完成了深南大道、深南中路、和平路、建设路、新湖西路、红岭南路、西转盘路、华强北路、北环路、福强南路、上步路雨水暗渠、沙湾大桥、布吉大桥、文锦渡大桥等工程。深圳市政府有关领导在沙湾大桥通车典礼上，对第一工程处第五工程队工程质量给予高度评价，称赞其是一支“信得过的施工队伍”。

二、两路工程与“深圳速度”

1982年初，深圳市“两路”（和平路、建设路）扩建工程开工，深圳市政府提出三个月要完成“两路”工程，这个任务难度非常大。当时，梁湘任深圳市市长，分管市政建设的是周鼎副书记和罗昌仁副市长。在深圳市开会时，罗副市长对程远恒说：“我们要求你们快，有什么困难可以提。”程远恒提出：“砂石料供应需要从内地供给，劳动力、机械设备调遣也存在困难。”罗副市长当即同意给予政策支持。

为了尽快完成“两路”，四航局一处成立了工作组，由副处长程远恒任组长，施工科工程师张恩持（后任四航局局长）和一名副科长任副组长，并投入大量的人力物力，除了自己的职工100多人，参加修路的农民工就达千人，工程进入了大会战的状态。为加强统筹和管理，工地还成立了“两路”建设指挥部，全体员工白天全力以赴，晚上挑灯夜战。就这样，在不停交通、不停电、不停水、工期短、施工面窄的市区施工，仅用70天的时间，就完成了3.1公里道路重建扩宽任务，包括“两路”6.4万平方米的路面、2040米水渠、2430米污水管、420米排污渠、电缆沟、桥涵、停车场和0.7万立方米的地下构造物，不漏项，不留尾巴，每天完成工作量近10万元，总工作量832万多元，打破了城市道路建设的正常速度，创造了深圳特区城市道路建设的高速度奇迹。“两路”快速修成通车，也让来大陆的香港客商大为赞叹：“昨天来深圳时这里还是烂泥路，今天一看，那么快就铺好了这么漂亮的柏油路，真是深圳速度，天降神兵！”罗昌仁副市长到工地嘉勉全体职工，表示满意和感谢：“说实在的，你们一年完成这一工程也不会说你们慢！”

在“两路”工程验收时，行家济济，没有提出任何问题，而四航局一处工作组副组长张恩持却如实地向大家汇报了检查组没有检查到的不足之处，使验收组深为感动。最后，当时的市公用事业局局长提出为以防万一，保修半年，四航局一处立即表态“保修一年”，并兑现了承诺，使这一工程完好如初。

“干一项工程，创一块牌子”，从那时起，四航局一处创造的市政建设的“深圳速度”和工程质量有保证的声誉就在深圳广为传播，获得了社会各界的好评。深圳市政府领导评价四航局一处：“顾大局，服从指挥，召之即来，来之能战，战之能胜。”后来，珠海开始搞特区建设，点名要四航局一处去干工程。

三、创造特区桥梁建设新纪录

在特区桥梁建设方面，1984年，一处五队承担了文锦渡、沙湾、布吉三座大桥的建设任务，工程质量好、速度快，创造了深圳桥梁建设速度上的新纪录，工程质量被评为优良。特别是文锦渡桥，是进入香港的过关通道，北段由一处五队承建，南端由港方承建，一处五队还多建一个桥墩，结果一处五队建设投资比港方少五分之二，速度比港方快了一半，质量优良，受到香港媒体的赞扬。

沙湾大桥是当时深圳市跨度最大、结构最新、引道最长的一座桥，其中桥拱净跨50米，桥梁长85米，引道长444米，全长529米。一处五队发动职工集思广益，组织技术攻关，按期完成了施工任务。

布吉巡逻桥工程，仅用半个月的时间便提前完成，特区二线指挥部、设计单位、武警七支队等有关单位，对该桥工程进行了一系列严格的检查验收，结论是：“砼梁柱表面光洁，无蜂窝麻面，几何尺寸准确，桥面横坡合理，栏杆整齐平直……评定工程质量为优良。”武警七支队的负责人激动地说：“这座桥虽小，你们却这么重视，拿出建大桥的干劲来，信守合同，工程质量过关，

■1984年，四航局一公司第五工程队承担了文锦渡大桥北段的施工任务。图为文锦渡大桥

这次看布吉桥，四航局果然名不虚传。”

创造深圳桥梁建设新纪录的又一工程是深圳市和平路汽车立交桥和人行天桥工程。和平路汽车立交桥全长221.8米，桥面净宽11米，跨越深圳市交通干线深南中路。人行天桥长57.6米。汽车立交桥和人行天桥全部采用现浇钢筋混凝土，技术复杂、施工难度大，地处闹市区，交通繁忙。1987年6月中旬深圳市才把工程任务通知书和设计图纸交给四航局一公司五处，要求国庆节通车，工期紧急。四航局一公司五处职工全力以赴，战风雨、抗高温，日夜奋战，经过三个多月的艰苦施工，终于在1987年国庆节前夕，高速、优质、按期完成该工程。和平路汽车立交桥和人行天桥的建成，实现了深圳市繁华路段的人车分流，使交通顺畅。该工程获交通部1987年度优质工程奖。

■早期的深圳市和平路立交桥

经过10年的艰苦奋斗，四航局一公司在深圳建造了40多座（条）桥、路，其中道路总长30多公里，大小桥梁8座，工程优良率达100%，被深圳市评为基本建设先进单位。

第三节 华南港口建设的生力军

1981年，党中央强调，交通运输要在调整中发展，要尽快把铁路、港口建设起来。为了适应国民经济发展的需要，交通部明确提出了“三、三、二、十”（即拥有三千万吨船舶、三百个深水泊位、二十万辆专业营运汽车、十万公里干线公路）的奋斗目标。1982年，党的十二大和全国五届人大五次会议相继召开，交通基本建设经过短暂徘徊后，出现了发展的良好势头，港口建设投资增加，港口规划布局趋于合理，一批重点港口工程被列入国家计划，并很快上马，港口建设进入了蓬勃发展时期。在国家的大环境下，华南地区港口建设掀起了高潮，四航局也迎来了港口建设的又一个黄金时期。

自1974年加入国家建港队伍后，四航局一公司于1979年至1989年的10年中，完成了多板块的多项工程。在码头建设方面，以三个专业水工施工处，在广州水域建造了40多座码头，码头岸线总长达5000米。经过施工队员的辛勤建设，国家重点项目——广州黄埔新港旧貌变新颜：在新港一期工程中，完成了进港公路、铁路和码头部分陆域工程；在新港二期工程中，四航局一公司勇挑大梁，担负了码头、堆场和仓库的全部土建施工任务，建成了总长660米的6、7、8三个3.5万吨级的深水泊位。之后又建成了华南第一个西基大型煤炭专用码头、广东省石油公司码头、广东沙角电厂A厂3.5万吨和C厂5万吨的煤码头及引桥、广州海运局菠萝庙修船码头和3.5万吨级浮船坞修船设施，以及深圳盐田港起步工程等。其中，黄埔新港集装箱码头壮观雄伟的场面，曾作为广东电视新闻的固定画面，每天在荧屏上与观众见面，并成为当时的“羊城八景”之一，家喻户晓。凭借这四通八达的地理环境和交通优势，“特区中的特区”——广州经济技术开发区，也在这里诞生了。在期间所有承建的工程中，沙角电厂A厂码头工程荣获“国家优质工程银质奖”；黄埔港西基煤码头1989年被交通部列为改革开放以来“十大水运工程”之一；珠江水泥厂重件码头质量优良，得到了广州市领导和建设单位的好评；盐田港起步工程包括5个3000吨级以下泊位和1个万吨级泊位及工程船码头，时任交通部部长钱永昌、中顾委委员王首道为该工程奠基，盐田港起步工程为后续工程建设创造了良好条件。

在建设大型重点码头的同时，四航局一公司还为一些厂矿企业建造了一批中小型码头，东至惠阳澳头，西至台山广海，南至中山顺德，北至花县（现广州市花都区）的广阔地域，都留下了四航一公司人的足迹。

一、国家重点工程项目——黄埔新港“五·五”衔接工程（二期工程）

黄埔新港位于广州市东南郊珠江口内的北岸，原地名称黄埔东墩头基。工程源于1974年国家计委以（74）计字第346号文批准建设4个深水泊位的计划，后国务院召开有关港口建设工作会议决定：新港东墩头基由第一期工程5个泊位向东延伸续建3个泊位作为“五·五”规划的衔接项目，属国家重点工程项目。

6、7、8号泊位码头是万吨级重力式大型扶壁结构，该工程由四航局设计院黄桂生等负责设计，四航局第一工程处负责施工，由常包庚、刘宗燧组织实施。在施工中，首次采用滑模新工艺，获得成功。工程于1978年4月30日开工，3个泊位采取分批建成、分批交付投产的方式，6号泊位1981年8月20日验收交付使用；7号泊位1983年4月19日验收交付使用；8号泊位1985年10月28日建成，中间验收，交付使用。

验收领导小组认为：该工程已按批准的设计文件规定的规模建成，主要建筑物的工程质量优良，各项工程配套设施和建筑物的技术标准符合设计要求，具有生产能力。1985年10月25日正式移交黄埔港务局管理使用。

1985年10月24日，承建的广州港黄埔新港“五·五”衔接工程全部竣工验收，四航局党委宣传部组织了《南方日报》《羊城晚报》《广州日报》和广东电视台、广东人民广播电台等新闻单位记者集体采访报道。

二、华南第一个煤码头——黄埔港西基煤码头

该工程位于广州黄埔新港墩头西基，是国家重点项目之一。建设规模如下：3.5万吨煤炭（兼顾矿石）码头泊位2个，年卸船能力400万吨；驳船码头长400米，年装船能力247万吨。该工程于1982年8月2日正式开工，实际竣工日期为1986年12月25日。工程概算：国内投资为7517.4万元人民币和世界银行贷款1700万美元。工程质量评定：被检验的37项工程中26项优良，11项合格，优良率占72%。其中水深码头、内河码头、公路桥、铁路桥、生产区及辅助区主要土建等主体工程质量优良，整个工程质量总评为良好。

该工程由交通部四航勘察设计院设计，四航局一公司二处负责、工程船队配合施工。黄埔港西基煤码头工程1989年被交通部列为改革开放以来“十大水运工程之一”。码头建成后，为华南地区煤炭和矿石中转发挥了重大作用。

三、“少有的筑港速度”——深圳盐田万吨级码头

盐田港位于深圳大鹏湾西北部，南与香港九龙半岛隔海相望，毗邻沙头角

镇，自然条件好，发展前景广阔。盐田港起步工程主要项目是建5个3000吨级以下泊位，1个万吨级泊位及工作船码头。该工程于1987年12月奠基兴建，由四航局一公司第五施工处负责，船舶公司配合施工。时任交通部长钱永昌、中顾委委员王首道为该工程奠基。万吨级码头长183米，为高桩梁板式杂货码头。1989年4月20日，时任广东省委书记林若同志在深圳副市长朱悦宁的陪同下考察了盐田港。先看了起步工程，随后观看了将要建造的10万吨级的港区东港的正角嘴。林书记希望这个码头要尽快上马，以解决广东的生产和生活用煤问题。该工程于1989年11月竣工，11月27日，验收组验收时称这是筑港史上少有的速度。11月30日，中央电视台在晚间新闻中播报了此事并发表短评："深圳盐田万吨级码头的建造速度之快，是国内罕见的。"盐田港起步工程为后续工程建设创造了良好条件。

四、首获"国优"的水工项目——沙角电厂A厂煤码头工程

沙角电厂A厂煤码头工程是四航局一公司加入水工施工队伍后，首次获得国家优质工程奖的水工工程。

■广东沙角电厂A厂高桩卸码头

■广东沙角电厂A厂一景

沙角电厂工程位于东莞市虎门镇。该厂A厂煤场护岸工程由广东省电力勘察设计院设计，四航局一公司第一施工处负责施工，船舶公司配合，机电公司负责煤码头机电安装。该工程于1984年9月24日正式开工，除排水口因故改变设计外，1985年12月27日全面竣工。该工程自始至终实行了全面质量管理，开展了较有成效的QC（质量安全）小组活动，精心施工，各分项分部工程均满足设计要求，工程质量总评为优良。

沙角电厂A厂煤码头工程是广东省重点工程，由广东省航运规划设计院设计，四航局一公司第一施工处负责施工，船舶公司配合，主持施工的有刘宗燧等。工程自1985年3月5日正式开工，1986年12月28日全面竣工并交付使用。施工中由于加强管理，开展QC小组活动，精心施工，工程质量总评优良。沙角电厂A厂煤码头工程1991年荣获国家质量奖审定委员会授予“国家优质工程银质奖”。

五、华南首座超载预压成功的码头——广东沙角电厂C厂卸煤码头及通道

该工程于1993年4月8日至1995年6月25日由四航局一公司四处负责承建，船舶公司配合施工。设计单位为香港奥雅纳顾问公司，建设单位为香港合和滑

■广东沙角电厂C厂卸煤码头及通道

模工程有限公司。卸煤码头为圆筒式梁板连续整体码头，工程质量总评为优良，工程造价21,341万元。

该工程是华南地区超载预压成功的码头，1994年8月5日，码头基床超载预压获得成功。为确保码头的承载力和建成后不产生不均匀沉降情况，技术人员采用水罐注水加载方法，这种码头基床超载预压新工艺从基床地质情况和墩柱梁板结构的特点出发，有效地防止了码头投入使用后出现沉降破坏码头上部结构情况的发生。

广东沙角电厂C厂卸煤码头及通道获1996年度交通部优质工程奖，广东沙角电厂C厂卸煤码头工程砼获1994年度中港总公司优质砼奖。

六、曾经华南地区最大的预制构件厂——东江口预制厂

随着港口码头工程日趋大型化，结构多样化、现代化，混凝土预制构件生产的专业化、工厂化成为大势所趋。此时，建设大型的混凝土构件预制生产基地势在必行。

四航局一公司原来是以路桥为专业的施工队伍，为了港口建设而转型。初期，转型的过程相当艰难。四航局给予了巨大的支持，将二公司的两个队（整

■东江口预制厂一角

建水工队伍）调入一公司。时任四航局一处副主任胡康就是由四航局二公司调来的水工管理干部。四航局一公司在人才、技术、设备、管理制度等方面也为转型做了积极的准备，东江口预制厂就是在大建港的背景下建立的。

■中港四航局一公司预制厂介绍图

东江口预制厂，位于东江与珠江汇合处的大盛岛上，北与黄埔新港区隔江相望，占地面积14万平方米，设计年生产混凝土10万立方米。建有2000吨级码头，码头岸线300余米，大型构件出运极为方便。该预制厂于1979年12月17日，经广东省有关部门和东莞县革委会批准，征用东江口至麻涌河之间的第四海洋地质调查大队码头以南岸线堤围2.7亩和滩地30亩，利用为“四海”施工吹填的场地兴建，设置了预应力方桩作业线和梁板生产区，形成了预应力桩和梁板构件的工厂化生产，提高了生产效率和预制构件质量。东江口预制厂成立初期称为“预制场”，后升格为“预制厂”。该厂是当时华南地区最大的预制构件场。

东江口预制厂在工程预制构件施工方面，经验丰富、成果丰硕，先后承建过沙角电厂、澳门友谊大桥、广州新沙港扶壁、深圳妈湾电厂、广州鹤洞大桥、广州华南大桥、广州内环路、广园快速路、香港九号干线昂船洲高架桥以及南沙港区2212吨（单件重）沉箱等大型水工及市政工程的构件预制。其代表作品是“香港九号干线构件”和“南沙2212吨沉箱”，成为预制厂的拳头产品，该厂的社会知名度和美誉度也因此得到全面提升。挪威Elken公司亚太区总经理Hans Peter Reiss到该厂参观后称赞说：“这是我所见过的最美观的混凝土预制构件。”产品受到香港路政署专家和社会各界的好评。“香港九号干线昂船洲高架桥箱梁预制工程QC小组”荣获2004年全国工程建设优秀质量管理小组称号，参与施工的广州新沙港及内环路分别获詹天佑土木工程大奖和国家优质工程银质奖。

■东江口预制厂施工航拍图

在40年的建厂史中，“预制厂的经营情况几乎同市场风向标完全一致”，从“预制场”升格为“预制厂”，由小到大、由弱到强，有过辉煌，也有过低谷，年产值从不足2000万元到实现翻两番，突破亿元大关。

广州市地铁四号线大学城专线就是受香港九号干线工程的影响才采取了与此相同的工艺。香港友利公司、广州市新光快速路公司主动上门要求东江口预制厂承建该公司的预制工程，香港金门建筑有限公司邀请东江口预制厂参加与香港九号干线相邻的东涌青衣高架桥投标工作，还有不少的民营单位上门要求该厂施工。

2015年，东江口预制厂原先的生产场地不够用，进行了扩建。至2018年7月，随着改造升级完成，东江口预制厂迎来智能化时代。预制厂提出了加快改造及标准化、信息化建设，实现“中交华南地区现代化的预制厂”的目标。依托ERP企业管理系统和MES生产管理系统，融入安全信息化平台，通过RFID射频技术、二维码技术，构建预制厂信息化管理平台，着力打造预制厂全新的信息化管理模式。“机器人工友”“智能化生产”“全自动流水线”“刷脸门禁系统”等技术，都将在东江口预制厂出现。信息化、智能化贯穿管片生产全过程，一个占地面积3362平方米管片钢筋加工车间，仅需11位工人作业。当一片片盾构管片轻松“出炉”后，通过RFID无线视频技术，给每一个管片一枚电子标签（二维码），让每片管片都附着唯一的身份信息，如果客户想了解管片的相关信息，只需掏出手机“扫一扫”管片上的二维码，“嘀”的一声，便能随时随地知晓四航预制厂管片的全部信息，详细到管片制作时间和相关责任人等。一条自动化流水线能以2.5个循环预制的速度生产用于地铁盾构施工的预制管片，流水线全负荷运作下，每天能够生产40环管片，可供铺设60米长的地铁隧道。佛山地铁3号线就是由东江口预制厂提供地铁盾构管片。

预制厂从选址至今，已有40年的风雨历程，经历了中国改革开放40余年的变化，也见证了四航局一公司的发展。如今，经过集团和公司的倾力打造，已经以全新的面貌重整旗鼓、披挂上阵，面向华南、面向珠港澳、面向海内外，承载着四航人的东江梦。四航人在狮子洋畔整装待发、严阵以待。乘风破浪会有时，直挂云帆济沧海！

第四节　路桥建设的劲旅

改革开放后，随着我国交通基础建设速度的加快，四航局一公司承担了诸多条国家公路干线的施工任务，总里程上千公里。公司在广东高速公路建设中发挥了大型国企的作用，参加了被称为“南国第一路”的连接广深的第一条高速公路——广深高速公路建设，还有机荷高速、广清高速、惠盐高速、广惠高速、京珠高速广珠北段、广梧高速、河龙高速、梅河高速、中江高速、江鹤高速、西部沿海高速、广州东西北环高速、广东西部沿海高速公路等工程。省外的有山西新原高速、宁夏银古高速、河南郑少高速、京福高速南平段、济（南）广（州）高速江西鹰瑞段等工程建设。

纵观世界桥梁建设史，20世纪70年代以前要看欧美，90年代看日本，而到了21世纪，则要看中国。在世界桥梁建筑领域，这已是大家公认的观点。

四航局一公司作为路桥建设的劲旅，在桥梁建设方面，承建了跨径大、技术含量高的斜拉、悬索、钢拱、悬拼、刚构等上百座桥梁，如广州华南大桥、鹤洞大桥、东莞大王洲大桥、顺德德胜大桥、五沙大桥、肇庆大桥、澳门友谊大桥、下横沥特大桥、高明大桥、广州内环路主线桥梁、渔尾大桥、海印大桥、西江大桥、南海广和大桥、广东西部沿海高速公路茂生围高架桥及斗门互通立交、广梧高速马安立交主线桥、山西小沟特大桥、银川黄河大桥、江苏宝应大桥、湘潭莲城大桥、重庆李渡长江大桥、广东富湾大桥、武汉武湖特大桥、南宁桃源大桥和北大大桥、广东中山长江大桥、厦漳跨海大桥、浙江舟山金塘跨海大桥、安徽蚌埠大庆路淮河公路大桥等。其中，广州内环路主线桥梁及湘潭莲城大桥获国家优质工程银质奖，浙江舟山金塘跨海大桥获鲁班奖及李春奖，马来西亚槟城二桥获鲁班奖及布鲁内尔大奖。

在隧道施工方面，承建了广州珠江隧道黄沙段、广州市黄埔大道隧道、广州市北二环木强隧道、广州市东山口人行隧道、广东丰顺莲花山公路隧道、京福高速公路南平段叶坑隧道、连平粗石山隧道、广东西部沿海高速公路珠海段大尖岭隧道和鸡心岭隧道、沪蓉西高速公路薛湾隧道、青岛至银川高速公路离石段师婆沟隧道、澳门大学海底隧道等隧道工程。

四航局一公司在多年的路桥建设中顽强鏖战，塑造了自己的品牌，在我国路桥建筑史上留下了精彩的一笔。

一、“广东屋脊”连通路——107国道阳山段

107国道起于北京广安门，终于深圳文锦渡口岸，全程2698千米，是唯一与亚太公路联网的国道，是贯穿中国南北的交通大动脉。四航局一公司负责施工的107国道阳山段（小江至水足塘），于1988年3月开始施工，1990年11月8日主体工程竣工。

四航局一公司负责施工的工程长30.455公里，包括建造2座大桥，4座中小桥梁以及170多个涵洞。修建国道之前，阳山县境内全是三级以下或者等外沙土路，居民出行极为不便。为了建好这条国道，只有5个施工处的四航局一公司从第2、3、4施工处调配了多达150余人在阳山集结，并专门设置了阳山总部施工处，驻点在石螺，下辖黎埠、界滩和小江三个工区。

阳山素有“广东屋脊”之称，此处地理环境的恶劣程度比想象中严重：山是大面积不长树也不长草的石灰岩，水是石灰质含量极高的“硬水”。当地有民谚：“三分地，七分山，抬头看山头，低头见石头”“洗衣不用皂，河水胜饲料”。

施工条件艰苦，点多线长，要征服众多“丘陵之险”“横坡之石”。全段没有几处可机械作业，需要从悬崖绝壁硬劈下来，或从两山之间硬开出来的地方比比皆是。职工和民工们用粗大的安全绳拴着，悬挂在半空中，踮着脚凿炮眼、装药、点炮、清除石渣。劈下几处悬崖陡壁和打通十几处大拉槽是路基贯通工程的硬仗。长100米以上、深10多米的拉槽约10处，最大的拉槽200多米长、20多米深，石头2万多立方米，都是人工一寸一寸凿开的。

阳山总部施工处143名职工战高山、斗顽石，在107国道上展英姿。1988年初春，由21人组成的测量组，冒着春寒开始了定线测量。工程技术人员有句术语，叫“图上飞线”，是指地上无法测量的地方，其实际长度用虚线和约数表示，而四航局一公司施工的鲤鱼峡段“图上飞线”的实际长度达450米，那里依山面水，悬崖绝壁下是汹涌的小北江。要在离水面90米的峭壁上砍下半壁

山，开出一条通衢来，测量人员踏荆棘、攀陡壁，测量一个断面往往要往返好几趟，真是晴天一身土和汗，雨天一身水和泥。技术人员回忆道："在深山老林，日出就往山上跑，自己都无法估计路途的时间，为了解决生存问题，我们得自己带上肉和蔬菜一起上山，有时就到附近的村民家搭伙吃饭。如果下山时迷了路只能在山上熬过一夜才能回来。"测量组在极为艰苦的条件下，苦战一个多月，完成了30多公里的定线测量，为公路加快施工创造了有利条件，并比预算节约开支近五成。

全长187米的界滩大桥位于小北江通航河道上，施工地点可谓"山高谷深"。当时小北江一带全靠船出行，一边是激流河谷，一边是耸立高山，要在村与村之间建起一座桥，为村民开出一条通往镇上的路，挑战极大。

界滩大桥是107国道阳山段最难啃的"硬骨头"，前无村、后无店，无路可通。在新开线路上，有悬崖峭壁、深沟险壑，有高山大坡、荆棘荒野，也有江河、村落、坟地。机械设备、物资材料进场遇到重重困难。设备物资进场要经车船两次转运，几次装卸才能达到现场。施工人员先是从汽车卸下，一步一步转移到码头，再小心翼翼地装船，船运到工地后卸下来，再一件一件移上岸。一台大型机械设备装卸运送，需要几十人折腾一整天。大桥施工用的几十台机械设备、2000多吨支架和材料，一件一件地手抬肩扛，从坎坷崎岖的石

■界滩大桥

头小道上，一件不剩、一件不损地从山脚运到海拔1300米的高山上。

不料在界滩大桥打中墩的关键时刻，小北江上游下雨，阳山又连续3天下大雪，雪后又下冷雨。“铺路怕雨，做桥怕水”，雨水和融雪汇在一起，河水迅速暴涨，一旦大水漫过围堰，不仅基坑泡汤，堆放在那里的30多吨水泥及机械设备也会付诸东流。此时，20多名职工及民工冲到河里，搬水泥、移机械，抢救国家财产。洪水退后，又连续苦战了七天七夜才把基础打出水面，很多人手脚长了冻疮，又痛又痒，有的人实在太累，裹着棉大衣躺下便睡着了。

经过全体建设者的不懈努力，1989年国庆前夕，小北江上终于架起了一座质量优良、宏伟壮观的钢筋混凝土双跨刚架拱桥（单跨70米）。

1991年7月，工程通过了广东省公路管理局的验收，工程质量评为优良。1994年1月，107国道清远段经国家级检查验收组的认真检测，成为清远市首条国家级样板路。

二、南国第一路——广深高速公路

1987年3月，四航局一公司第五施工处（原一处五队）承建了广深高速公路深圳皇岗口岸段3.1公里的高速公路。这是四航局首个高速公路施工项目，标志着四航局承接高速公路工程的开始。此后，随着国家交通事业的发展，高速公路建设成为公路发展的重点，四航局一公司积极挺进高速公路建筑市场。

（一）首次使用红外线测距仪测量

该项目是四航局一公司第一次使用红外线测距仪测量的工程。深圳皇岗口岸段地处水网地带，一个鱼塘紧

■1987年5月，工程技术人员在广深高速公路施工现场开展测量工作

■广深高速公路

连一个鱼塘，3.1公里全部呈现出缓和曲线和圆曲线形的地貌，这给测量放线造成极大障碍，必须使用红外线测距仪，否则无法进行测量工作。仪器领了回来，但大家都不会使用。经过几天的研究、实地操作，测量人员基本掌握了使用方法。1987年5月初至6月初，仅用了1个月时间，五处就组织测量人员对导线点复测、加密，同时完成中线、边线、坡脚、边界等1000多个坐标点的设计以及现场放样。当时，驻地离皇岗口岸高速公路工地5公里左右，大家每天乘大解放牌敞篷卡车去现场测量，晴天顶着烈日，雨天往往淋得一身湿气，鱼塘水深超过2米，无法在水中立标杆，大家只好把汽车内胎充满气当作游泳圈游到选好的位置立杆测量。为了能早日完成测量任务，测量人员每天早出晚归，并在当天晚上计算出第二天要用的坐标点数据，数据在第二天早上经复核后，才供使用。功夫不负有心人，所有的测量数据及工程数量的计标，全部符合设计及施工规范要求，获得了业主和监理的高度赞扬。

（二）让省长放心的工程

全长122.8公里的广深高速公路由粤港合资共建，是国内外关注的广东省重点工程，工程于1987年4月动土兴建，是当时全省最长的高速公路。四航局一公司担负了广深高速公路试验段土石方、广州境内D2段、塘岗大桥等施工任务，其中，D2段路基全长3.33公里。由于在1992年广东省政府提出的“加快工程建设，确保年底通车”的广深高速公路建设大会战中表现出色，多次受到业主和省市领导的表扬。1992年8月14日，时任广东省省长朱森林在视察工程施工时，称赞四航局一公司负责施工的D2段“搞得不错，令人放心”。

塘岗大桥的施工，是一项十分艰巨的突击性任务。1993年9月，时任四航局一公司一处主任、顺德五沙大桥项目经理的吕国良接到公司的通知，要他火速赶赴由湛江某公司中途撤下的广深高速公路“瓶颈”工程之一的塘岗立交工程，三个月内必须完成立交的最后架梁和桥面铺装任务。他二话没说，从一处抽调28名精干人员，克服了场地差、生活苦、工期紧等重重困难，在四航局、公司及兄弟单位的大力支持下，很快打开了工作面：10月1日进场，10月16日开始预制T梁。为缩短T梁张拉时间，该工程改用开水养护，使T梁在浇混凝土60小时后就可以张拉，赢得了时间，终于在12月6日全部完成104片30米T

■广深高速公路分段临时通车仪式

梁的预制，在12月20日完成现浇防撞栏的桥面铺装，比相邻标段提前完工，受到时任广东省副省长张高丽和省建委、省交通厅等领导的高度赞扬。

1994年6月，一部由广州军区著名作家肖玉撰写的《惊回首》出版发行，该书对四航局在广深高速公路建设中所做的贡献做了充分肯定。书中写道："这时，走过来四航局党委副书记沈长林、副局长吴恒元。姚修蔚（省交通厅副厅长）紧紧握住他们的手说：'谢谢四航局同志对我们的支持，非常感谢。'这绝不是一般的客套话，而是发自内心的情感。在负责施工的A、D两段路上，四航局都担负了重要任务。不仅在皇岗连接大桥、塘岗大桥上施工，而且在广氮附近的预制厂还担负了预制T梁的重任。"

三、四航局第一个高速公路隧道工程——莲花山隧道工程

汕梅高速公路揭梅段是广东省委、省政府确定的2003年山区通高速公路项目的重要组成部分。它起于广东揭阳市新亨镇，止于梅州市程江镇，建设总里程90.05公里，1997年开工，2003年全线贯通。莲花山隧道有左右两条隧道，右线长2888米，1997年8月开工，2001年1月完工；左线长2902米，2001年12月开工，2003年10月完工。它不仅是汕梅高速公路全线最长的隧道，也是当时广东省第二长的公路隧道。

四航局一公司在施工中提前半年将右线隧道高精度贯通，贯通误差高程仅4.1厘米，横向仅4.6厘米，工程质量优良，成为公路隧道的精品，也成为四航局主业延伸的扛鼎之作。

（一）莲花山隧道传奇

由于隧道施工危险，加上莲花山隧道地处相对偏远落后的粤东山区，交通闭塞，自然环境恶劣，施工条件艰苦，当时没有多少员工愿意去。项目经理卢玉荣（四航局首个隧道工程专业毕业的科班生，现任四航局一公司总经理）和书记叶永东只带了16名职工开赴粤东山区，这就是后来四航局隧道施工史上首次向"新奥法"施工挑战的"莲花山十八先锋"。当时，除了他俩外，还有徐洪华、林梓云、罗湘平、李钦树、韦思英、邓家胜、伍伟军等共18人。

■广东丰顺莲花山隧道

■梅汕高速公路莲花山隧道工程开工仪式

“新奥法”是中国内地20世纪80年代开始引进的现代隧道施工工艺，但那时四航局还没人接触过，没有经验可循。怎么做，大家心里都没有谱。队伍来到现场后，为了尽快吃下“新奥法”这只“螃蟹”，作为总包方的项目部没有简单地外包，而是介入到施工中的安全、质量和过程控制。18位员工深入现场，积极摸索，边学边干，很快掌握了“新奥法”的原理和施工要领；在施工过程中，项目员工不畏艰难，勇于开拓，优质高效地建成了四航局史上的第一条高速公路隧道，这标志着四航局正式进入了长大隧道市场，并创立了一个新的经济增长点。同时，四航局一公司以莲花山隧道工程项目部为班底锻炼培养了一支懂技术、会管理的隧道专业施工队伍，为四航局一公司开拓隧道市场奠定了人才基础。

2001年1月16日举行了通车仪式，时任全国人大常委会副委员长邹家华、时任广东省副省长钟启权、时任梅州市委书记谢强华为隧道通车仪式剪彩。

（二）获中港优质工程奖的左线隧道

正是由于在莲花山隧道右线工程上的优异表现，2001年四航局一公司再次接下了莲花山隧道左线工程。

左线工程比合同工期提前2个月完成，以优良的工程质量、零伤亡的安全记录、92.2分的验收成绩，荣登全线工程榜首，荣获广东省高速公路建设“提高工程质量，降低工程造价”先进单位称号和2004年中港优质工程，堪称梅汕高速路上的点睛之作。2002年9月28日，时任广东省交通厅厅长张远怡、省交通集团总经理亲临左线工程现场，对工程各方面给予高度赞扬，广东省交通厅领导称赞：“四航局一公司是广东省高速公路工程建设的一面亮丽旗帜！”丰顺项目部是广东省内除交通集团所属单位外唯一一家获得该项荣誉的单位，左右线隧道在全线各标段评比中均名列第一，成为广东省公路隧道的精品，取得了良好的社会信誉。

四、桥梁领域新发展

随着公司规模的扩大和在路桥建设领域的砥砺前行，四航局一公司的路桥建设逐渐迈向技术难度高、施工工艺复杂的桥梁建设领域，如澳门友谊大桥、华南大桥、广东肇庆大桥和下横沥特大桥等项目，在施工过程中抓住细节、不断摸索、克服重重困难，最终取得成功并得到广泛认可，为四航局一公司在华南地区站稳脚跟、厚积薄发奠定了基础，同时也培养了一批又一批桥梁方面的人才。

（一）澳门地区最长的跨海大桥——澳门友谊大桥

四航局一公司参与施工的澳门友谊大桥工程原名为新澳氹大桥，是连接澳门半岛和氹仔岛的跨海公路大桥。1990年四航局振华海湾工程有限公司中

■鸟瞰澳门友谊大桥

标，由四航局组建项目部负责施工。

大桥于1990年4月开工，1993年12月竣工，工期三年。大桥主桥长4414米，主跨180米，匝道桥长1108米，主桥面宽19米，双向4车道。大桥结构是主跨为钻孔灌注桩基础，预制安装工字块桥墩及纵横梁、桥面现浇沥青混凝土。大桥主桥全部位于波涛汹涌的大海上，雄伟壮观，俨若游龙，伸向海湾彼岸，是澳门地区一条亮丽的风景线，并成为中葡友谊的象征。

大桥当时是我国乃至亚洲较早施工的特大型跨海大桥之一，是四航局历史上参建的第一座跨海大桥。大桥全部位于波涛汹涌的海面上，横跨两条繁忙的海上航道，其施工技术难度、施工条件、施工环境，在当时来说，都是在国内同行业中没有遇到过的。特别是海上桩基础施工、大型海上钢围堰施工、海上预制安装施工等工艺，没有成熟的技术和施工经验，四航人只能靠自己不断地摸索、论证、总结，不断进行科技攻关，最终克服了种种困难。如当时创新的气举反循环清渣方法、滑升翻模等施工技术后来被广泛应用于我国特大型跨海大桥施工。当年参建者陈国良回想起来，感慨地说："当时环境真的很恶劣，海上的风浪大、施工条件危险，没有淡水，有时不能及时吃上饭，甚至好几天都洗不上澡，但大家仍然无怨无悔，埋头苦干。现在想想，当时就是一种强大精神力量在支撑着大家，为的就是'祖国的一份荣誉、企业的一份责任和对澳门同胞的一份爱'，大家才咬紧牙关，克服了重重困难。"

1994年大年初一举行了隆重的大桥通车典礼。时任四航局局长邹本龙等

■澳门友谊大桥全景

领导出席了典礼仪式。在通车前，时任交通部部长黄镇东和澳门总督韦奇立视察了大桥；4月17日，时任葡萄牙总理席尔瓦为大桥剪彩，并将其命名为“友谊大桥”，至今，它仍是澳门三座跨海大桥之中最长的一座。大桥的建成，对澳门的经济发展和繁荣稳定起到了重要作用，同时也显示了四航局雄厚的施工实力和丰富的施工经验，为四航局进一步跻身于国家建筑市场竞争积累了经验。

（二）承建“广州特大桥”——华南大桥

华南大桥位于广州大桥下游3.75公里处，属于广州市新建的南北主干道——华南路跨越珠江航道的一座特大型桥梁，主桥长410米（主跨为190米，两端边跨为110米），宽36米，通航孔径高10米，分上下行两半桥修建，为三跨预应力钢筋混凝土连续刚性结构，主跨长度在当时我国同类桥梁中排列第4位，在亚洲排第8位。合龙后的主桥线条平顺美观，合龙误差仅为4毫米，达到了国际先进水平，受到了市政府及投资业主和设计单位的高度

■华南大桥

评价。

华南大桥由四航局一公司负责施工，工程包括上部结构、下部结构和南、北引桥。于1994年12月开工，1997年12月全面竣工通车，工程总造价为16,483万元。华南大桥是四航局桥梁基础施工史上首次采用人工挖孔桩工艺的桥梁，在施工中还成功地采用了孔下岩石的微差爆破、粉喷桩新技术。“利用微差控制爆破，确保大直径人工挖孔桩成孔质量QC小组”获四航局QC成果一等奖，“华南大桥人工挖孔桩超深爆破工艺”获四航局科技进步奖，并被推荐到全国桥梁学术会议上发表。上部结构箱梁挂篮施工成功地运用内立法对挂篮进行了承重试验。

施工中坚持施工方案作业计划会审制度与大桥大孔径超深人工挖孔爆破成桩的施工方案，解决了基桩工期仅为5个月的难题；推行的“混凝土浇筑令”“混凝土养护记录”“安全生产隐患整改令”等得到上级的肯定和推广；利用废旧材料搭设施工平台、栈桥2000多平方米；利用废弃的水泥袋替代橡胶球清洁砼泵送管道节约用球1300多个；改造砼泵送管道清洗装置节约砼730立方米，保护环境不受污染；优化施工挂篮的结构方案节约贝雷片80多片，利用旧钢材160吨，还有其他点点滴滴的节约，聚沙成塔，节约成本开支120多万元。

1995年9月15日，广州市政管理局组织开展了“市政工程文明施工样板工地”评选，华南大桥工地被评为五个文明施工样板工地之一。华南大桥主桥工

■时任广州市市长林树森（前右）及有关部门负责人视察四航局一公司承建的广州华南大桥工地

程砼获1997年中港总公司优质砼奖。1997年9月，时任广州市市长林树森视察华南大桥工地时称赞：这是原汁原味的产品。

（三）西江曾经最大的桥梁——广东肇庆大桥

广东肇庆大桥工程路线全长7.8公里，桥梁长2.5公里，总投资4.58亿元，施工工期两年半。大桥通航为雄伟的四孔136米预应力单箱连续梁，箱宽22米为国内之最，基础采用新颖经济的变截面大直径钻孔桩，两岸引桥是广东省内首次采用的移动式贝雷支架逐孔施工的多箱连续梁（箱宽17米），是一座技术

■肇庆大桥全景

含量高、使用功能全、气势磅礴的大桥，建成后成为当时西江最大的桥。

大桥由中港总公司中标和负责协调施工，四航局一公司与二航局联合承建，从1998年9月开工，到2001年4月竣工。四航局一公司所负责的主桥长358米，为预应力混凝土连续箱梁。主桥上部结构为单箱单室大悬臂箱梁形式，主墩墩身为薄壁空心钢筋混凝土结构，基础采用钢筋混凝土承台及桩径直径300厘米、270厘米的钻孔灌注桩。北引桥Ⅱ长1280米，宽22米，上部为预应力混凝土预制简支梁T梁（桥面连续），北引桥Ⅰ长420米，宽17米，上部为部分预应力混凝土连续箱梁，下部为双柱式墩，钻孔灌注桩基础。高架桥长466.5米，和端州立交一样上部构造为预应力混凝土连续箱梁和普通钢筋混凝土连续箱梁，下部为柱式墩，钻孔桩基础，路面为沥青混凝土。在大桥施工中，四航局一公司成功地解决了在岩溶地区施工的技术难题，并成功采用了大直径钻孔技术、轻型挂篮施工技术、电磁波层CT（电子计算机断层扫描）探测技术、移动式贝雷支架、大承载力钢筋抱箍技术等新工艺新技术，应用高性能混凝土、丙烯酰胺泥浆等新材料，攻克了一道道施工难关，并获得了成功。这座桥的建成对改善肇庆交通、促进经济发展起到了重要作用。

（四）广东省优良样板工程——下横沥特大桥

广州南部地区快速路位于广州市南部，贯穿番禺南北，北接广州环城高速公路南环线、科韵路（黄洲大桥），南连龙穴岛深水港，中间先后与金山大道、清河大道、迎宾大道以及珠江三角洲南环高速公路、广珠高速公路东线等多条高速快速路、高速公路相交，是广州南部地区道路网络的重要组织部分。由四航局一公司承建的广州南部快速路SD20标段位于番禺横沥镇，全长2.065公里，主要为下横沥特大桥，两引桥为跨径30米、29.2米、28.5米、27.5米的预应力简支箱梁，主引桥共长1952.53米，桥面宽27.5米，主线为双向八车道，分离式桥幅。

为了给当地人民交上一份满意的答卷，项目部提出了“建好下横沥大桥，造福当地人民”的口号。该工程具有“四大一紧一长”的特点，即工作量大，施工难度大，机械设备投入大，成本压力大；工期紧；在四航局首次采用超长桩施工技术。加上前期因业主尚未办理航道、海事以及水利三个重要批文，导致项目部进场后未能正式开工，使工期压力进一步加大。

■建设中的下横沥特大桥

四航局一公司和项目部有关人员一次次奔跑于海事、航道、水利、交委等部门，想尽一切办法，终于在进场一个多月后，于2003年6月27日正式取得了水深施工批文。

超长桩采用了冲机配合泥浆净化装置进行冲孔灌注桩施工，且打破了大直径超长桩常规钻孔灌注桩的施工工艺，又突破了冲孔灌注桩施工常规采用的有效深度，在冲进过程中经常检查钢丝绳并进行更换，单条桩冲孔过程中平均更换钢丝绳6次左右，冲孔过程的泥浆分离器在成孔60米后每隔10米使用一次，采用气举法配合泥浆分离器进行二次清孔，通过正反循环结合使用，二次清孔效果明显，为混凝土的顺利灌注创造了良好的条件。经对桩基进行超声波检测，12根超长桩检测结果均为1类桩，优良率100%，达到预期质量目标，同时节约了成本。

主桥的挂篮施工是重点，施工中又经受多次台风袭击，项目部安排人员24小时轮流值班，在每次移动挂篮前都要进行技术交底并实行全程监控，终于安全地完成挂篮施工。

该工程2006年荣获中交“优质工程奖”及“广东省优良样板工程”称号。

（五）获“邕江杯”的优质工程——南宁桃源、北大大桥工程

南宁市桃源、北大大桥工程由四航局一公司承建，该工程是广西重点工程，其中，桃源大桥全长约1.11公里，包括899.7米的桥梁工程和211.9米的道路工程，另有4座人行道梯；北大大桥全长约1.61公里，由北引桥、跨河主墩、南引桥、南北辅道和引桥道路组成。该两座大桥均位于南宁市区，是构成南宁市内环路的主要干道，两大桥的建成对缓解南宁市中心交通压力、提升南宁市区交通运输效能产生了积极的促进作用。该工程合同造价3.8455亿元，2005年1月开工。

项目部在施工中克服了征地拆迁等各方面的困难，大桥于2008年10月17日建成通车，并举行了通车仪式。时任广西壮族自治区人民政府主席马飚、时任南宁市委书记车荣福、时任南宁市市长黄方方等领导参加了剪彩。2009年7月15日，南宁市桃源、北大大桥工程通过竣工验收，均被评为优良工程。2009年获得南宁市建设工程质量“邕江杯”，2010年被评为中交优质工程。

第五节　广州市政建设的“王牌”

20世纪80—90年代，四航局一公司是最早参与广州市政工程施工的施工队伍，因承建了一大批广州市一流的标志性大型工程，如广州海印大桥、鹤洞大桥、华南大桥、珠江隧道、广州内环路等，被广州市领导称为能打硬仗的市政建设“王牌军”。

一、广州海印大桥北引桥——高质量的样板工程

广州海印大桥北引桥工程，包括长338米的引桥以及31.35米的两个过渡孔，桥面宽35米，匝道长220米，道路长583.47米，排水管长1992米；引桥为简支梁结构；工程总造价1549万元。该工程于1986年10月开工，1989年8月竣工。

广州海印大桥北引桥工程是四航局一公司参与市政工程后获得较高美誉度的一项工程。1988年12月27日，时任广州市市长杨资元在海印大桥通车剪彩

■夕阳下的广州海印大桥

仪式上的讲话中赞扬道："四航局一公司发挥技术优势，在北引桥施工中创下了我市桥梁建设高质量的样板。"

"样板"是来之不易的。工程的高质高效来自职工的高质量意识，从施工的第一天起，施工人员就把社会效益放在第一位，以"干一项工程，创一块牌子"为目标，让质量意识渗透到每一个职工、每一道工序。大梁的预制和吊装是制约工程进度的主要环节，在质量上绝不容许半点疏忽，同时也要做到在保证质量的前提下赶进度，项目部在施工管理中，克服场地窄小、外界干扰大等困难，采用平面切块、空间交叉、见缝插针、流水作业等方法，按施工节点，把整个工程划分为基础、下部结构、大梁预制及张拉、吊装和桥面铺筑等六个工段。每工段由专人负责，施工处主任负责协调各工段进度。由于分工明确、技术专一，各工段不仅能吃透施工图纸、技术要求，还能做到合理安排，有条不紊地精心施工。同时在施工全过程中，普遍推行了有额生产，实行小项目承包责任制，分配上体现多劳多得，极大地调动了职工生产的积极性和创造性。因此，在工程完工后的质量评定中，连中四元。北引桥、东匝道均获砼优质奖和项目优质奖，海印大桥北引桥质量获得了“高质量样板”的称号。

当时项目负责人陈汉兴克服种种困难，带领团队完成项目，该项目也培养出一批优秀人才，其中就包括中国交建原总裁陈奋健等。

二、广州市鹤洞大桥——广州市曾经主塔最高、跨径最长的大桥

广州市鹤洞大桥是20世纪90年代广州市的标志性建筑，由广州市政府引进香港新世界公司资金兴建。

广州鹤洞大桥由四航局一公司和上海基础公司联合中标和施工，1995年2月开工，1997年6月竣工，四航局合同部分工程造价为9801万元。鹤洞大桥主桥为双塔空间索面复合斜拉桥，总长628米，宽30.3米，通航净高34米，主塔高为128.46米，主跨360米，一跨过江，是当时广州市主塔最高、跨径最长的桥。其主跨为钢梁——钢筋混凝土板叠合结构，副跨为现浇预应力混凝土结构。施工难度大、工期紧，塔高、跨径、难度、技术含量等在广州桥梁史上都属第一。建设者们针对该桥施工的高、宽、难等特点，攻克了高空三维空间定点技术、混凝土超高泵送、大体积混凝土防裂技术等难题，采用了优化副跨小横梁施工方案，并开发出复合Q70龙门架，同时大量推广使用新工艺、新材料，施工中先后采用了混凝土双掺技术，斜爬梯、爬模系统以及钢筋冷压接头工艺，大体积混凝土温度控制技术，超高泵送混凝土、塔吊高空转换技术等技术与工艺，很多技术都是在华南地区首次采用的新技术。这样一来，不仅在安全、质量方面得到较好的保证，还能较大地减轻工人的劳动强度，提高工效，缩短工期。

在鹤洞大桥的施工中，施工处开展创建“青年文明号”活动，成立了三个青年突击队，三个突击队间开展了赛安全、赛质量、赛进度的劳动竞赛活动，以科学的管理、先进的工艺、周密的计划，确保了工程的顺利进行。鹤洞大桥自开工到竣工，没有发生重大伤亡事故，被广州市劳动局誉为创造了桥梁安全施工的奇迹。时任广东省副省长汤炳权在视察鹤洞大桥工地时说，感谢四航局

■广州市鹤洞大桥全景

为广东交通建设做出了贡献。

鹤洞大桥主塔测量QC小组获“全国优秀质量管理小组”称号，主塔爬模系统工艺获四航局1997年科技进步奖第二名及中港科技进步奖三等奖。主桥砼获中港优质砼奖，副跨小横梁施工方案的优化为单位节省近200万元成本。鹤洞大桥工程被授予“广东省青年文明号”。

1998年7月23日下午，鹤洞大桥胜利通车，标志着四航局一公司在广州市桥梁建筑史上翻开了新的一页。

三、广州珠江隧道——荣获中国市政工程金杯奖

广州珠江隧道全长1238.5米，分为江中段、黄沙出口段和芳村出口段，江中段长457米，宽33米，高8.1米，由5节大型沉管对接而成，是公路铁路两用隧道，由广州救捞局、四航局一公司和省水电二局同时施工。广州珠江隧道截面为四孔钢筋混凝土箱梁结构，其采用的沉管法施工在我国内地是首

例。其中，黄沙出口段全长427米（暗埋段长219.99米，敞开段207.11米），宽35米，为钢筋混凝土框架结构。该工程由四航局一公司三处负责实施，此时陈奋健任四航局一公司三处主任，由张世军主持这项工程。工程总造价12,130万元，于1988年12月动工，1993年12月完工，历时5年，成为四航局一公司市政工程的扛鼎之作。1999年，经中国市政工程协会评审，珠江隧道获中国市政工程最高奖项——1999年度“中国市政工程金杯奖”，以及国家科技进步二等奖、广东省科技进步一等奖、广东省优质市政工程奖、广州市科技进步奖，被编入《广东省志·水运志》。时任中共中央总书记江泽民在时任中共中央政治局委员、广东省委书记谢非，时任广东省省长朱森林和时任广州市委书记高祀仁等陪同下视察了珠江隧道工程。

四航局一公司承建的黄沙出口段分三段进行施工，第一段为敞开段，长约120米，是3%坡度上升，与六二三路衔接；第二段是前暗埋段，长约166米，分左右两孔；第三段是后暗埋段，长约72米，伸向水下约18米，高8米多，宽

■20世纪90年代的广州珠江隧道出入口

由33—40米向前暗埋段扩张。整个工程土方量约为11万立方米，混凝土浇筑量为3万多立方米。由于是过江隧道，混凝土防裂、防漏、防渗是质量的关键。承建这项工程的第三施工处为了百年大计，始终把质量视为生命，在选择水泥型号时，经过8次的试验分析，最后才确定采用425号、525号两种型号的水泥。一次，在打隧道主墙时，施工队误将425号水泥当成525号水泥，施工处发现后，硬是把已输入到容器中的200多吨425号水泥一点一点地挖了出来，重新换入525号水泥，宁愿受到损失，也不让质量受到影响。

■珠江隧道获1999年中国市政工程金杯奖

为了确保沉管基础灌沙施工质量，三处与四航局科研所（今研究院）海岸动力研究室一起承担了沉管基础灌沙的模拟试验，在缺乏经验和各种技术参数的情况下，采用大比尺模型试验，模拟沉管基础“砂流法”施工过程，为工程摸索出一套完整的施工工艺和技术数据，得到了专家和业主的充分肯定。

在五年的施工中，三处以诚信为本，把质量视为生命，为了珠江隧道百年大计，克服了一道又一道的施工技术难题。

珠江隧道于1993年12月28日建成通车。

四、广州内环路——四航局一公司市政建设史上最辉煌、最自豪的系列工程

四航局一公司从1998年4月开始先后承建了内环路A2.12标、A2.3标、A2.7标和A2.8标等工程。20世纪末，广州市政府为了改善交通条件，投入巨资建设内环高架路，以实现“三年一中变”。这一年是四航局一公司在广州市政建设史上最为辉煌、最为自豪的一年。

时任四航局一公司经理陈奋健（后任四航局副局长、局长，中国交建总裁，中国铁建党委书记、董事长）审时度势，积极开拓市政业务。四航局一公司凭着实力和多年的良好信誉，一揽广州特一号工程内环路5个标段占四分

之一多的施工任务，总里程达7.1公里，加上禺东西路立交A1.7标，总长约9公里。公司成为内环路承揽工程最大的一家施工单位，并且高速优质地完成了施工任务。

A2.12标、A2.3标、A2.7标、A2.8标，以及禺东西路立交A1.7标的配套工程等5个标段，分别由黄志荣、周达培、周贵淡、刘宇平、黎敏等主持施工。

在这场被广州市称为特一号工程的“战役”中，紧、难、严、高是内环路的施工特点，参战的二、三、四、五、六等5个施工处，以及机施、物资分公司、预制厂和公司有关科室一起，用汗水和智慧谱写了一曲“顾全大局、诚实守信、协力拼搏、决战决胜”的内环路建设者之歌，展现了“内环精神”，又一次向广州人民交出了一份满意答卷。

紧，是施工中的第一大特点。整个内环路建设原定为5年时间，但根据广州市政府提出“一年一小变、三年一中变、十年一大变”要求，内环路施工工期由5年调整为3年，又从3年压缩到2年。也就算说，5年的任务2年完成，并且没有什么“价钱”可讲，同时要求“三个确保”：确保建设一条广州市民满意的路；确保主体、土建工程在1999年11月前完成；确保不发生重伤以上事故。

难，是众所周知的。内环路建在老城区，环绕在繁华闹市中，拆迁任务相当重，地下管线错综复杂，施工地域异常狭窄。这些众多条件制约，给施工造成了巨大的困难。

严，就是要求在施工中严格保护环境，不能成为扰民工程，即做到无噪声、无粉尘，围蔽施工要标准化。

高，就是指内环路是一项规模巨大的高架路工程，要从地面延伸到高空。广州市提出建成精品工程的目标，因此质量要求很高。

在施工中，各项目部掀起了一个又一个的施工高潮，突破了一个又一个的节点工期，四航局及一公司领导十分重视内环路工程施工，时任局长张恩持、局党委书记沈长林等领导经常深入现场检查和指导工作，时任公司经理陈奋健、副经理兼总指挥刘文华、副总指挥方嘉煊等领导一天转几个工地，甚至一天跑几趟，亲临现场解决工程中的重大问题。为了优质、按期完成工程，各标

■建设中的广州内环路

段项目负责人和技术管理人员通宵达旦，甚至全天候奋战在现场，全身心投入组织施工生产。建设者们全力以赴精心施工，施工质量和工期受到了广东省和广州市有关领导的高度赞扬。

1999年12月15日，时任广东省委宣传部副部长胡中梅在视察工地时，称赞四航局一公司参建的内环路“干得不错”。时任广东省直机关党工委书记陈喜臣，副书记刘汉松、曾利德、王仁福，纪委书记梁础石，以及原省直机关党工委企工部部长肖锋鸣等领导同志都先后视察了内环路工地，赞扬四航局“这支施工队伍不简单，打出了名牌，而且是打出了世界名牌。四航局能打进广州内环路，完全靠实力”。时任广东省总工会副主席、省海员工会主席陈文杰在视察了工地后，也给予了较高的评价。

1999年，广州内环路A2.3标、A2.7标、A2.12标三个工地和广园东禺东西路立交A1.7标工地被评为广州市安全生产样板工地；2000年底，广州市内环路A2.3标、东山口立交两项工程被评为1999年度广东省优质样板工程。广州

■1999年10月25日深夜12时，广州市内环路A2.3标段工程合龙，时任局长张恩持（右二）、时任副局长付中川（左二）、时任局长助理（现任四航局党委书记、董事长）梁卓仁（右三）到现场检查指导工作

市内环路主线桥梁工程荣获2003年度国家优质工程银质奖。时任A2.3标经理周达培（后任四航局一公司经理，现任四航局董事、副总经理、总经济师）于2004年荣获中央企业工委授予的“中央企业劳动模范”称号。四航局在内环路建设中又塑造了自己的品牌，为广州市“三年一中变”蓝图的实现做出了积极的贡献。

第七章
因势而谋：屡拓新局　焕发活力

21世纪以来，国家进一步加大了对交通运输行业的投资力度，步入新中国成立以来交通基础设施建设发展的黄金时期。作为四航局的主力子公司，四航局一公司不负历史使命，担当了更大的责任，老牌企业焕发了新的活力。

迈入新世纪以后，四航局一公司新签合同额由2001年的5.5亿元到2018年的130.6亿元，增长了22.75倍；营业额由2001年的4.4亿元到2018年的80.99亿元，增长了17.41倍。

除了占有传统优势的广东路桥和市政市场外，四航局一公司足迹遍布全国，走遍了黑龙江、河北、湖南、广西、福建、浙江、贵州、重庆、新疆、海南等地，成为四航局内实施BOT项目的工程施工主力军、铁路建设的中坚力量、实施经营大战略的先锋。

第一节　跻身BOT工程施工的主力

从2003年起，四航局积极开拓高端业务，走向价值链的前沿。在2003年四航局职代会上，时任局长陈奋健提出由生产管理型向经营管理型企业转变，尝试做投资项目、做业主。在此策略指导下，四航局一公司作为主力军，参与了大部分BOT项目施工，如首个BOT项目湘潭莲城大桥，为四航局的跨越式发展奠定了基础；重庆李渡长江大桥项目，建立了与地方政府相互信任的友好关系；广明高速公路建设，积累了四航局一公司承建大型项目的经验。在多年的实践中，四航局一公司在BOT项目领域树立了良好的口碑，业务范围不断扩大，打造越来越多的精品工程。

一、多元发展里程碑BOT项目首试水——湘潭莲城大桥

湖南湘潭莲城大桥是四航局首个BOT项目，对四航局的多元发展有着里程碑式的意义，这项工程也为四航局的跨越式发展奠定了基础。

湘潭莲城大桥长1351.2米，建设工期为33个月，投资额4.53亿元。

大桥采用全新组合桥型——斜拉飞燕式钢管混凝土系杆拱桥，是世界首座集斜拉桥和拱桥设计特点为一体的复合式桥型，该桥是索、拱、梁、塔四种结构的组合体系，四种结构相互作用，相互影响。大桥不但结构与技术复杂，而且主塔高（东西两塔高过百米，有40层楼高）、主跨长（400米主跨、居湖南桥梁第一）、系杆长（系杆长640米，居世界桥梁第一[①]），在同类桥梁中居世界领先地位，堪称“世界复杂桥梁建设的百科全书”。

湘潭莲城大桥于2004年1月开工建设，2007年7月12日建成通车，时任中交股份副总裁侯金龙、时任四航局董事长梁卓仁出席通车典礼并致辞，与湘潭市主要领导、时任四航局总经理孙国强等一起为大桥通车剪彩。湘潭莲城大桥造型优美，天蓝色的飞燕式钢管拱桥横跨湘江，宛如一道美丽彩虹。许多人看

■湘潭莲城大桥通车典礼

① 湘潭莲城大桥主跨长400米，居湖南桥梁第一；系杆长640米，居世界桥梁第一等记录均基于2007年的实际。

■2006年10月31日，时任湖南省交通厅厅长欧阳斌（左一）、时任湘潭市委书记陈润儿（右一）、时任四航局党委书记沈长林（中）等领导参加莲城大桥钢管拱合龙仪式

见时，忍不住惊叹“太美了！”

2008年12月5日，莲城大桥通过了竣工验收，工程质量被评为优良，荣获2008年度湖南省优质工程奖，2010年获得国家优质工程银质奖。

二、实力和品牌的展示窗——重庆李渡长江大桥

李渡长江大桥位于重庆市涪陵区李渡与南岸浦之间的长江河段上。2004年12月，由中交第四航务工程局有限公司与重庆市涪陵区建设委员会签订合同，以BOT模式投资建设管理。大桥按城市桥梁标准设计，全长887.35米，总投资额约3.58亿元，特许经营自2005年4月1日起到2030年3月31日（含建设期）共计25年，于2007年10月28日建成通车并开始运营。

该工程技术含量高、安全风险大，加上征地拆迁和洪水、暴雨、高温等灾害天气的影响，施工遇到了巨大的困难。面对困难，四航局一公司项目部采取了和谐拆迁、与“洪水赛跑”的劳动竞赛、技术攻关、加大安全管理等措施。

李渡长江大桥的通车运营，有效拉近了涪陵区与重庆主城区的时空距离，将李渡、南岸浦及江南主城区三个片区连成整体，对涪陵区社会经济及城市的发展具有重要作用。

李渡长江大桥顺利完工的意义还在于，通过该项目的初次合作，重庆地方政府与四航局建立了相互信任的良好关系，他们认可四航局的信誉、实力和品

■重庆李渡长江大桥全景

牌。2011年初，四航局以BOT+EPC的方式中标投资、建设重庆市三环高速公路合川至铜梁段工程和忠县至万州高速公路项目，积极通过投资带动当地经济发展，拉动经营工作，最终实现地方经济和四航局的共同发展。

三、经得起“最大项目”的试炼——广明高速公路建设

广明高速公路是广东省2004—2030年高速公路网规划“九纵五横两环”中的一条重要加密线，是广东省的重点基础设施项目，全长130千米。

2005年12月29日，当时四航局最大的BOT项目——全长42千米、总投资32亿元的广明高速公路（西樵至更楼段，也称高明段）破土动工，2009年6月25日正式通车。

四航局一公司承建广明高速高明段三标和四标工程和富湾特大桥，三标

■建成时的广明高速公路

■广明高速公路

和四标是广明项目最大的两个标段。

富湾特大桥全长3259米，宽33.5米，主桥结构为连续刚构，通航高度22米，可供3千吨级海轮通航。2005年12月29日，富湾特大桥作为全线控制线工程率先开工。该桥是四航局一公司第一次承建的跨径长达200米的连续刚构桥。个别桩长超过100米，施工难度特别大，是全线最难啃的“硬骨头”。

富湾特大桥地处熔岩发育地区，如此复杂的溶洞在四航局建桥史上也是罕见的，且要

■富湾特大桥全景

跨越汛期施工，是施工的一大难题，在业主——四航局广明公司的组织下，项目部积极开展了攻克溶洞施工难关的战斗。

富湾特大桥的基础约50%有地下溶洞，地质状态十分复杂。桩基施工困难重重，广明公司和专家经过研究，决定采用“双护筒”“钢护筒跟进”方案结合超前钻、抛填黏土、片石、水泥等方法，进行溶洞处理，使溶洞漏浆得到了有效控制，为桩基施工扫清了障碍。2007年6月10日，54、55、56号三个主墩承台在西江洪水来临之前胜利出水。项目部顺利拿下了这一制约整个大桥工期的关键节点。

此后，公司参建了广明高速西延线项目，广明高速西延线起于高明更楼白石，终点与江罗高速公路相连。项目于2011年5月1日正式开工，2013年12月27日建成通车。

2010年3月，公司参建广明高速公路陈村至西樵段工程（佛山段）第五合同段，路线全长6.90千米，设计速度100千米/时，双向六车道，主线共设4座大桥。项目于2014年12月31日通车。

四、黔北地区经济腾飞的翅膀——道安高速

道安高速公路是国家高速公路G69（银川至白色地区）重要组成部分，是沟通川渝经济区、东盟经济圈的重要纽带。道安高速公路起于渝黔交界处的福寿场，终点为瓮安县陆家寨，路线全长254千米，是至2013年中国交建国内最大的单体BOT项目和高速公路项目，也是四航局参股投资建设的最大单体BOT项目和高速公路项目。项目由中国路桥建设、中交四航局、中交二公院三家单位投资，投资概算总额约262亿元，采取BOT＋EPC模式建设，其中，四航局投资104亿元，项目全线共划分为26个土建标段，四航局一公司负责其中的4个标段（1标、3标、4标、5标）的施工，总长达36千米。

道安1标学堂湾隧道和兴隆湾隧道是全线的控制性工程，总长近6千米。2013年7月破土动工。贵州隧道地质异常复杂，暗河、管道流众多，材料运输极为困难，施工难度非常大。在动工前，项目部做好了专项施工方案，确保施工安全和质量。

道安3标是四航局一公司4个标段中结构物种类最多的一个标段，也是四航局6个标段里合同额最高的标段。“一手抓变更一手抓赶工”，因为3标开工晚，2014年6月才完成征拆工作，按照原计划道真互通区的桥梁全部采用现浇施工，如果按照这种速度，铁定要滞后于工期节点要求。项目部通过论证，进行了变更，把现浇箱梁改为预制T梁，把桥梁改为路基。优化后的方案不仅缩短了工期，而且大大节省了成本。

道安4标线路全长8.47千米，主要施工任务包括大田湾隧道1座，8座大中桥梁。大田湾隧道为分离式长隧道，左幅长1595米，右幅长1590米，隧道围岩以IV级为主。2015年6月24日，4标主体工程完工，成为全线第一个完成贯通的标段。

道安5标施工的翁溪大桥是高危作业的桥梁，该桥是一条跨峡谷的非对称性连续桥梁，主跨100米，作业面离水面距离60米。像这样的桥梁作业点，5标有9个，项目部领导班子动用团队的力量，想方设法攻克一个又一个难题，把控制线工程做顺做强，成为全线标段的亮点。

■通车后的道安高速

2016年1月20日，道安高速实现全线通车。黔北山高路险，出行不易，随着道安高速拉通，沿线道真、正安、绥阳、湄潭、桐梓5个县第一次实现县县通高速。道安高速为黔北地区经济腾飞插上了翅膀。

五、山城陆域巡航舰——忠万项目

忠万高速是重庆市“三环十射三联线”高速公路网规划中“十射”的一段，项目由中交四航局、中交路建、重庆高速公路发展有限公司按BOT + EPC模式联合投资建设。项目对完善重庆市高速公路网，增强渝、陕、鄂地区经济社会联系，促进产业互动、优势互补，实现“四小时重庆”“八小时邻省”有着重要战略意义。

四航局负责A1、A2、A3合同段35公里，四航局一公司负责的标段是A2和A3合同段。2012年伊始，四航建设者就投身到崇山峻岭中，架桥修路，明确要把忠万高速建成一条优质高速公路，“确保市优，争创国优”。忠万高速公路2016年12月9日正式通车，四航局一公司项目部用三年多时间，交出了一份满意的答卷。

（一）飞架忠万第一桥——喻家沟大桥

喻家沟大桥是忠万高速的控制线工程之一，全线唯一的连续钢构桥梁，主跨达120米，工序工艺复杂，也是全线最高的桥梁，大桥5号主跨桥墩为94

■施工中的重庆喻家沟大桥

米。全桥共有桥墩52个，其中30米以上的桥墩就有24个，被当地媒体称为“忠万第一桥”。

大桥最大施工高度达105米，建造者要在30多层楼高的高空，完成全线最长跨度之一的连续梁挂篮悬臂浇注施工。

在桩基础、高墩身翻模施工及主梁挂篮施工等施工过程中，项目部均安排经验丰富的技术管理人员和施工作业班组，对高墩大跨连续桥梁施工的安全和质量进行有效控制。同时，项目部组织开展了以“提高桥墩混凝土外观质量”为主题的QC活动，先后获得“2014年四航局优秀小组活动成果”二等奖，“2015年交通运输行业优秀质量管理奖”“2015年度中国交建优秀QC成果”三等奖等荣誉。

（二）隧道施工实现“零事故”

四航局一公司忠万项目部隧道数量据全线之首，其中就包括1073米长的低瓦斯隧道——王家隧道，这是全线唯一一座低瓦斯隧道。项目部引进了专业的瓦斯隧道施工设备及自动监控门禁系统，将施工人员送到重庆安检部门进行专项培训，还专门购置价值数万元，便于佩戴的瓦斯检测仪器，只有瓦斯含量在允许范围内才能施工。项目部严格遵循“管超前、严注浆、短开挖、弱爆破、快封闭、勤测量”的施工原则，在保证工序循环时间和进度的同时，加强安全质量管控。

2014年6月2日，顺利完成王家隧道右洞洞口及明洞段开挖防护施工；2015年3月10日，王家隧道双洞顺利贯通，实现了安全“零事故”目标。

六、再建重庆重点工程——铜合高速

铜合高速串联起重庆西部重要门户铜梁和合川，是重庆市三环线的重要组成部分，是重庆市委、市政府确定的“新千公里高速公路”的重点工程。该项目路线全长约30千米，全线采用双向四车道高速公路标准建设，设计时速为80千米/时。由中交四航局和二公院按BOT+EPC模式联合投资建设。四航局一公司负责实施第三合同段，全长9.89千米。项目于2012年3月29日开工。

四航局一公司实施的金九大桥是铜合高速公路项目唯一关键控制性工程，金九大桥全长294米，大桥下穿兰渝、渝遂及渝遂复线三条高速铁路，跨越嘉陵江支流。桥面标高低于百年洪水位，大桥采用沉管隧道防水技术的U结构桥梁方案，设计有工艺新颖的防水挡墙和防洪、排水系统，施工技术和质量控制难度较大。其独特的防排水设计在国内高速公路建桥史上是第一次，获得业内的高度评价。

2014年12月11日，铜合高速公路正式通车，该高速的通车对增强重庆“1小时经济圈”发展活力，完善重庆高速公路网和区域路网结构具有重要意义，促进区域经济发展和构建“畅通重庆”、打造“大西南综合交通枢纽”具有重要意义。工程荣获2017年度重庆市交通路港杯优质工程一等奖。该奖项是重庆市交通行业公路工程和水运工程的最高奖项。

在此时期，四航局一公司还参建了四航局、二公院以BOT+EPC模式参与的咸宁通界高速公路项目。通界高速公路是湖北省重点建设项目，2014年9月29日正式通车运营。

第二节　成为修筑铁路的中坚

国家“十五”规划实施之前，高速公路建设之风大起，全国各地路桥建设大军群雄并起，随着路桥市场的逐渐饱和和国家政策的逐步调整，路桥市场份额越来越小，门槛越来越低；“十五”时期过后，路桥市场陷入萎靡状态，以路桥市场为经营主体的四航局一公司陷入了生存发展的困境：市场份额一直在10亿元左右徘徊不前，经营规模难以扩大。面对生存发展的瓶颈，四航局及一公司开始积极探索新出路。

经过认真研究，四航局一公司提出了向高技术和大规模的高端市场挺进的战略。2006年国家“十一五”计划出台，政府投资12,500亿元用于铁路建设，其中大部分份额为技术含量在国内领先的客运专线高速铁路工程。面对百年难得的机遇，四航局迅速做出反应，大力支持一公司开拓经营铁路市场，一公司迅速组织精兵强将，成立了铁路市场开发部，大力拓展铁路业务，提出了“打好翻身战，实现生产经营双翻番”的目标。

四航局一公司以进军太中银铁路为标志，从此正式进入了铁路新领域，也使业务结构发生了变化，呈现了“3：3：3”的业务格局，即传统路桥、铁路、海外各占30%。

一、吕梁亮剑——参建中交及四航局第一个铁路项目

太中银铁路是国家重点铁路项目之一，是中国交建实施集团化作战的首个大型铁路项目。四航局承接的是ZQ-11标第七合同段，全长16.395千米，位于山西省吕梁市柳林县境内。该标段工程类型多、结构复杂，2006年9月开工，2011年1月通车，由四航局一公司承建。

第一次进入铁路施工领域，技术规范高、质量要求严、施工管理难等因素对于四航局一公司项目部来说都是一次严峻的考验，项目部特邀铁路专家授课，“走出去”到施工模范单位取经，边学边做，积累经验；项目部员工发扬能征善战精神，主动适应铁路施工文化，克服了施工环境恶劣、征地拆迁运输难，图纸、资金到位不及时，工期紧，质量安全要求高等困难，迅速打开局面，不仅圆满完成每一个节点，还多次得到业主的通报表彰和奖励，打响了铁路市场的第一仗。

■穿越山腰间的太中银铁路

■时任交通部副部长卢春房（中）在太中银铁路施工现场检查指导工作

征地拆迁是铁路施工的最大难点，“太中银铁路拆迁看山西，山西拆迁看吕梁，吕梁拆迁看柳林”。项目部在没有征拆图纸、没有协调机构、没有补偿费用的“三无”情况下，采取“部分拆迁户先交地，再计量确认，谈下一块地就立即开工一块”的策略，以较短的时间完成了柳林近10万平方米的征拆。

四航局一公司在参与太中银铁路建设的4年多实践中，积累了一定的铁路施工经验，培养和锻炼了一支能打“硬仗”的铁路施工管理队伍，为此后四航局在铁路建设领域的拓展奠定了坚实的基础。

二、进军哈大——首次参建高铁项目

哈大客运专线是我国中长期铁路网规划中投资规模大、技术含量高的一项工程，是“东北第一高速铁路”。四航局所承建的标段为TJ-3标第二管段，位于吉林省公主岭市境内，全长24.25千米。由四航局一公司和三公司于2007年8月16日进场参与施工，这也是四航局首次参建高速铁路。工程于2011年1月18日顺利通过初步验收，并获得詹天佑奖及“中交品牌工程”称号。

面对更新更高的工艺标准，四航局哈大项目部从严从细控制每一道工序。根据国家规定，生产预应力混凝土铁路桥简支梁产品必须取得生产许可。项目部从学习取证的有关文件要求入手，请专家现场授课、派技术人员参加培训、认真编写工艺文件、管理制度、执行记录等，通过全体员工的不懈努力和充分的准备，19#梁场顺利通过考核检验，获得了四航局历史上的第一个预应力混凝土铁路桥简支梁生产许可证。

■2007年8月16日，四航局一公司在广州本部召开进军哈大高速铁路施工动员大会

东北地区冬季寒冷和漫长，极端最低气温为零下三十多摄氏度。为保证完成业主下达的年度产值计划，项目部厉兵秣马，打响了施工冬季攻坚战。箱梁架设是工程施工的一大难点，也是质量和安全控制的关键所在。项目部通过优化工序，科学安排，精心施工，提高设备利用效率，战冰雪抗严寒，夜以继日奋战，冰雪严寒中架梁施工。终于于2009年12月8日胜利完成第1041榀900吨双线单孔简支梁的架设，实现了47千米长线路的全线贯通，从而宣告取得冬季架梁施工攻坚战的最后胜利。

■哈大铁路客运专线架梁施工现场

■哈大项目施工现场

中交哈大指挥部于次日向四航局发来贺信，高度赞扬了四航局哈大项目部努力克服东北严寒的恶劣气候，经受住风雪考验，为又快又好全面完成哈大客专建设任务取得了可喜的成绩。

三、勇闯贵广——四航局首次独立承揽铁路项目

贵广铁路是国家重大投资项目之一，全长857千米。项目建成后，我国西南地区连接珠三角的快速铁路通道被打通，乘火车从贵阳到广州的时间从原来的22个小时左右缩短至不足4小时。2008年12月17日，四航局中标贵广铁路项目GGTJ-13标段工程。这是四航局以自身资质独立承揽的首个铁路项目，也是当时四航局有史以来国内市场单项工程标的最大的项目。中交股份为此发来贺电，称赞四航局为中交股份“大铁路”战略增添了辉煌一页，为中交股份“大铁路”战略做出了突出贡献。

四航局一公司参建的工程项目主要有北江特大桥主桥、佛山隧道、佛山西站等。贵广项目部荣获2011年度贵州省工人先锋号荣誉称号，北江特大桥主桥及项目部分别被业主授予“标准化工地”和“标准化项目部”荣誉匾牌。

北江特大桥作为贵广高速铁路的关键性工程，又是贵广铁路建设的标志性工程，也是国内首创的绿色新型铁路桥，使用年限可达到一百年。四航局一公司的建设者用百分百精确的严谨态度和精湛的施工技艺连续攻克了华南第一桩、贵广第一承台、贵广第一桥塔、钢梁支座、重力式灌浆、阻尼器安装斜拉索安装和钢桁梁合龙五道难关，拿下了贵广铁路同类桥梁建设的第一。

佛山隧道全长3750米，对于四航局一公司贵广项目部建造者而言，摆在他们面前的是三个“最”：复杂结构最多、工作量最大、工期最紧。佛山隧

■2011年2月1日，时任广东省委常委、常务副省长朱小丹在佛山市领导和四航局领导的陪同下，在四航局一公司贵广铁路工地视察慰问

道施工范围河涌密布，针对防水、施工缝的处理、混凝土防裂等严格要求，项目部在施工中开发的明挖隧道墙身模版抬车施工工法，获得2012年度公路工程工法。

■一列高铁驶过贵广铁路北江特大桥

四、云桂突破——积累铁路施工管理的丰富经验

云桂铁路是云南省境内里程最长、标准最高、覆盖区县最多、投资规模最大的铁路项目，它的建设结束了文山州没有铁路的历史。2010年5月中旬开工，2016年建成通车。

■2016年8月27日，云桂铁路百色至普者黑段开始联调联试

在四航局建设的64.571千米线路中，桥隧比高达72.1%，意味着100千米的线路就有72千米是桥梁和隧道，不到一分钟就要穿越一座隧道。也正是项目超高的桥隧比，云桂铁路被人喻为穿越喀斯特的“超级地铁”。

■2016年12月28日，云桂铁路百色至昆明段开通运营

四航局一公司云桂项目部管段内线路全长25.58千米，其中隧道7座，隧道总长达21.28千米，占线路总长的83.2%。7条隧道中，阿福隧道是四航局承建部

■云桂铁路——那莫双线大桥

分最长的隧道，也是四航局有史以来承建的最长的隧道。阿福隧道全长6847米，为云桂三标控制性工程之一，分三个施工工点（进口、出口及斜井），四个工作面（斜井分大、小里程两个工作面）同时掘进。隧道穿越多种不良地质构造情况包括：断层、背斜、向斜等，存在一定的突水突泥、坍塌风险。

隧道施工过程中，四航局还积极探索架子队管理模式，即以项目部的管理、技术人员和生产骨干为管理层和监督层，以合格的劳务人员为作业层，简单地说，就是自己带着劳务人员干。架子队管理实行后，不仅提高了隧道施工的进度，而且还保证了隧道施工的安全和质量，受到了业主及上级领导的好评。

第三节　勇挑区域经营的大梁

2001年前后，国内水工市场严重萎缩，路桥市场竞争异常激烈，四航局处于困难中求生存的状况。为改善经营状况，四航局一公司下大力气狠抓省内省外两个市场，在山西、福建、湖北等省市开辟了新战场。2008年，国内4万亿元的基础建设投资为建筑施工企业创造了广阔的发展空间。四航局一公司凭借高质量的工程品牌，乘着国家政策的春风，再次将建设的足印延伸至新疆、海南，展现出了优秀的市场开拓能力。

一、一路向北　大力开拓山西市场

2001年，在建筑市场竞争日趋激烈的情况下，四航局一公司勇于开拓经营，狠抓省内省外两个市场，挥师北上，进入山西市场，一举拿下新原高速公路四标工程项目打响头仗；2005年，再次顺利承接离石至军渡高速公路八标工程；2006年承接了翼侯高速路面二标工程和太中银铁路工程，在四航局内率先进入铁路市场；2009年承接中标平阳高速路基八标工程。

新原四标项目是四航局一公司在山西省的首个项目，技术难度高，工期压力大。其中，小沟特大桥长830米，宽24米，为双向分离式特大桥，主桥为七跨预应力混凝土钢构桥。2001年9月开工，2003年7月建成通车。

离石至军渡高速公路是青岛至银川国道主干线在山西省境内的最后一段，离军八标项目的两座隧道均为采空区分离式双洞黄土隧道，在湿陷性黄土地质条件下进行双线高速公路隧道开挖，在四航局尚属首次。2007年12月18日，离军高速全线如期通车。

翼侯高速公路是山西省首条BOT高速公路，四航局一公司承建的关门至侯马段沥青路面施工，是四航局首个高速公路沥青路面项目，线路全长18.6千米。2007年10月完成施工任务，得到了业主的认可。

山西太原至阳泉高速公路，四航局一公司承担了第八合同段的施工任务，全长3.56千米，其中单孔最大跨径120米，连续刚构温河特大桥是全线八大控制性工程之一。山西太原至阳泉高速公路于2009年底开工，2011年12月30日建成，2012年3月6日运营通车。

■山西大运线新原高速公路小沟特大桥

二、向东进发　开辟福建路桥市场

作为华南路桥建设的劲旅，四航局一公司不但在华南地区屡建战功，更将奋斗的足迹留在了海西建设的大地上。经过多年的努力拼搏，四航局一公司成功开拓了福建路桥市场，先后完成了京福高速公路南平段NA1合同段工程、福建长乐国际机场A6及A9项目工程、厦漳跨海大桥、福建省福安市富阳大桥、福建泉州市后渚至城东通道、福永高速等工程的施工。

2001年9月，四航局一公司中标京福高速公路南平段NA1合同段工程，该工程全长约3.9千米。这一工程标志着四航局一公司首次进入福建路桥市场，打响了在福建市场的第一炮。在激烈的路桥市场竞争中，四航局一公司能够承揽到这一工程，意义重大。四航局一公司上下士气大增，决心创出精品、树丰碑，以第一个路桥工程为依托，在福建扩展更大的市场。

秉承“干一项工程，树一个品牌，拓一片市场，培养一批人才”的精神，南平段NA1项目部在完成了施工任务的同时，不仅令四航局一公司扎稳了福建路桥工程市场的脚步，为承接后续工程奠定了坚实的基础，同时还培养了一批管理人才和技术骨干。

2004年至2005年，四航局一公司参建了福州国际机场高速公路一期工程A6和A9两个标段工程，进一步巩固了福建路桥市场。

2009年至2011年，四航局一公司参建福建省厦漳跨海大桥，承建了该跨海大桥的一个重要组成部分——海平互通立交工程。项目团队克服了前期设计变更和后期征地拆迁受阻的困难，科学组织施工，保证了厦漳大桥的顺利通车，获得业主高度评价。

2010年至2012年，四航局一公司又承建了福建省福安市富阳大桥。大桥全长372米，宽31.5米，按城市主干道Ⅱ级标准建设。工程2010年9月正式开工，2012年12月顺利合龙。

2011年至2012年，四航局一公司参建了福建省泉州市后渚至城东通道工程——后渚互通式立交桥。该工程为城市Ⅰ级主干路，双向六车道，宽度39.6米，包括道路和桥梁两部分内容。该工程先后荣获2013年度泉州市“刺桐杯”优质工程奖和2013年度福建省“闽江杯”优质工程奖。

■四航局一公司承建的福建京福高速南平段NA1标段吉祥（叶坑）隧道工程，获2005年度中港优质工程奖

2012年，四航局一公司承建了福州福永高速公路工程A2合同段工程。2014年12月，四航局一公司参建厦门地铁2号线，正式从路桥市场进入福建轨道交通市场，在海西福建的市场地位得到持续稳固。

三、中部列阵　再度进军湖北市场

在中南处时期，四航局一公司就曾在湖北承担了多项工程，留下了艰苦拼搏的足迹。40多年后，为了企业的发展，四航局一公司再次进入湖北市场，承担了武汉武湖特大桥项目，攻坚克难，顺利完成了施工任务。

2005年底，四航局一公司40年后再次成功打入湖北市场，中标湖北沪蓉西高速公路恩利段X8合同段。

湖北沪蓉西高速公路是国家“7918”高速公路网上海至成都公路的重要组成部分，也是我国东西中部地区连接重庆、成都等西南大城市的重要快速通道，还是当时国内工程规模最大、建设周期最长、地质最复杂、施工最艰难的高速公路。它的建设，对于完善国家公路网布局，促进西部大开发和中部崛起，推动东中西部统筹发展具有重大意义。

四航局一公司承担的标段以乌池坝隧道（后改名为薛湾隧道）为主，作为湖北沪蓉西高速公路的“咽喉工程”，薛湾隧道地处地势险峻、沟壑纵

■施工中的乌池坝隧道（后改名为薛湾隧道）

横的岩溶山区，沿途漏斗、洼地、落水洞等发育、分布不均，处于断层破碎带、岩溶发育强烈的地质区域，这里被地质专家称为“地质灾害百科全书”“地质博物馆”。隧道2006年1月开工，2008年7月完工，2009年10月15日通过验收正式投入使用。

湖北沪蓉西高速公路，当时堪称世界上施工难度最大的高速公路，而四航局一公司承建的是其咽喉工程，经过全体施工人员的艰苦努力，项目不仅实现了安全“零事故”、质量“零缺陷”、创造“好效益”三大目标，还荣获2010年度中国铁道工程建设“火车头”优质工程奖，以及2010—2011年度国家优质工程银质奖。

四、向西发展　成功进入新疆市场

2010年，国家继续推进西部大开发，交通基础设施落后的新疆开始掀起高速公路建设高潮，中国交建把握机遇，成立了中交新疆总部，四航局一公司紧跟中国交建的步伐，积极开拓新疆市场。于2011年3月，成功中标新疆维吾尔自治区G3015克拉玛依至塔城高速公路项目（下文简称“克塔高速项目”）第KT-3标段工程，中标价15亿多，这是至2011年四航局一公司史上最大的单项高速公路工程，也是四航局在新疆的首个项目。

克塔高速项目起于“油城”克拉玛依，终于塔城巴克图口岸，全长223千米，四航局一公司承建的是终点标段即第三标段，主线全长74千米，连接线30千米。

克塔高速项目占据了当时四航局路桥建设史上的四个“之最”：一是地理上是距离四航局总部国内最远的项目；二是线路上为四航局有史以来线路最长的路桥项目；三是规模上为四航局单项金额最大的高速公路；四是技术上为四航局第一个自行全面组织沥青路面施工的项目。

■新疆G3015克拉玛依至塔城高速公路

2014年11月30日，四航局参加的G3015克拉玛依至塔城高速公路克塔段通车。四航局安全、按期、按质地完成了项目，2016年，新疆维吾尔自治区交通运输厅批复了新疆克塔高速公路额敏和巴克图连接线工程直接由中交四航局施工，

■新疆项目部营区附近的胡杨树

■新疆乌尉项目现场航拍图

不重新招标。2017年，四航局一公司又承接了新疆乌尉公路包PPP项目SRTJ-01标段项目。

新疆乌尉公路包PPP项目SRTJ-01标段项目位于新疆维吾尔自治区巴州境内，北邻尉犁县，南抵若羌县，与G218线伴行。2017年9月份开始进场施工。

SRTJ-01标段长达92.5千米，三分之二的工程需要深入沙漠腹地施工，当地盐渍土分布范围广，且盐化程度和含盐性质差异大。项目部分析认为："如果把这种含盐量过高的土石原料填在路基上，路基路面就会泛白。更严重的是，盐胀会使路基膨胀开裂，受水浸时还会发生沉陷变形。这对道路来说几乎是毁灭性打击。"为了尽快获得沿线土质样本，找到合适的取土场，项目部在沙漠里奔波一个多月，终于找到含盐量低的土源。有了合格取土场作为第一重"保险"，项目施工如火如荼地展开。

乌尉公路项目对于进一步完善国家高速公路网和新疆维吾尔自治区"6678"公路网战略布局，推进"一带一路"建设，带动南疆地区投资及经济发展具有重大意义。

五、再度南征　重新回归海南市场

2015年，四航局一公司重回海南，参建海南省琼乐高速公路，这是四航局一公司继1952年参建海榆中线国防公路后重回海南的首个项目；2018年又承建了海南五指山至保亭至海棠湾高速公路（山海高速）项目，修建高质量旅游路和生态路，为海南省自贸区基础设施建设做出新贡献。

海南琼乐高速公路是海南省中线高速公路的收官之笔，这一笔添上了，中线高速公路全线就通了。整个项目全长129千米，总投资约116亿元，是海南建省以来投资规模最大、建设里程最长、施工难度最高、建设模式最新的高速公路。作为海南省重点建设项目，琼乐高速公路对完善海南省高速公路网，加快区域旅游、农业等资源的开发具有十分重要的意义。

项目部要求在安全、质量、环保等各个方面，严格遵守"发展理念人本化、项目管理专业化、工程施工标准化、管理手段信息化、日常管理精细化"的五化理念，努力争全线先进，创省部级优质工程。项目中标后先后取得了

■毛路一号大桥

多个“第一”：全线第一个建成搅拌站和实验室，第一个完成变压器布设，第一个完成所有架梁任务，多次在“平安工地”评比中获得第一名，2016年项目部荣获海南省“优秀施工单位”称号，得到海南省交通厅、中咨代建指挥部的高度肯定。

■海南琼乐高速公路

2018年9月28日，琼乐高速公路正式通车，被誉为“海南最美公路”，海口到五指山市的车程从3个多小时缩短至2个多小时，它的通车增强了海口、三亚两座中心城市对中部山区的辐射作用，促进了旅游资源的开发和海南经济的平衡发展。

公司凭借琼乐高速公路项目获得海南省公路施工企业信用评价最高等级AA级，2018年8月承建了海南五指山至保亭至海棠湾高速公路（山海高速）项目SHTJ4标，为深耕海南区域经营打下了坚实基础。

值得一提的是，海南琼乐高速公路竣工后，项目团队又转战云南，于2018年7月，参建都匀至香格里拉高速公路守望至红山段（简称为都香高速公路）A2合同段项目。2019年5月16日，都香项目老窝坡隧道左线顺利贯通，成为云南都香高速全线首个顺利贯通的隧道，也是四航局2019年贯通的首个隧道。截至2019年6月底，项目接收并成功培养当地贫困务工人员19名，为国家脱贫攻坚战做出了贡献。凭借都香高速项目公司获云南省2018年度公路施工企业信用评价AA级，展现出了优秀的市场开拓能力。

第四节 担当开拓新业务的先锋

四航局基于市场形势变化，对业务结构的组成进行了调整，提出形成传统水工＋铁路（路桥、隧道、市政）＋其他（工业、投资、科研、设计）业务板块和国内、海外两个市场格局。

一公司作为四航局的主力子公司，积极贯彻落实四航局的经营理念，充分发挥自身优势，在继续承担路桥、隧道、铁路施工任务的基础上，积极开拓经营，不仅开辟了新的经营区域，而且延伸主业，担当了四航局开拓新业务的先锋。

无论市场环境如何变化，四航局始终坚持诚信经营的理念，采取积极、稳妥、灵活的经营措施。坚持贯彻“三个坚持”，坚持“水路并进”促进企业发展，坚持“打出去，才能守得住”，坚持拓展经营规模做大做强；贯彻“三个关注”，要关注业主的需求、关注市场的变化、关注项目的效益；坚持在2009年的工作会议上提出的“多元经营”战略，初步形成海外业务、铁路业务、传统业务、其他业务（投资、房地产、造船、科研和设计等）各占30%、30%、30%、10%的“3331”业务结构。四航局一公司在开拓新业务的过程中，不断为“三个坚持”“三个关注”和相关“多元经营”的经营策略注入新的内涵，使之不断完善。

一、发挥优势 再次进军跨海大桥领域

2006年起，四航局一公司发挥技术优势，再次进军跨海大桥市场，参建了浙江舟山金塘大桥，揭开了四航人继10多年前承建澳门友谊大桥后，再一次参加跨海特大桥工程建设的序幕。

舟山大陆连岛工程是舟山历史上规模最大的基础设施项目，也是浙江省“五大百亿”工程的重要组成部分。舟山大陆连岛工程以五座跨海大桥连接舟山本岛与宁波，总长50千米。这项工程将使舟山交通融入长江三角洲区域国家高速公路网络，为舟山港口资源的开发提供可靠的交通保证，使千岛之国舟山在环杭州湾地区、长三角地区，乃至我国东南沿海地区经济发展中发

挥积极作用。

由四航局参建的金塘大桥属于舟山大陆连岛工程的一部分，也是浙江舟山大陆连岛工程五座跨海大桥中施工线路最长的一座，总工期20个月，合同额3.16亿元，由一公司、二公司联合施工。金塘大桥是四航局第一次进入浙江交通工程建设市场，对于四航局开拓跨海大桥市场的战略意义重大，是四航局迈向跨海大桥建设的新里程。

■浙江舟山金塘大桥全景

舟山大陆连岛工程于2007年2月开工，2009年11月完工。2016年，该工程荣获年度“鲁班奖”。该桥是我国第一座按桥梁新规范体系进行设计的跨海特大桥梁，位居世界斜拉桥前十位。该桥创造了国内、国际多项第一，填补了跨海大桥建设的多项空白。还获得了2014—2015年度公路交通优质工程奖（李春奖）。

■施工中的金塘大桥

二、延伸主业　涉足地铁和城际铁路

2000年以来，四航局一公司延伸主业，进军新领域，涉足地铁和城际铁路市场，先后承建了广州市轨道交通五号线大沙地站（原港湾路站）土建工程、广州市轨道交通五号线鱼珠站（原茅岗站）土建工程、厦门地铁2号线等。

其中，承建的广州地铁五号线鱼珠站土建工程荣获“广东省市政样板工程奖”、2010年度“广州市市政样板工程奖”和“广东省市政工程样板工程”。

■广州地铁五号线鱼珠站

（一）实现“盾构战略”构想——承建珠海城际项目

四航局一公司早在20世纪就有一个盾构梦，梦想能够进入盾构施工领域承建工程，经过多年的努力，这个梦想终于在2015年实现了！一公司承建了四航局第一个盾构项目——珠海市区至珠海机场城际轨道交通拱北至横琴段工程（简称珠海城际）。该项目的承建，有助于四航局一公司进一步积累综合性城市轨道交通建设人才、技术、装备和管理经验，对进一步开拓城市轨道交通市场具有重要意义。

四航局一公司党委书记陈国良在谈到实现“盾构战略”时说：“一公司的盾构梦，几代领导班子都一直想推动完成，以珠海城际项目为契机，我们进入盾构市场。看到一公司完成梦想，开拓新领域，不少老员工激动得热泪盈眶。我们要牢牢把握住未来中国城市地铁建设蓬勃发展的市场机遇，在盾构市场中立住立稳、做强做优。”

■2015年12月27日，四航局首台盾构机在珠海城际项目始发

珠海城际是珠三角轨道交通网的重要组成部分，是内地、珠三角地区联系澳门的重要客运通道，也是一条兼顾城市轨道交通功能的城际铁路，

该工程是中国交建承建的首条综合性城际轨道交通项目。

■珠海城际盾构始发前的准备工作有序开展

四航局一公司负责实施的金融岛——横琴区间为双洞单线隧道，采用盾构法施工。2017年6月28日，首台盾构“四航盾1”24小时内完成掘进16环（25.6米），创造了城际轨道交通工程用同类大型盾构掘进全国新纪录；2018年11月24日，“全线最难施工段”隧道左线顺利贯通，实现双线贯通；2018年12月18日，珠海城际一期工程全线贯通；截至2019年6月，项目紧张收尾。

（二）持续经营盾构市场——承建厦门地铁2号线项目

厦门地铁2号线二期工程由中国交建总承包，线路总长15.5千米，分为三个工区，四航局负责一工区，线路长4.6千米，其中马銮北车站及盾构区间由一公司组织施工。项目于2014年12月正式开工建设。

厦门地铁2号线项目是四航局第二个盾构项目。其特点是盾构最多，四航局投入了五台盾构，比一般规模化企业拥有总数还多；施工区间最长，马銮北站至东孚车站是整个2号线最长、最关键的区间；施工要求最严，作为“海上花园”，厦门市对施工质量、环保要求非常严格。

■2017年7月31日，厦门地铁2号线项目首台盾构在马銮北站顺利始发

2017年7月31日，马东区间右线盾构顺利通过厦门市质检站始发条件验收，率先始发，取得了阶段性成果。2018年1月31日，出入场线左线区间盾

■2018年5月13日，厦门地铁2号线项目天东区间右线顺利贯通

构接收工作顺利完成，实现贯通，四航局一公司盾构施工首次成功完成地下穿越。2018年9月，马东区间双线盾构顺利完成下穿厦深高铁，是一公司乃至四航局首次实现下穿高铁施工，在南昌铁路局管辖区同类涉铁项目中也是首例。

2019年7月17日，2号线二期工程天竺山站（含）—马銮北站（含）（子）单位工程顺利通过验收，厦门轨道交通2号线二期工程计划2019年底开通试运营。

在16家参建单位评选中，项目部先后获得业主季度综合排名两次第三名和两次第一名的佳绩，荣获“2017年全国交通行业优秀质量管理小组”称号，以及中国交建优秀QC小组二等奖的荣誉，累计获得各类奖项达22项，树立了四航局一公司轨道交通项目管理的品牌形象，为后续工程创优及进一步开拓厦门轨道交通市场创造了良好条件。

三、深耕华南　承担一批重点工程

四航局一公司坚持“坚守华南、守土有责”的经营思想，凭借良好的信誉和技术优势，持续经营传统的广东路桥和市政市场，承接了华南地区一批重点工程。2019年2月18日，中共中央、国务院印发了《粤港澳大湾区发展规划纲要》，四航局一公司立足中交的“三者”定位，抓住历史机遇，深耕华南，积极主动投身到大湾区建设。

■澳门大学横琴校区过海隧道澳门岸出入口效果图

（一）再入水下隧道施工市场——承建澳大新校区海底隧道

四航局一公司早在1993年参建广州黄沙珠江隧道工程后，开始进入水下隧道施工市场，并在水下隧道市场崭露头角。2011年，中标承建横琴岛澳门新校区海底专用隧道，再次进入水下隧道施工市场，并首次获得詹天佑土木工程奖。

横琴岛澳门大学新校区海底专用隧道是连接澳门大学横琴岛新校区和澳门特别行政区的唯一专用隧道，路线全长约1570米，其中隧道段长1430米。该隧道是国内第一条采用围堰明挖法修建的海底隧道，是首次成功采用内地和澳门两地标准设计建成的跨境隧道，是“一国两制”制度创新示范工程。

工程于2011年5月25日开工，2012年12月完工。2015年荣获詹天佑土木工程奖。

（二）初涉一线城市综合开发——承接南沙明珠湾项目

2014年8月5日，中国交通建设集团有限公司（以下简称“中国交建”）投资82亿元的明珠湾起步区灵山岛尖综合开发项目开工建设。这是中国交建打造城市综合体开发运营商在一线城市的首次尝试，它将为南沙建设提供规划

■南沙明珠湾灵山岛效果图

设计、投资建设、产业导入、资产运营等一揽子解决方案，包括市政道路、桥梁、水利水电、景观园林、土地整理，以及学校、医院、体育场馆等城市公共项目。

四航局一公司承担了灵山岛尖一期、二期10多千米城市干道、10座桥梁、综合管廊及场地平整工程等工程施工任务。

（三）深耕珠海横琴市场——打通市政“多条路”

2013年11月，四航局一公司中标横琴新区基础设施非示范段主、次干路市政道路工程（二期）工程施工一标段（香江路、子期北道、琴石道、濠江路、彩虹路等五条道路），简称“五条路”工程。

“五条路”工程作为四航局一公司在横琴施工的第一批市政道路工程，在施工过程中攻克技术难题、地质条件复杂等多项困难，优质高效地完成了工程建设任务，得到各方的一致好评，并荣获2017年度“广东省市政优良样板工程”。

2014年12月，四航局一公司再次中标横琴濠江路工程以及兴澳路、琴海东路、子期南道和港澳大道东段工程，简称“二批次四条路”。

为了能高质量、高标准地完成该项目，项目部始终把安全生产放在首位，施工期间未发生安全、质量责任事故，实现了工程项目安全管理目标。先后获得广东省市政行业协会优秀QC小组三等奖三项、2017年度“珠海市政工程安全文明施工示范工地”、2018年度“全国建设工程项目施工安全生产标准化工地”，以及“广东省市政行业协会安全文明施工示范工地”荣誉称号，为企业和横琴新区市政工程安全文明施工品牌建设做出了贡献。

■珠海市濠江路

■横琴市政项目依依桥

四航局一公司承建的10条路总长约12.33千米，项目建成后，大大缓解了横琴口岸的交通压力，改善了综合服务区的交通能力。

此外，四航局一公司还承建了横琴新区琴海东路综合管廊项目，2015年6月开始，综合管廊项目作为城市市政管线铺设高级模式集约化、科学的综合，有效解决空中“蜘蛛网”和地面“拉链路”等城市管理问题，大大提高了城市基础设施现代化和建设标准。

（四）投身佛山地区市政建设

20世纪90年代，四航局一公司就在佛山地区参建了德胜大桥、容奇大桥、五沙大桥等杰作。近年，公司积极投身佛山地区市政建设，2014年5月中标佛山南海沥桂大桥项目，2015年5月中标佛山顺德海华大桥工程，2016年12月公司中标顺德东部新城城市综合开发项目Ⅰ——南国路道路交通升级改造工程Ⅰ标，在佛山地区建设了一批精品市政工程。

2014年9月，沥桂大桥正式开工建设，大桥全长983.5米，其中主桥280米，为双索面人字形独塔斜拉桥，南引桥503.5米，为预应力砼连续箱梁及钢箱梁，北引桥200米，为预应力砼连续箱梁。道路等级为一级公路兼城市主干道，采用双向六车道，设计车速为60千米/时。2018年12月11日，沥桂大桥主桥边跨顺利合龙。大桥建设后将进一步改善当地的交通条件，促进“沥桂一体”的城市发展进程，对拓展城市发展空间，完善城市功能，提升城市综合承载力，促进佛山市经济社会发展具有重大的战略意义。

2015年10月，四航局一公司承建的联通广佛两地重点交通设施建设——海华大桥正式开工，大桥全长1050米，主塔高达105.5米，大桥主桥为跨径56+94+180米的单塔双索面预应力混凝土斜拉桥，主线采用双向八车道一级公路建设标准，设计速度80千米/时。2019年6月，大桥成功合龙，全线贯通。建设过程中，自主申报了3项国家实用新型专利，并荣获2018年、2019年广东市政建设工程优秀QC成果奖项。海华大桥工程是实现广佛同城、佛山顺德区对接广州番禺区广州南站道路网的重要组成部分，对推进广佛同城建设的进程具有重要的推动作用，对进一步推动粤港澳大湾区建设具有重要意义。

南国路道路交通升级改造工程道路总长1.972千米。主线采用60千米/时的一级公路兼城市道路标准建设，双向四车道+辅道双向四车道；主要施工内容包括跨线桥（环市东）1座、隧道（驹荣路和新桂中）2座及路基、路面、给排水、照明、交通、绿化工程等。项目于2017年4月正式开工，2018年12月东段项目主线通车，2019年1月31日顺利实现全线通车。南国路是顺德区“四横六纵”主干线路网中的重要一横，贯穿东西，同时也是顺德中心城区唯一的东西向主干道，建成后，将大大提升顺德区东西主干线南国路的通行速度，为后续辅道施工和全线通车目标打下坚实基础。

此外，公司还中标了佛山地铁3号线盾构管片预制工程等佛山市政项目，为佛山市政工程建设做出了积极贡献。

（五）参建世纪工程——建设港珠澳大桥澳门口岸

港珠澳大桥是举世瞩目的世纪工程，堪称“一带一路”的起始项目。2016年底，四航局一公司参建了港珠澳大桥的重要组成部分——港珠澳大桥澳门口岸工程，项目业主方澳门特区政府要求力争澳门口岸与港珠澳大桥主体工程同步建成运行。

港珠澳大桥澳门口岸总建筑面积超过60万平方米，涵盖旅检大楼、境外车库、境内车库、市政外围及配套设施四大主体部分——它的开通时间最终决定了世纪工程港珠澳大桥能否按期交付使用。而这个建筑面积最大的口岸工程，工程量最大、作业面积最大、工程专业最多、施工工序最复杂的市政及配套工程标段落到了四航局一公司头上。

作为粤、港、澳三地高度关注的工程，三年工期，一年完成，四航局一公司举全公司之力，鏖战371天，每月平均产值达到2亿元以上，创造了公司历史之最，被澳门媒体称赞为“中交速度”“一年建筑奇迹”。

超强台风“天鸽”来袭，项目部立即启动防台预案，澳门口岸建设者全部安全撤离。“天鸽”过后“ 帕卡”又来袭，承担繁重建设任务的四航局一

■施工中的港珠澳大桥澳门口岸

■港珠澳大桥澳门口岸全景

公司项目在台风袭击中受灾严重。项目部全员上阵只用了两天时间就清理完现场，五天就建起新营区，七天实现了复工。

旅检大楼南侧的贵宾区广场是澳门口岸亮灯仪式的主会场，为了赶在仪式前完成场地移交，项目部创下单日麻石铺设最高纪录2357平方米，刷新了澳门记录，仅用四天时间就让场地基本成型。

2017年12月18日，澳门口岸举行亮灯仪式，标志着澳门口岸世纪工程正式具备通关条件。2017年12月31日，项目顺利通过验收。四航局一公司项目部被澳门口岸项目总经理部授予“最佳奉献奖”。

（六）建设港澳　打造精品——港澳地区惠民基础工程

香港和澳门回归祖国以来，四航局一公司深耕华南，辐射港澳，进一步加强了港澳市场开拓，不断加强与中国路桥和振华海湾工程有限公司的合作，参与港澳地区基础设施建设，为港澳经济社会发展，保持港澳长期繁荣稳定做出了积极贡献。

2012年5月，四航局一公司承建了澳门C370轻轨一期工程项目，线路跨越澳门科技大学、国际机场以及澳门氹仔新码头等区域，是将来澳门海陆空接驳的重要枢纽。项目建成后，将与广珠城际轨道无缝对接，接通全国的城际及高速轨道网。四航局一公司承建的整个标段都处于填海造陆区域，各种管线埋设特别复杂，加之合同文件要求桩基施工采用全护筒灌注桩，成为施工难度最大的标段。四航局一公司C370项目部一一化解了澳门地区轻轨施工经验缺乏、施工区域地质情况与前期勘探差异较大及施工工艺限制等难题，创造了进场最晚、速度最好的成绩。澳门轻轨一期建设工程是澳门政府为了改善居民和访客的出行质量而兴建的一项惠民基础工程，受到媒体和民众的高度关注，港澳媒体盛赞，四航局一公司在参建澳门C370轻轨中发挥了表率带头作用，被称“央企楷模助力澳门腾飞”。

2015年9月，四航局一公司预制厂先后中标香港莲塘香园围口岸土地平整及基础建设工程6标节段梁预制、运输工程，港珠澳大桥香港口岸设施基建工程Ⅰ期（西桥部分）节段梁预制、运输及安装工程，香港屯门至赤腊角连接路（北面连接路）收费广场U型梁预制、运输工程等三个项目。这些项目的建设对促进区域经济社会发展具有重要意义。香港路政署和香港土木工程拓展署先后到四航局一公司东江口预制厂实地考察，对四航局一公司建设工作表示高度肯定。

2017年11月，四航局一公司参建的澳门氹仔新码头主体工程扩建项目正式开工，项目位于澳门氹仔新码头东面，在新码头和澳门国际机场之间，工程主要内容是将原北安临时码头改建成消防船屋及燃油储存供应系统，为氹仔新码头提供消防安全和燃油储存服务。该项目是澳门特别行政区政府规划建设的一项重要工程，主要内容为除码头桩基础施工外的整个客运码头大楼的建设，包括16个400人客船泊位、3个1200人客船泊位及直升机坪。

2019年6月，四航局一公司又连续参建了澳门科学馆海堤修缮总额承揽工程、北安大马路连接E2区天桥及道路建造工程、建筑废料堆填区地质改良工程等三个工程。

香港和澳门在国家“一带一路”建设中具有重要意义，四航局一公司凭借良好的履约能力，赢得了业主的信任，初步实现了港澳区域滚动经营的良好局面。

（七）助力粤港澳大湾区——参建粤澳新通道

2018年3月，继参建世纪工程港珠澳大桥澳门口岸之后，四航局一公司又参建了粤澳新通道（青茂口岸）项目。粤澳新通道（青茂口岸）项目作为构筑粤港澳大湾区快速交通网络的项目之一被列入《粤港澳大湾区发展规划纲要》，是由粤澳两地政府共同委托建设及管理的又一项粤澳重点合作项目。

项目位于关闸—拱北口岸西南侧约800米处，定位为独立开放的信息化电子口岸，设计日通关流量20万人次，以自助通关为主，仅供行人通行，不设车辆通道。

四航局一公司承建粤澳新通道（青茂口岸）项目桩基础、基坑支护及土方工程必选项目——粤、澳联检大楼桩基础工程和鸭涌河综合整治工程。整体建筑方案由中国工程院何镜堂院士主持设计，突出粤澳融合的设计理念，力求打造粤澳跨境基础设施建设的另一精品案例。

粤澳新通道项目是将社会需求、政府要求和企业追求充分结合的民生工程。项目的建成有利于实现广珠城际轨道与澳门轻轨的便捷对接，有效疏解关

■粤澳新通道项目施工现场

闸—拱北口岸通关人流压力，创新口岸通关模式；有利于通过迁建新的批发市场，稳定输澳食品供应，平抑物价通胀；有利于树立粤澳边境线全新的城市地标，促进粤港澳共建优质生活圈；项目尤其有利于澳门的可持续发展，将极大地改善澳门北区的城市环境，带动澳门北区的经济民生发展，使澳门北区近22万居民（约占澳门人口总数的40%）共享粤澳合作的发展成果。

（八）“治水”新业务——白云区城中村污水处理工程项目

四航局一公司深耕华南区域，发挥作为四航局市政工程建设主力军的作用，践行“创新、协调、绿色、开放、共享”新发展理念，积极投身美丽中国建设，拓展了水环境治理等新业务。

2019年，四航局一公司中标白云区城中村污水处理工程项目，白云区城中村污水处理工程项目分为两个EPC项目包，跨越3个镇、9个自然村，涉及100多个社区、3.3万栋楼房，约100多万户。工程主要内容包括供水管道施工、污水整治施工。污水整治施工内容主要有：立管安装；钢筋混凝土管安装；塑料污水检查井、预制钢筋混凝土检查井安装；化粪池修复；管道功能修复；村道混凝土路面、沥青路面开挖与修复等。

项目地处白云区城中村，具有施工区域广、作业面分散、车流量大、人口密集等特点，最大的挑战是有效的沟通协调，要挨家挨户与村民沟通，整个项目需在9个月内完成，时间紧、任务重。公司抽调工程业务骨干组建项目团队，打赢“治水”攻坚战。项目部与100个经济合作社片区实行一对一包干制，由项目人员与每个合作社长签订责任状，由社长负责向每个村民传达施工指令，确保施工得到村民的理解与支持。此外，项目施工中还特别注意保护城中村的祠堂和老旧房屋，赢得了当地居民和业主的认可，相关工作得到了人民日报数字媒体的宣传。

四、政企携手　打造PPP合作良局

PPP模式，是指政府与私人组织之间，为了提供某种公共物品和服务，以特许权协议为基础，彼此之间形成一种伙伴式的合作关系，并通过签署合同来明确双方的权利和义务，以确保合作的顺利完成，最终使合作各方达到比预期单独行动更为有利的结果。

四航局一公司是四航局实施PPP项目的主力子公司，从2015年起，进入了PPP项目，参与了鹤山PPP项目、开春高速、广连高速、贵隆高速等四航局重点投资项目。2018年2月，四航局一公司成立了投资部，开始独立参与开发PPP投资项目。

（一）创建鹤山经验的投资项目——鹤山PPP项目

鹤山PPP项目是四航局与鹤山市政府首次采用PPP投资模式合作的项目，路线全长逾2千米，2015年12月30日，鹤山PPP项目正式进入施工阶段。2017年7月4日，鹤山市PPP项目乡道竹禾路至县道大圣线连接线工程（简称乡县道工程）顺利通过交工验收。

乡县道工程是鹤山市PPP项目五条连接线道路工程的其中一条，全长4.45千米，道路等级为双向四车道一级公路。该条道路成功交工验收，为项目后续工程验收奠定了基础，也为四航局PPP项目投资实施提供了经验。

目前四航局在鹤山共有四个在建项目，其中四航局投资建设的PPP项目三个，政府投资的公路EPC项目一个，分别为鹤山市五条连接线道路PPP项目、鹤山市滨江路PPP项目、鹤山市西江大堤加固及环境整治工程PPP项目和鹤山市工业城乡县道连接线（二期）EPC项目。其中鹤山市五条连接线道路PPP项目是四航局和江门地区首个PPP项目。四航局一公司依托鹤山项目，充分发挥区域经营的优势和党建优势，建立鹤山根据地，形成了区域经营的鹤山经验。在2019年公司工作会上，鹤山项目团队荣获“根据地奖”。

■鹤山市PPP项目部所在地，紧依鹤山地标“仙鹤高飞”

凭借公司鹤山项目中的出色履约，四航局荣获江门市2017年度公路工程从业单位信用评价AA级信用等级，这是继2015年获得A级信用评价、

2016年获得AA级信用评价后取得的又一佳绩。

（二）崇山峻岭筑通途——开春高速项目

“一根根百米高墩在崇山峻岭耸立，一条条隧道在云岭之上施工”是开春高速的真实写照，四航局一公司在粤西崇山峻岭中，全力打造一条富民路。

开春高速项目是贯穿珠江东西两岸“深中江阳通道”的重要组成部分，建成通车后，将成为联通广西沿海、粤西地区和珠三角发达地区的交通大动脉，四航局一公司参建TJ04、TJ05、TJ06三个标段约28千米。2017年11月16日，正式开工建设，计划于2020年底建成通车。

开春TJ04标线路包括红旗特大桥、石羊山隧道、双悦特大桥三大重控工程。红旗特大桥全长2636米，最高墩高达83米，最大高差达70多米，施工难度特别大。公司通过自主创新，研制桥梁提升式液压顶升模架，首创广东桥梁工程新技术。该模架将高空作业变成部分地平面作业，安全又节约成本，比传统模板施工节约了一半的时间。

■开春TJ04标线路红旗特大桥施工现场

■石羊山隧道施工

石羊山隧道机械化施工投入大量自动化设备，大大减少使用工人数量，安全高效，是中交和四航局机械化施工的亮点工程。

开春高速TJ05施工段，线路全长8.099千米，有双悦岭隧道、新龙一隧道、新龙二隧道、茶园坳隧道、大岗坪大桥、预制梁场等重控工程。TJ05标是四航段内隧道最多的一个标段，隧道全长2.828千米，其中IV-V级围岩占82.4%，线路途经砂岩地区，围岩岩体结构松散、岩层软弱破碎、断层、裂隙水发育、自稳能力较差、扰动易掉块失稳垮塌等不良地质多，施工难度大，安全风险高。项目部高标准投入标准化梁场建设，建设过程采用无管线场地方案，全自动喷淋系统、门吊滑阻线等工艺施工，梁场建设完成后场地整洁、美观。

开春TJ06标桥隧比高达75.8%，业界罕见，标段内仅50米以上的高墩就有18个。沿线高山峻岭，交通闭塞，施工材料运输极其不便，项目部花了9个月时间，修建了一条70千米盘山便道，既方便了施工，也方便了村民出行。大石田特大桥是开春高速全线最高、施工难度最大的桥梁，最高桥墩达到99.6米，是“粤西第一高墩”，高度在广东省也名列前茅。

2018年至2020年是项目实施的关键时期，项目建设正有序稳步推进，确保完成各项节点。

（三）再战“广东屋脊”——广连高速项目

1988年，四航局一公司在清远阳山县参建了107国道阳山段工程。2018年，四航局一公司再战清远阳山，参建广连高速公路项目，阳山被称为“广东屋脊”，典型的喀斯特地貌，岩溶强烈发育，四航局一公司建设者在青山绿水之间，筑路架桥，打造一条发展大通道。

广连高速公路项目是清远市规划建设线路最长的高速公路。根据计划，广连高速公路将于2021年底前建成通车。建成通车后，连州至广州的车程将由3.5小时缩至约1.5小时，对于加强区域交通联系、促进粤北山区经济发展、加快产业转移具有重要意义。

广连十标为全线唯一特长隧道，穿越多处岩溶发育段落，属于高风险隧

■广连高速高峰隧道出口段施工现场

道。中国交建将该隧道定性为全线控制性工程之一，建设“机械化、标准化、信息化”隧道施工示范点，打造全国隧道施工示范点。项目先行工程高峰隧道于2018年6月20日开工，总体工程于2018年8月21日正式开工。

广连十一标，线路全长14.207千米。包含隧道1座，全长1.44千米，大中桥梁12座，总长2.385千米，路基全长10.382千米，桥隧比26.9%。项目位于粤北山区，全年约70%时间降雨，气象条件不利于工程施工；地形高差较大，地质条件复杂，灰岩地区岩溶发育强烈，桥梁桩基见溶率极高，施工难度大。元墩隧道属于小净距长隧道，隧道所在区域地质构造非常复杂，以断裂构造为主，断层、岩溶裂隙强烈发育，且夹煤层有存在瓦斯的可能，安全风险高。

截至2019年7月，公司广连高速项目处于施工高峰期，项目进展顺利。广连十标和广连十一标分别接收了10名云南怒江傈僳族自治州贫困劳务工人，为他们提供了劳动技能培训和工作岗位，以实际行动参与了国家脱贫攻坚战。

（四）穿越喀斯特——广西贵隆高速公路项目

广西贵港至隆安高速公路（贵隆高速）是广西壮族自治区高速公路网布局中“六横七纵八支线”中“横4”线苍梧（龙眼咀）至硕龙高速公路的重要组成部分，是广西“县县通高速”大会战项目。项目全长228千米，其中四航局段长72千米，四航局一公司参建了广西贵隆高速D02标、广西贵隆高速D03标、广西贵隆高速D04标三个标段。项目在青山绿水间建设，穿越典型喀斯特地貌，地表山峰矗立，地下水流蜿蜒，溶岩四布，地质条件极其复杂。

贵隆高速公路2015年12月7日正式开工建设，2019年5月，四航段路面施工圆满完成，建成后的公路在连绵的山峦中蜿蜒穿行，似一条长龙横跨南北，被誉为广西武鸣“第九景”。四航局凭借该项目荣获广西壮族自治区交通公路建设市场2017年度施工企业信用评价AA级。

2019年7月10日，贵隆高速正式通车，贵隆高速通车后，从贵港到隆安的车程由3.5小时缩短为2小时。作为横贯广西中部地区的交通大动脉，贵隆高速将有效对接粤港澳大湾区，成为连接云南、广西、广东的重要省际通道，以及

■广西贵隆高速

西南地区出入边境的国际通道，促进沿线地区社会经济和交通运输发展，带动当地少数民族脱贫致富，为加强民族区域间的互联互通、促进民族团结提供有利条件。

（五）投资项目新发展——G107咸宁市赤壁段改扩建工程

2018年12月，四航局一公司湖北107国道咸宁赤壁段改扩建工程（城区外迁段）PPP项目正式签约，该项目是四航局一公司成立投资部后第一个落地的投资项目，项目开发取得新的突破。

该项目是湖北省交通建设重点项目G107扩建工程的一部分，全长26.931千米，由中交四航局以PPP模式承建，建设期3年，运营期9年。本项目涉及一次上跨京广铁路、两次下穿京广高铁。

2019年3月31日，107国道咸宁市赤壁段改扩建工程（城区外迁段）PPP

项目正式开工。项目的建设对完善咸宁国道干线公路网，缓解赤壁市城区交通压力，扩展城市发展空间，促进咸宁市、赤壁市经济发展具有重要意义。

此外，四航局一公司在2019年还先后参建了重庆万州区长江二桥北桥头至高铁片区连接道工程EPC项目——北山隧道项目和温州高铁新城产城融合PPP项目等施工项目。

第八章 顺势而为：易章改制 融入市场

1985年，全国部分国有企业开始改革企业领导体制。改革的基本内容是：实行经理厂长负责制，发挥党组织的保证和监督作用，健全职代会和各项民主管理制度。四航局是交通部部属企业进行领导体制改革的试点单位之一。

为适应经济体制改革的需要，从1985年1月至2006年10月，公司经历了四次更名。第一次是1985年1月1日，由交通部第四航务工程局第一工程处改称为交通部第四航务工程局第一工程公司；第二次是1998年12月，由交通部第四航务工程局第一工程公司改称为中港四航局第一工程公司；第三次是2005年底，由中港四航局第一工程公司更名为中交四航局第一工程公司；第四次是2006年10月，随着中国交通建设集团整体改制，改称为中交四航局第一工程有限公司。

自1999年实行政企分开以来，公司紧跟经济发展步伐，加大改革力度。从“工程处”变为“公司”，再从“公司”变为“有限公司”，不但是名称的变化，更是体制和机制的改革和变化。正是这种体制的改革和机制的变化，焕发出推动和激励公司向前发展的强大力量，使公司的面貌发生了巨大的改变。

值得一提的是，四航局一公司的改革管理发展一直得到四航局的高度重视，在一公司发展的历次关键时刻，都得到了四航局的关切和支持。2013年10月至2014年12月，时任四航局副总经理罗宽荣和时任四航局党委副书记张猛分别兼任了四航局一公司总经理和党委书记，给一公司的发展提供了坚强的支持和帮助。

第一节 “撤处建部” 理顺关系

2000年开始，四航局一公司按照四航局的统一部署，撤销施工处，组建项目部。“撤处建部”前，四航局一公司下属施工队伍称为“工程队”，由“工程队”又改称为“施工处”。在“撤处建部”前，公司共有七个施工处及预制构件厂，此外，前后还有“设备租赁分公司”“桥梁安装分公司”“物资分公司”“潜水队”“设备管理基地”等单位，他们承担了四航局一公司所有的工程施工任务。

2000年，四航局工作会议通过了《四航局改革和发展若干问题的工作意见》，要求“各工程公司必须加大推行项目管理的力度，逐步撤销固定建制的施工处管理模式，面向市场，重点抓好企业内部的资金、劳力、物资、机械设备、生活服务等模拟市场的运作机制的建立，以提高项目管理的整体水平”。

2000年初，四航局一公司组建了由施工处过渡到项目部的第一个项目经理部——“广州内环路放射线黄埔大道体育东标段工程项目经理部”；3月，成立了“公司劳务中心”，隶属于公司劳资科，负责内部劳务市场的建立和管理，撤销了“下岗人员管理办公室”；4月，组建了“物资供应分公司”“机械租赁施工分公司”，成立了“广惠高速公路B2标段项目部”“广州北二环18、19标项目部”，撤销了“第四施工处”“路桥设备分公司”和“公司材料科”；5月中旬，制定了《四航局一公司机械设备集中管理办法》《四航局一公司项目法施工实施办法》；6月28日，撤销了最后一个施工处——“第七施工处”，组建了“四航局一公司东江口预制构件厂”，实现了上半年完成“撤处建部”工作的目标，施工项目管理的新体制基本建立。

为适应实施项目管理后基层生产组织的动态变化和优化资源配置的需要，公司抓紧建立内部模拟市场，建立健全相关管理制度，2000年还成立了成本核算中心，颁发了《四航局一公司成本核算中心核算办法》《劳务中心组建及运作管理办法》《四航局一公司会计主管委派制管理办法》《资金管理办法》等八个管理文件。

在建立新体制、完善相关制度的同时，公司团队也在积极探索项目法施工的管理之路。2000年，由施工处过渡到项目部的第一个项目经理部——广州市内环路放射线黄埔大道体育东标段工程项目经理部（后改称为广州市内环路放射线黄埔大道A6标项目部）成立，30岁的李加才出任项目经理，成为四航局一公司由施工处过渡到项目部以来的第一位项目经理（李加才后任四航局一公司总工程师，现任四航局副总工程师）。广州市内环路放射线黄埔大道体育东标段原工程设计为跨线桥，李加才为主的施工团队对原工程方案进行了优化与变更，将跨线桥变更为车行隧道，是广州市第一条采用围护结构明挖施工的城市车行隧道。该团队从工程材料、设备、人员、资金等方面加强项目管理，不到一年时间（施工时间为2000年2月至12月）就完成了施工任务，获得了社会效益和经济效益的双丰收，工程不仅获得中港优质工程奖、中国市政工程金杯奖（该奖项申报单位为广州市市政机施公司，与四航局一公司一同承担施工任务），而且还为公司创造了3000多万元的经济效益。四航局一公司由施工处过渡到项目部的第一个项目获得了成功，为后续全面实施项目法施工积累经验，奠定基础。

在体制建设之外，为了理顺关系，按照四航局《“主辅分离、改制分流”总体方案》，2005年6月，完成广州天安物业管理公司与四航局一公司劳动服务公司合并重组工作，采取职工持股、管理层收购、国有股、外来资金共同出资等方式，改组为有限公司；按照上级有关通知精神，积极配合政府有关部门，做好企业办社会的分离工作。2004年3月，四航局一公司子弟学校移交广州市教育局；2009年4月，公安分处移交广州市公安局。至此，企业承担的社会职能全部移交地方相关部门。

第二节　引入承包模式　形成激励机制

根据交通部对四航局实行第二步利改税、利润留成比例、百元产值工资含量包干等方面的规定及内部改革的需要，明确四航局和局属单位的责、权、利关系，从1985年起，四航局逐步建立健全内部承包体系。1985年2月，四航

■四航局一公司施工处承包责任书签字仪式

局制定了《局属单位经济承包责任制（1985年度）》，明确四航局为一级企业，自主经营，独立核算，自负盈亏，对国家负责；局属第一、第二、第三工程公司、船舶工程公司、机电工程公司为实行内部独立经济核算的二级企业；公司所属施工处、厂为基层生产单位，实行完整的成本核算，实行百元产值含量包干制。

1989年3月28日，四航局举行经理（厂长）任期目标责任书签字仪式，时任局长邹本龙代表四航局，分别与代表第一、二、三、船舶、机电工程公司和船厂的沈长林、张洪昌、谢先文、余让奎、卢衡增（代表机电公司和船厂）在合同书上签字，局属各单位的党委书记、工会主席和局机关各处室负责人参加了签字仪式。

四航局的签字仪式结束后，四航局一公司积极采取措施，努力实现责任书的目标。以目标分解为重点，在完善司属单位的承包经济责任制和公司机关科室管理目标责任制的基础上，实行按季考核计奖。制定了四航局一公司《施工处（厂）主任（厂长）经济承包责任制办法》，公司经理代表公司与各施工处（厂）的领导班子承包组签订了《经济承包责任书》。承包组主要由党政工领导组成，从而加强了党政工三方面领导的团结和合作，使单位承包经济责任制与单位领导承包组经济责任制紧密相关，不仅把四航局下达到一公司的各项目标落实到司属各单位，而且做到目标明确，责任到人，奖惩到位。

改革开放释放的红利在企业中逐步显现。在深化企业内部改革，完善承包经济责任制方面成绩较好，结合四航局一公司的实际，及时总结逐步完善“以施工处承包为龙头，项目承包为核心，以作业承包为基础”的承包经济责任体系。各单位普遍开展了作业班组承包，如：广州大道下部结构施工作业承包，T梁安装作业承包，快车道石屑稳定层施工作业承包；黄沙打钢板桩作业承包；阳山工程界滩桥作业承包；机施处广宁机械土方作业承包；皇岗路机械土方运输作业承包；南山大道砼综合班组承包；等等。这些作业班组的承包对加快工程进度，提高经济效益起到了一定的作用。

从1985年开始，企业内部承包体系逐步完善，根据实际情况进行修改，使之更加适应企业的发展，最大程度地调动了项目部的生产积极性。在提高企业经济效益的同时，进行了薪酬制度的改革，建立健全激励机制，逐步提高全体职工的整体收入。

第三节　苦练内功　提升资质

随着改革开放的不断深入，国家经济建设的步伐不断加快，机关原有的粗放型的管理模式已经难以满足规模扩张和外围的需求，四航局一公司在四航局的领导下，苦练内功，提升资质，实现精细化管理，将施工中优良的管理思路、管理经验及施工工艺进行可复制的推广。

一、开展企业升级活动

1987年8月，交通部颁发了《交通行业国家级企业标准（试行）》，四航局把企业升级工作列入工作重点，提出了“争创国家二级企业”的目标并开展企业升级活动。1989年4月1日至10日，四航局邀请了以时任中国交通施工企业管理协会副秘书长、交通高级咨询顾问陈如庆为组长，时任中国交通施工企业协会天津咨询站交通高级顾问李念尧为副组长的咨询诊断组一行六人，对四航局上等级工作进行了咨询诊断。咨询诊断组采用看、查、问、议等的方法，对四航局机关、一公司、二公司、船舶公司等单位进行了调查。

1989年8月，四航局被交通部批准为1988年度国家二级企业，与此同时，广东省加强企业管理小组批准四航局为“省级先进企业”。

企业上等级意义重大，上等级活动的过程和结果提高了企业素质，同时进一步提高了企业的信誉和知名度，有利于经营工作的开展，促进了企业的发展。四航局一公司对此做出了应有的贡献。

四航局一公司以企业升级为动力，推动公司的各项管理工作。对照国家二级企业的标准和交通企管协会提出的诊断建议，针对企业管理工作中存在的薄弱环节和主要问题，认真制订整改计划，落实整改措施，高标准、严要求，逐项进行整改。方针目标管理、全面质量管理和专业管理的基础工作有明显的进步。

四航局一公司计量工作在定为三级后的较短时间内通过了二级评审，档案工作顺利通过二级评审。

在企业上等级的活动过程中，各项管理工作有明显的进步：

在生产技术质量管理方面，重点是抓好施工组织设计的编制和审批，更注重施工前期的准备工作，合理安排形象进度，推行先进施工工艺，做好竣工和施工交底。公司与施工处密切配合，想方设法解决施工生产中的重点和难点，司属各施工处的生产均出现较好的形势。

在安全生产管理工作中，党政工团齐抓共管，认真贯彻“安全第一，预防为主”的方针，在施工点多面广、流动性较大，施工环境复杂，施工工期短等情况下，通过层层落实安全机构，落实安全责任人，加强了安全工作管理，认真落实安全生产“五同时”，进一步强化安全管理工作。

在物资管理工作中，在做好编制材料供应计划的同时，认真调查、分析和预测市场变化的情况，及时供应材料，满足了工程施工，特别注意重点工程施工材料的供应。开展了“比效益、比节约、比管理、比制度贯彻执行”的“四比”竞赛评比活动。同时，围绕提高经济效益目标，采取各项节约措施，控制材料成本。

在财务管理和会计核算工作中，开展了内部审计工作，特别是加强了资金管理，促进了资金周转，积极、主动催收在建工程费用和工程欠款，在公司和施工处共同努力下，较顺利地度过了资金紧张的一年。健全了经济活动分析会制度，公司坚持半年召开一次，施工处每季度召开一次。及时对施工处主任离任进行审计。

在机务管理工作中，先后两次召开了公司的各级领导、机务人员（有部分工作几十年的老行家）参加的专门会议研究公司机务管理工作，制订了机务工作计划，促进了机务工作的管理。积极开展“设备管理优秀单位评选活动”和“红旗设备竞赛活动”，依靠和发动维修人员及驾驶人员管好、用好、养好、修好机械设备。在公司22种主要机械中，参加红旗设备评比的有219台，红旗评比率达52.5%。

在劳资管理工作中，加强了业务评比和检查，严格按规定发放工资、奖金和津贴，把职工收入和经济效益较好地结合起来，调动了职工的积极性，达到了良好的效果。加强了职工的合理调配，挖掘企业内部潜力，统筹分配劳动力，推行作业承包，实现定额生产。职工收入有较大的提高，有力地推动了生产的发展。

在党群管理工作中，公司党委加强对党员的教育和领导班子建设、制度建设，进行定期考核评比，在施工生产中开展了“三发挥”活动、“为企业振兴立功”活动等。

在全面质量管理工作中，在企业上等级工作的推动下，制定了《全面质量管理暂行办法》，技术部门和企管部门紧密配合，完善了工作内容。全年登记注册的QC小组37个，覆盖率为30%，超过局25%的要求。公司采取集体指导、个别指导、书面指导等多种方式，与各QC小组保持联系，各QC小组认真开展活动，取得了一定的成绩。

公安、办公室、行政后勤管理工作得到加强。

二、提升企业资质等级水平

企业资质重新就位是四航局组织体制改革工作中的一个重要里程碑。

2001年开始，建设部组织开展建筑企业资质就位申报工作，将建筑施工企业按照专业板块划分，规定相应的标准和条件，经申报审批后分别按照施工总承包、专业分包和劳务分包的类型授予特级、一级、二级和三级资质。建筑企业资质就位是国家整顿建筑市场的一项重大举措，企业资质的定位对企业经营工作影响巨大。

在四航局的统一部署下，四航局一公司积极开展了企业资质就位的相关工作，在全面清理企业工程业绩、设备和人员状况的基础上，进行了相关的申报工作，并于2002年4月15日取得了国家建设部颁发的《建筑业企业资质证书》，资质等级为：公路工程施工总承包一级、市政公用工程施工总承包一级、公路路基工程专业承包一级、桥梁工程专业承包一级、隧道工程专业承包二级、混凝土预制构件专业承包二级、港口与海岸专业承包二级、特种设备安装维修许可A级资质，提升了企业资质等级水平。

三、加强项目精细化管理

精细化管理是建立在常规管理基础上，以最大限度减少管理所占用的资源和降低管理成本为主要目标的管理方式。近年来，四航局一公司从人员配置精细化、现场管理精细化、成本控制精细化等方面实施项目管理的精细化。

人员配置精细化。搭好项目班子，重点考虑项目经理、项目书记人选，真正把思想政治素质好、管理水平高、有突出实绩、懂技术、善经营、会算账、身体好、工作热情高、事业心强的人才选配到这个岗位上。同时，通过项目党组织监督、职工监督、职能部门指导考核，防止项目负责人决策、指挥上的失误。此外，配强管理人员，形成一支精干高效的队伍。选好施工队伍，为顺利完成工程任务奠定人员基础。

现场管理精细化。优化施工方案，确定施工方案时的技术要求和标准，特别是新工艺、新技术、新材料、新设备，制定相应技术要点和操作要点，按工序实行作业指导管理书；做好安全、质量、进度控制，细致做好相关的交底工作，严格执行操作规范，施工过程中强化现场控制；抓好合同管理，强化基础工作，避免发生纠纷。

成本控制精细化。细化分解成本指标，实行全面预算管理；强化物资管理，在项目前期制订详细大宗物资总体预算计划，实行物资领用登记和核算制度；提高设备的利用率和完好率。

在项目实施过程中，通过精细化管理，努力提高施工生产能力，优化资源配置，使其具有更大的利润增长贡献率，不断将精细化管理工作落到实处。

第九章
提升能级：创新科技　增强实力

1978年3月18日，全国科学大会在北京召开，这是我国科学发展史上的空前盛会。会议的召开迎来了科学工作的春天，为全国的科技工作指明了方向。

此后，四航局一公司不断推动科技进步工作，为工程建设助力，为铸造一个个精品工程提供了技术支撑。在水工、路桥、市政、隧道、水利、环保等工程施工中，积极推进科学技术的创新和大胆采用新材料、新工艺、新技术、新设备，提高了工程的技术含量，有效地缩短了工期，提高了劳动生产率，提高了企业的经济效益。

第一节　精细谋划　科技兴企

进入21世纪以来，四航局一公司科技创新工作取得了长足的进步，为促进企业发展发挥了显著的作用。在“科学技术是第一生产力”的思想指导下，牢固树立了“科技为先，追求创新，多出成果，勇于攀登”的“四航科技观”，精心编制了科技发展规划，逐步完善了科技创新管理制度，努力构建了创新技术平台，加大了资金投入和人才培养工作。同时，随着承建的工程技术含量越来越高，不断添置工程设备，锻造施工利器。

一、首次召开中短期科技发展规划研讨会

2010年6月24日至25日，四航局一公司首次召开中短期科技发展规划研讨会，四航局总工程师吕卫清出席会议。

会议分析了四航局一公司科技工作现状及存在问题；介绍了国内桥隧技

术发展状况，提出了《中交四航局第一工程有限公司中短期科技发展规划建议（2011—2015）》（以下简称《建议》），并对该《建议》进行深入讨论。

吕卫清总工程师代表四航局领导班子对会议的召开表示热烈祝贺，他指出，四航局一公司是自《中交第四航务工程局有限公司中长期科学技术发展规划纲要（2011—2020）》出台后，在四航局内第一个召开科技发展规划研讨会的子公司，该研讨会也是首次召开的由主要管理人员、技术骨干和技术精英参加的大型研讨会，这是一个分水岭，充分体现了四航局一公司领导班子对科学技术发展的高度重视。四航局一公司在基础领域、路桥、隧道技术方面承担了四航局科技发展的重任和使命，四航局一公司的科技发展水平也是代表了四航局的科技发展水平。四航局一公司在深刻分析自身的现状以及与市场、竞争对手的差距基础上，依据四航局的科技发展规划纲要，提出了中短期科技发展规划，找准问题，明确目标，确定中短期科技发展的路线图，提出了科技发展的思路和行动纲领。他坚信通过本次研讨会的召开，统一思想，提高认识，为实现四航局一公司中短期科技发展规划目标奠定坚实的基础。

四航局一公司领导在讲话中指出，一公司第一次召开中短期科技发展规划研讨会，开会的时机较好，从外部来讲，大的形势有利于会议的召开；从内部来讲，四航局一公司正处于平稳发展阶段，有在建项目为平台，作为四航局路桥建设的主力军，我们也有责任思考科技发展的问题。

会议认为，首先要正视现状，正视差距，客观认识自己。在技术方面，我们在行业里有些是较靠前的，但有些有较大的差距；多年来对科技发展缺乏思路和规划，没有完善的考核机制；高水平的科研成果不多，2003年以后没有拿到国家级的奖项，没有国家级的工法；缺乏研发能力；技术管理水平比较弱，很多事做了就做了，没有分享机制，没有留下东西；投入不足，包括对新工艺、新设备引进不多。

其次要把握机遇。面对差距，要卧薪尝胆，统一思想，明确目标，群策群力。一要以在建项目为依托，通过承建高技术含量的项目，掌握成套技术。在承接工程时，我们有意识地承接了安徽蚌埠淮河大桥、槟城二桥等项目，积累这方面的经验更重要；二要加大技术管理力度，通过一系列保障措施，让技术

■2010年6月24至25日，四航局一公司首次中短期科技发展规划研讨会召开

传承下来；三要加强科技人才梯队建设，让科技人才有上升发展的通道；四要强化科技创新工作；五要保证科技方面的投入，包括加大对新工艺、新设备的引进；六要关注行业的发展变化，掌握前沿信息；七要提高实验室对项目服务的能力，提高试验人员素质；八要以海外项目为依托，掌握国际施工标准。会议结束后，要制订详细的措施，落实责任人，一步一步地实现规划目标。

本次会议不仅是四航局一公司首次召开的科技工作会议，而且也是今后五年科技工作的动员会，要充分认识四航局一公司的差距和在行业中的位置，逆水行舟，不进则退，要明确四航局一公司核心技术的发展方向和目标，做到集中攻关，重点突破，提高企业的核心竞争力。

二、实施“十二五”科技规划

2010年，四航局一公司制定了《中交四航局第一工程有限公司中短期科技发展规划建议（2011—2015）》（以下简称《建议》），《建议》提出了四航局一公司未来五年科技发展的指导方针、发展目标、重点任务和保障措施。提出，通过五年的实施，建立起一个适应四航局一公司发展需要、符合科技发展规律的技术创新体系，取得一批具有行业先进水平的科技成果，培养一支数量充足、结构合理、素质优良、勇于创新的科技人才队伍，逐步增强四航局一公司的自主创新能力，提高四航局一公司的核心竞争力。

"十二五"期间四航局一公司共取得了国家级工法2项，国家发明专利7项，国家实用新型专利21项，获中交及省部级科技进步奖一等奖6项，二等奖7项，三等奖5项，获中交或省部级工法12项，其中优秀工法5项；培养教授级高工3人，技术带头人5人，开发四航局一公司标准化工艺模块100多项等。同时结合四航局一公司发展及市场开发方向，对盾构施工关键技术进行了研究，为四航局一公司承接珠海城际铁路盾构、厦门地铁2号线项目奠定了良好的基础，体现了技术对生产的引领作用；还涌现出了埃及塞得港、马来西亚槟城二桥等科技创新先进项目。"十二五"科技规划的实施，有效支撑了四航局一公司的生产和发展，进一步夯实了四航局一公司科技创新的基础，增强了四航局一公司自主创新能力，为未来四航局一公司的科技发展指明了前进的方向。

三、制定"十三五"科技发展规划

2017年6月，四航局一公司召开"十三五"科技发展规划会议，通过了四航局一公司"十三五"科技发展规划。

■四航局一公司召开第五届管理技术论文发布会

“十三五”是四航局一公司实现再次腾飞和快速发展的关键时期，四航局一公司将继续坚持“以人为本、需求引导、综合集成、吸收创新、重点攻破、持续发展”的理念，进一步提高科研与生产的结合度，满足四航局一公司生产和经营需要，为四航局一公司新的业务领域开拓提供有效技术支撑和引领。

“十三五”科技规划提出今后五年四航局一公司科技发展的指导方针、发展目标、重点任务和保障措施，并为计划的实施制定了相应的管理制度。要求积极落实和有效实施。四航局一公司将继续加大科研投入，确立一批基础性、前沿性和与重大工程相关的科研项目，提升技术的支撑和引领作用；同时也要加大工艺标准化建设，同意对工艺技术部职能进行调整，从体制和机制上为“十三五”科技规划的实施创造一个良好的内部环境，进一步推动四航局一公司可持续发展和提升核心竞争力。

第二节　加大投入　装备利器

随着经营生产的发展，为了满足施工需要，四航局一公司着眼于施工装备规模的壮大和升级，不断加大投入，至2017年，共采购陆上设备1384台（套），陆上设备固定资产达6.5亿元、水上固定资产达到1.9亿元，不断增强施工装备实力，提升了企业的生产能力和核心竞争力。

购置高速铁路“提、运、架”专用施工设备——提梁机、运梁机、架梁机是高速铁路项目900吨箱梁制造、运输、安装施工的关键技术装备。在承担哈大铁路项目时，四航局一公司购置了2台900吨架桥机、2台900吨运梁车、2台900吨轮胎提梁机、4台450吨轨提梁机，为顺利完成四航施工段简支箱梁的预制和架设奠定了基础。

购置一批施工船舶——不断加大在船舶装备上的投资力度，先后购买了吸沙船、打桩船、挖泥船、绞吸船等各类船舶共22艘，逐步形成了种类齐全、功能完善、颇具规模的水上施工舰队，为四航局一公司海外市场的可持续发展提供了强有力的支持和保障。

购置7台盾构机——满足了珠海城际项目和厦门地铁2号线的施工需要，并

■900吨轮胎式提梁机

■2015年6月9日，公司首次投资建造的两艘3000立方运砂海船首航

■四航局首台盾构机

发挥了重大作用。每个盾构机都是由10万个钢铁部件组成的，像一列在夜幕中开路的火车，头顶着直径数米甚至更长的刀盘，穿行于山间、水底和城市地下，掘进、排土、衬砌，如同穿山甲一样魔术般钻出一条条隧道。

2015年4月，历时11个月，直径8.78米、盾构主体重700多吨、盾构及配套总重超过1300吨、总长约110米的首台盾构机“四航盾1”通过了工厂验收，是国内首台城际轨道交通工程用大型盾构机——这标志着四航局在盾构施工中实现了“零”的突破，开拓了四航局的盾构施工领域，为全局的轨道业务发展奠定了基础，实现了四航局一公司一直以来的“盾构梦”——进入盾构施工领域。

2017年6月28日，四航局首台盾构机“四航盾1”在珠海城际施工中，24小时内完成掘进16环（25.6米），创造了城际轨道交通工程用同类大型盾构掘进全国新纪录。

第十章
凝心聚力：加强党建 铸就企魂

坚持党的领导、加强党的建设，是我国国有企业的光荣传统，是国有企业的“根”和“魂”，是国有企业的独特优势。四航局一公司党组织自1949年10月成立以来就有优良的历史传统，两级党组织在各个历史时期，发挥了独特的重要作用。特别是党的十八大以来，在党的十八大、十九大精神和习近平新时代中国特色社会主义思想指引下，四航局一公司党委认真贯彻落实习近平总书记在全国国有企业党的建设工作会议重要讲话精神，“把方向、管大局、保落实”，按照“引领、结合、创新、推进”的工作方针，坚持从严治党、从严治企，不断加强党的建设，全面强化党的领导，强化战略引领，党建工作的科学化、规范化、特色化水平不断得到提升，党建工作与企业治理不断深度融合，为企业做强、做优、做大提供了坚强的思想、政治与组织保证。

第一节 全面强化党的领导

坚持党的领导、加强党的建设是四航局一公司的优良传统。四航局一公司党的领导和建设贯穿于坚持和完善党的领导、强化战略引领、夯实党建基础、加强班子建设、从严治党治企、人才队伍建设和群团工作方面。党的十八大以来，四航局一公司党委全面贯彻落实党的十八大、十九大精神和习近平新时代中国特色社会主义思想，按照四航局第八次党代会和四航局一公司第十三次党代会部署，团结带领广大职工为建设“具有影响力和竞争力的专业化交通工程承包商”和实现“双百亿”目标努力奋斗。

一、阔步历史征程　强化领导核心

1949年10月，广州解放，广州市军事管制委员会交通委员会接收四航局一公司前身“国民政府交通部公路总局第二机械筑路工程总队”后，建立了公司最早的党组织，当时有中共党员五名，吴智民成为军管代表、第一任党支部书记。

1955年后，公司党总支部升格为党委，1958年8月召开首次党代会和职代会，公司党组织在新中国社会主义建设中发挥了重要作用。

1985年，四航局成为国有企业领导体制改革试点单位，实行经理（厂长）负责制，发挥党组织的保证和监督作用，健全职代会和各项民主管理制度。企业领导体制改革后，公司党委坚持以生产经营为中心，开展党组织的各项活动，认真贯彻《企业法》，实行经理负责制，充分发挥公司党委的政治核心作用。

1989年，四航局一公司制订了《贯彻〈企业法〉的实施细则》，明确了经理的中心地位和中心作用，进一步理顺了党、政、工三方面的关系；制订了《经营、管理决策工作条例》，既强调经理是主要决策者，又强调公司的重大经营和管理决策必须严格遵循决策程序，发挥各决策层和智囊群体的作用，以增强重大决策的科学性、可靠性和可行性。公司还成立了企业管理委员会，在

■四航局一公司庆祝建党92周年暨创先争优表彰大会

公司企业管理的重大决策方面发挥了作用。公司党委把工作重心放到支持公司经理依法行使职权、统一指挥生产经营活动和实现任期责任目标上来，放到保证监督党和国家各项方针、政策的贯彻执行上来，放到搞好企业党的建设和思想政治工作上来，保证公司生产、经营工作的顺利进行。

1999年，开始实行政企分开。进入新世纪以来，公司党组织不断适应现代企业制度建设需要，不断完善党的领导方式。

2012年9月27日，中国共产党中交四航局第一工程有限公司第十二次代表大会顺利召开，大会强调坚持以结构调整、提升管理水平、增强党建活力、建设和谐四航为今后一个时期工作的核心内容，提出了将公司打造成特色鲜明、优势突出的华南交通建设知名企业的目标。

2016年12月26日，中国共产党中交四航局第一工程有限公司第十三次代表大会顺利召开，这是公司在深入贯彻落实党的十八大精神和习近平总书记系列重要讲话精神、跨进“十三五”发展新阶段、致力于打造成为“具有影响力和竞争力的专业化交通工程承包商”的重要关口召开的一次重要会议。会议对加强党的建设做出了全面部署，会议明确：今后四年，公司党的建设要围绕改革创新和转型升级中心工作，以“专业、务实、特色、融合、创新”为基本思路，以提高党建工作科学化水平为目标，提出了“统一思想、树立正气、锻造队伍、增强作为、培育文化、营造和谐”24字工作方针，为建设成为“具有影响力和竞争力的专业化交通工程承包商”提供坚强的政治保证。

2018年5月，四航局批复同意一公司修改的《公司章程》，将党建工作总体要求纳入公司章程，增设“党委”一章，把加强党的领导和完善公司治理统一起来，进一步理顺了公司党委和公司经理层的关系，进一步健全党组织参与重大决策机制，强化党组织对企业领导人员依法行权履职的监督，确保企业决策部署及其执行过程符合党和国家的方针政策、法律法规。2018年12月，公司印发了《中交四航局第一工程有限公司党委会议事规则》，建立党委会“议事目录清单”，实行清单管理。明确公司党委会是党委研究决策重大问题、发挥领导作用的主要形式，经理层在决定重大经营管理事项前，重要议题必须提交党委会研究讨论，听取党委会意见建议。

二、落实战略引领　共谋发展新路

新时代，国有企业党组织发挥政治核心作用，把方向、管大局、保落实，重要途径是发挥党组织的战略引领作用，把握住左右企业发展命运的发展战略和中长期发展规划等重大事项，提高战略思考和战略研究的能力。公司从2016年开始坚持每年年初召开战略研讨会，主要任务是分析面临的内外部环境，提出总体发展思路、业务发展策略以及战略实施保障措施。在2018年的工作会上，公司党委提出自身的定位，要努力做好企业发展上的“引领者”、风气上的“塑造者”、监督上的“保障者”，助力企业不断做强、做优、做大。

2016年1月，公司召开首次战略研讨会。会议回顾了公司“十二五”发展取得的成绩，剖析了发展中存在的不足，并重点围绕“十三五”发展战略和目标，分析面临的内外部环境，提出了总体发展思路、业务发展策略以及战略实施保障措施。会议提出“四个坚持”，即坚持运营质量优先，规模适度增长；坚持国内和海外市场同步发展；坚持以人为本，打造人才队伍；坚持文化引

■2017年2月13日召开战略研讨会

领。会议首次提出要强化高端市场对接能力，逐步开展PPP和EPC项目。

2017年战略研讨会提出，公司重点提升企业发展七大能力，即提升项目管理能力，重点加强分包和项目成本等方面的管控能力；提升市场开拓能力，增强企业市场竞争力；提升风险管控能力；加强人才培养能力；提升资产盘活能力；提升标准化、信息化建设能力；提升本部服务意识和能力。

2018年战略研讨会围绕“公司如何做大做强做优”的主题，提出了公司的“六大重点工作”，即：人力资源工作“盘活总量，优化增量”，“四零一降（零亏损、零安全事故、零质量事故、零投诉、降低带息负债）”，开拓海外市场，提升标准化和信息化建设能力，健全安全管理责任体系，增强本部考核机制。

2019年战略研讨会对公司风险管控能力、市场开拓能力、项目综合管理能力、资源整合能力及高端业务对接能力等五大能力进行了评估，指出：公司“十三五规划”目标提前完成，五大能力全面提升，但仍然面临着人力资源和发展规模不相匹配等四大问题和不足。会议提出，2020年实现“双百亿”目标。

三、夯实党建基础　探索特色党建

进入新世纪，特别是中国特色社会主义进入新时代，站在了一个新的历史起点上，面对国有企业改革和政策市场的新变化、中交改革发展的新要求，四航局一公司党委提高政治站位，在2018年工作会职代会上提出“继续做到三个坚持、抓好两个保障、强化两种意识”。

——继续做到三个坚持，树立正确的企业“三观”：坚持正确的“引领观”，将十九大精神的学习贯彻与企业改革发展紧密结合，谱写企业发展新篇章；坚持科学的“发展观”，防范重大风险，推动企业发展迈进新征程；坚持健康的“荣辱观”，深化从严治党、从严治企，助力企业发展实现新作为。

——抓好两个保障，破解发展难题：抓好基层党建工作，为企业发展提供组织保障；抓好干部人才队伍建设，为企业发展提供人才保障。

——强化两种意识，凝聚企业合力：强化服务引领意识，提高治企能力；提升文化实力，强化奋斗意识。

四航局一公司按照“应建必建”的原则，坚持“四同步”“四对接”，实现了新建项目和党支部同步设立，项目经理和项目书记同步配备，基层党建工作制度和生产管理制度同步制定，党建工作和生产工作同步考核；在项目部层面实现了书记、经理同基础薪酬。坚持做到“三个注重”：注重书记队伍的结构完善，重大项目增设专职副书记；注重书记队伍的传承，以老带新、以强带弱；注重书记队伍的教育培训，实现党组织在建项目全覆盖，两级党组织严格贯彻落实上级党组织的工作部署，遵守各项规章制度，各项基础工作扎实开展。在此基础上，不断创新方式方法，促进党建工作与生产经营的深度融合。比如鹤山项目党支部作为“三级联创”示范点区域引领实现区域经营；马普托项目党支部的“党建+”，将党建工作与项目管理的中心工作相结合，切实增强党建的战斗力；坦桑达港项目党支部的“党课分享秀”，让普通党员主动走上讲台，用身边事、身边人来教育感染其他党员。创造性开展与当地相关党组织的联合共建，如：东江口预制厂与当地安监站开展的“安全生产共建”；贵隆项目与当地政府开展的“危岩排险共建”；广连项目与阳山县团委开

■2018年职代会现场

■2018年公司特别贡献奖获奖人员合照

■四航局一公司中心组学习扩大会议

■中共中交四航局一公司第十三次党代会

展的“文化宣传共建”；开春项目与江门、恩平的交通局及大石田镇党委开展的三方共建，都取得了非常好的效果，得到了社会各界的高度肯定。此外，四航局一公司党委做好了意识形态工作、保密工作等。

截至2019年9月，四航局一公司有1个党总支，47个党支部，其中海外党支部9个，离退休党支部4个，有党务工作者62人，党员630人，其中在职党员398人，具有本科及以上学历的党员337人，35周岁以下的党员178人，占在岗党员总数的44.72%。

2018年5月，四航局一公司派出5名党员，代表四航局参加广东省直的十九大知识电视邀请赛，并在第五协作组片组赛的23家单位中排名第五，是该组企业类的第一名。

2018年11月，时任四航局党委书记、董事长梁卓仁到四航局一公司鹤山项目调研基层党建工作，对四航局一公司党建工作表示肯定，指出“一公司党委抓党建非常有成效，也很有特色和亮点”。

四、推进班子建设　打造坚强集体

1994年党的十四届四中全会召开，全会作出了《关于加强党的建设几个重大问题的决定》。根据全会精神，1994年11月，为了加强党的建设和领导班子建设，坚持和完善局长负责制，贯彻党的民主集中制原则，发挥领导班子整体功能，更好地带领全局职工发展生产、搞好两个文明建设，四航局制定了《四航局关于领导班子议事、工作的若干规定》。2003年，四航局一公司党委结合工作实际，制定了《四航局一公司项目领导班子议事规则》，并实行了公司领导班子成员挂钩联系制度，为提高领导班子决策的民主科学化水平、完善公司领导班子日常工作制度、发挥各分管领导和职能部门的作用提供了有力的保证。

为进一步加强领导班子建设，不断提高领导班子整体素质，四航局党委于2005年8月制定了《关于开展“四好”领导班子创建活动的实施办法》，并于2009年进行了修订，以“政治素质好、经营业绩好、团结协助好、作风形象好”作为“四好”标准，通过抓好领导班子的思想、组织、作风、制度建设，着力提高领导班子的战略决策能力、经营管理能力、市场应变能力、开拓创新能力、风险防范能力等，努力把各级领导班子建设成为坚强的领导集体。四航局一公司领导班子对照“四好”标准，认真开展活动，带领全体员工开拓奋进。

2017年4月，四航局一公司制定了《中交四航局第一工程有限公司“三重一大”决策制度实施细则（试行）》，严格落实“三重一大”决策制度，完善集体决策机制，提高决策效率，防范决策风险，避免决策失误。

四航局一公司党委对两级领导班子建设提出“四个该、四个持续、三个确保”，即“该支持的要全力、该帮助的要尽力、该提醒的要及时、该监督的要到位”，做到“持续锻炼、持续学习、持续努力、持续优秀”，实现“确保安全质量不出事、确保身心健康不出事、确保廉洁从业不出事”的目标。

以高质量开展领导班子专题民主生活会为契机，联系实际，深入查摆在政治学习、作风建设等方面存在的问题，剖析问题产生的根源，开展严肃的批评与自我批评，明确努力方向和改进措施，加强公司和项目两级领导班子建设。同时，通过公司党委理论学习中心组集中学习的方式，推动理论武装工作深入开展，提高公司领导班子成员的理论水平和工作能力，加强领导班子思想政治建设。

在2018年四航局总经理现场办公会上，时任四航局总经理、党委副书记李惠明对公司班子建设表示肯定，认为“党政班子团结协作，合力强”。2010年，四航局一公司领导班子被四航局党委授予2009—2010年度创建“四好”领导班子“先进集体”荣誉称号；四航局一公司还荣获2014—2015年度四航局“突出进步奖”和“2017—2018年度奋发进取奖”。

■四航局一公司领导班子获“先进集体”称号

五、塑造清风正气　保障有效监督

长期以来，尤其是党的十八大以来，四航局一公司党委严格落实党风廉政建设主体责任，四航局一公司纪委严格落实党风廉政建设监督责任，按照风气上的“塑造者”和监督上的“保障者”的定位，贯彻落实习近平新时代中国特色社会主义思想，始终坚持“树正气、行大道”，加强党风廉政建设，把党的纪律和规矩摆在前面，严格落实中央八项规定，坚决纠正“四风”，深入开展党内法规及规章制度教育、纪律教育和作风教育，筑牢拒腐防变的思想防线。

■公司获2017—2018年度“奋发进取奖”

党的十八大以来，四航局一公司党风廉政建设按照“治未病”的理念，围绕构建“不想腐、不敢腐、不能腐”体制机制扎实开展工作。坚持教育预防为主，构建员工思想道德防线，培育“不想腐”的意识。持续推进“51111”廉洁教育体系建设，通过每季度生产会上的5分钟廉洁微课、每年新员工的1次廉洁课程、中层管理人员的1次廉洁从业讲座、各业务序列的1次廉洁课程、举办1次廉洁道德讲堂的持续开展，将“廉洁从业”理念融入广大党员干部职工思想。强化内部监督，构建“不敢腐”的机制。建立纪检监察检查制度，对重点业务进行常态化监督。对司属各单位开展党风廉政综合检查，对在综合检查中发现的关键问题，反馈至项目部或者业务部门督促整改。以权力运行制约和监督为核心，健全科学决策和制度管控体系，夯实“不能腐”的基础。不断增强公司业务部门的信息交流，完善业务管控，构建公司内部大监督体系。

在2018年的工作会议上，公司党委提出要坚持健康的企业荣辱观，提出了“以为公司创造效益为荣、以造成公司亏损为耻；以维护公司利益为荣、以损害公司利益为耻；以维护公司利益推动企业发展推荐队伍为荣、以损害公司利益阻碍企业发展选择队伍为耻；以廉洁从业为荣、以贪奢骄逸为耻”的四航局一公司荣辱观，为四航局一公司职工树立了行动指南。

开展效能监察活动，重点抓好中交效能监察联系点，组织开展了“三重一大”、大宗物资采购、成本管理、安全管理、分包管理、资产处置等效能监察，积极探索海外项目效能监察，深化效能监察成果的运用，将效能监察工作有效融入企业生产、经营、改革和管理中，以促进规范管理、规范履职行为、提高制度流程执行力、创造效益作为效能监察的主要目标，坚持“参与中监督，监督中服务，服务中创效”的效能监察工作理念，通过源头介入、关口前移、立体管控、全程覆盖等方式，变“静态监察”为“动态监察”，使效能监察成为强化管理、维护流程、规范制度、约束行为、提升管理效能的强有力手段。四航局一公司广州轨道交通二、八号线延长线10标项目荣获“中交优秀效能监察项目”称号。2018年3月，公司厦门地铁2号线项目荣获“中国交建效能监察优秀项目”荣誉称号。

六、创新人才管理　打造精干队伍

新中国成立初期，四航局一公司前身广东省机械筑路工程总队只有108人，却拥有众多当时较先进的施工机械设备和一大批工程技术人员、工程机械操作手。20世纪50、60年代，在“中南处”前后时期吸收了中国人民解放军公路工程部队第一师首批转业的优秀战士230名，许多官兵转业后成为“中南处”的核心干部和骨干人员。1974年10月，“中南处”合并到四航局，1975年，四航局原第二工程处的两个工程队整建调入四航局一公司。改革开放以来，四航局一公司每年招收大中专毕业生以及社会招聘人员，使四航局一公司的员工队伍不断壮大，截至2019年6月，四航局一公司有职工1400多人。

四航局一公司坚持党管人才，加强人才队伍建设。在2016年召开的第十三次党代会上，四航局一公司党委提出“培养一批具有国际化视野，懂经营、会管理的复合型人才，为四航局一公司持续发展提供了有力的人才支撑”。

2017年职代会工作会提出坚持“业绩为先、品行兼优、群众认可”的标准，特别是要把善于做群众工作，在关键时刻有能力、敢担当、表现优秀的人

■四航局一公司2017年工作会议暨十三届三次职工代表大会

才，在艰苦边远地区项目和海外项目工作锻炼的人才作为选拔干部的重要对象，优先提拔使用或交流到其他重要岗位，从严把好选人用人关。

■2019年公司获卓越贡献奖

2018年四航局一公司又提出了在企业的“重大项目”“重大关口”有能力、敢担当、表现优秀的人才中，结合他们在岗位履职、技术攻关、团结群众、应急突发状况等工作中的表现，遴选和使用政治合格、技艺精湛的真才实学者，作为选拔干部的重要对象。

2019年四航局一公司强调，把敢不敢扛事、愿不愿做事、善不善干事、能不能成事作为识别和使用干部的重要标准，继续在企业的“重大项目”“重大关口”上挑选有能力、敢担当的“奋斗者”型人才，把他们提拔到关键岗位上挑大梁、当先锋，形成让实干者得利、让有为者有位的鲜明导向。坚持“三个区分开来”的原则，在建立容错机制上下功夫。要敢于为担当者担当，为干事者撑腰。要防止“洗碗效应”，避免“干事多出错多、不干事不出事”的逆向惩罚。

四航局一公司不断加强建立人才建设相关制度，用制度规范人才管理工作，先后出台了一系列制度，将四航局一公司人才政策制度化。2009年制定了《中交四航局第一工程有限公司主营业务核心人才及人才梯队建设实施方案》，2011年制定了《中交四航局第一工程有限公司主营业务核心人才激励办法》，2013年制定了《中交四航局第一工程有限公司内训管理办法》，2015年制定了《中交四航局第一工程有限公司非中层关键人才评选与管理办法》，2018年对部分注册类执业资格提高了一次性奖励额度，鼓励职工加强执业资格取证，同时调整了试验检测持证人员特别奖励。2018年开始，四航局一公司先后设置了“突出贡献奖”“工匠精神奖”和“安全卫士奖”等奖项，引领广大员工自觉站在企业发展正中央，勇做四航局一公司发展的“奋斗者”、破解难题的“开拓者”、高质量发展的“贡献者”。

坚持党管干部，合理控制中层人员的数量，严格通过党委动议环节，深入听取职工同事对拟提拔人员的评价，确保考核结果公平公正。加大对拟提拔人员的职称要求，向一建持证人才倾斜。对新提拔干部进行试用期考核及任前谈话，强化新提拔干部履职尽责、依法合规的意识。

四航局一公司在四航局“导师带徒”的基础上，创新建立“双导师制度”，在常德项目中率先在工作导师之外建立思想导师，加强对新员工职业规划、政治思想和生活关怀指导。2019年工作会上，四航局一公司党委提出针对新入职员工和实习生要按照“好项目、好氛围、好导师、好待遇”的四好标准进行培养，选配优秀有担当的员工作为新员工的工作和思想导师，坚持每年开展“优秀师徒”评选，2018年首次把优秀师徒分享会纳入到支部书记培训环节。

七、优化群团工作　维护职工权益

四航局一公司党委坚持对工会和共青团工作的领导，按照“工建团建好”的标准，坚持党建带工建、党建带团建，在十三次党代会上提出“把共青团和青年工作放在党的工作总体格局中统筹考虑、统一安排”。

工会工作始终坚持“依靠职工办企业”的方针，不断推进企业民主管理工作，坚持厂务公开，保障职工合法权益。主动融入经营生产，组织开展劳动竞赛、技术比武、双增双节等主题活动，充分调动职工的积极性和创造性，全面提升职工队伍素质。

工会始终坚持做职工“娘家人”，打造“职工之家”。2016年开始，四航局一公司工会为全体职工新增购买了“团体意外险”，为海外项目职工新增了疟疾险，做到职工全覆盖、项目全覆盖，解决了以往新开工项目职工和海外项目职工存在保险“空档期”的问题，真正为职工谋取了实实在在的好处。2018年8月，四航局一公司为全体职工新购“重大疾病保险”（保额30万元），努力为职工构筑抵御“因病致困”安全屏障，为职工解决工作生活后顾之忧，走在了中交各单位前列。

2018，四航局一公司工会积极贯彻“两个基本”（民工宿舍基本建设和基本配置标准化）和“两个革命”（厨房革命和厕所革命）举措，新开工项

■2018年公司工会举办第一届职工气排球比赛

目农民工宿舍实现基本建设和基本配置标准化，厨房、厕所实现整洁化、人性化，初步达成了“两个基本”和“两个革命”目标。

四航局一公司工会坚持“身心健康、快乐阳光”和“快乐工作，健康生活”的理念，组织了一系列健康有益的活动。2018年9月，四航局一公司工会举办了第一届职工气排球比赛，广大职工反应热烈，积极参与。

坚持党建带团建，积极指导和帮助共青团想在长远、干在实处、走在前列，取得了良好成绩：1985年，林绪福、刘宇平获团中央新长征突击手称号；刘宇平获交通部“为十港一路重点工程献青春”突击手称号；1991年，张愚民获“共和国重点工程建设青年功臣”称号。四航局一公司团委荣获广东省直“五四红旗团委”荣誉称号；蒙内铁路项目青年文明号获评2016年度广东省直属机关青年文明号；蒙内铁路青年突击队荣获中国交建2016年度优秀青年突击队；厦门地铁项目部青年文明号获评2016年度中国交建青年文明号和2016—2017年度中交四航局青年文明号；蒙内项目团支部、坦桑尼亚达港

■共青团四航局一公司第九次代表大会

项目部团支部获评“中国交建五四红旗团支部”荣誉称号；内马项目团支部、拉姆项目团支部、澳门口岸团支部等三个团支部获评中交四航局五四红旗团支部；四航局一公司团委开展了“十佳师徒”先进评选、EAP（员工帮助计划）、“十佳青年”评选、“一本好书”、蓝马甲志愿者活动、“沙河新青年课堂”等品牌活动。

第二节　开展活动鼓舞众志

四航局一公司组织开展了创先争优、“我为企业增光彩”立功活动、心系职工活动月等系列活动，提升党组织的组织力和战斗力，切实发挥党组织战斗堡垒作用和党员先锋模范作用，团结带领广大职工不断凝聚共识，努力奋斗，融入企业生产中心工作。

一、开展创先争优活动

开展创建先进基层党组织，争当优秀共产党员、优秀党务工作者活动，在

■时任四航局一公司经理陈奋健获“广东省杰出青年企业家”称号

四航局及一公司有着悠久的历史。两级党组织对该项活动常抓不懈，持之以恒，并坚持与时俱进，根据形势的变化不断赋予其新的内涵。

1989年4月，四航局党委修订了《四航局基层党组织“创先争优”活动评比办法》，2003年7月、2009年10月、2010年6月，局党委三次对活动方案进行了修订。2010年，根据中央组织部、国资委党委《关于在国有企业开展创“四强”党组织，争做“四优”共产党员活动的通知》精神，局党委下发了《关于深入开展创先争优活动的实施办法》（以下简称《实施办法》），明确

■四航局一公司庆祝中国共产党成立93周年暨创先争优表彰大会

了创建“四强”（政治引领强、推动发展强、改革创新强、凝聚保障强）先进基层党组织、争当“四优”（政治素质优、岗位技能优、工作业绩优、群众评价优）共产党员和“四佳”（综合素质佳、执行政策佳、服务发展佳、表率作用佳）优秀党务工作者的标准，使创先争优活动有了目标和方向。

四航局一公司党委根据局党委的《实施办法》，结合工作实际，制订了实施方案，并在多年开展的“创先争优”活动中，形成了制度并逐步完善，通过活动和评比，更有效地鼓舞先进，促进后进，推动和加强党组织建设，涌现出一大批先进基层党组织、优秀共产党员和优秀党务工作者。王爱溪、姜伟、陈胜楠获省直“优秀共产党员”称号；古新标获省直“优秀党务工作者”称号；叶绍宁获得“广东省国资委优秀党务工作者”称号；四川乐自项目党支部、澳大项目党支部、肯尼亚蒙巴萨项目党支部、马来西亚槟城二桥项目党支部、铜合项目党支部、云桂项目党支部、蒙内项目党支部、厦门地铁项目党支部、拉姆港项目党支部获中国交建“先进基层党组织”称号；刘孟、黄权、邱燕群、廖其威、梁立峰、吴青华、刘宇峰、马长诚、聂智勇、骆云建获中国交建“优秀共产党员”称号；苏铁忠、张烽、吴垂杰、张南方获中国交建“优秀党务工作者”称号。

二、开展“我为企业增光彩”立功活动

1989年，四航局一公司以四航局一（89）宣字第078号《职工立功活动办法》正式发文，在全公司范围开展“我为企业增光彩”职工立功活动，立功活动办法规定职工立功分大功、小功两种。立功活动具有内容广泛、周期短、兑现快的特点，评功条件实实在在，根据企业生产管理的需要，同合理化建议、技术革新、岗位练兵、新产品开发、新工艺推广，以及保工期、质量、安全，降低成本、双增双节等目标结合起来，并有具体经济指标衡量，看得见，摸得着。凡在24项具体条件中达到其中一项，对企业做出突出贡献者，集体或个人即可记大功或小功，受到及时的表彰奖励。值得一提的是，保卫、政工、医疗、教学、后勤等部门均有具体评功条件。职工一年累计立小功两次或大功一次，可作为当年评选“双文明职工”的参考，三年内获三次大功可向上级推荐评为劳动模范，记功

材料存入本人档案，供晋级提职参考。集体记小功，按受功人数人均10元奖励；集体记大功，按受功人数人均20元奖励；个人立小功一次奖励50元；立大功一次奖励120元。

羊城晚报

YANGCHENG WANBAO

羊城晚报社出版
新编第3439号
统一刊号CN44—0006

1989年7月 15 星期六
农历：己巳年六月十三
大暑：农历六月廿一

四航局一公司

职工立功

评功条件

奖励兑现快，

本报讯　四航局一公司在双文明建设中开展的“我为企业增光彩”的职工立功活动，已使企业逐步形成“人人思创业，个个争立功”的良好风气，首批12

次，可作评“双文明职工”参考，三年内获三次大功可向上级推荐评为劳动模范，记功材料并存入本人档案，供晋级提职参考。

四航一公

■1989年7月15日，《羊城晚报》头版对四航局一公司开展“我为企业增光彩”职工立功活动进行报道

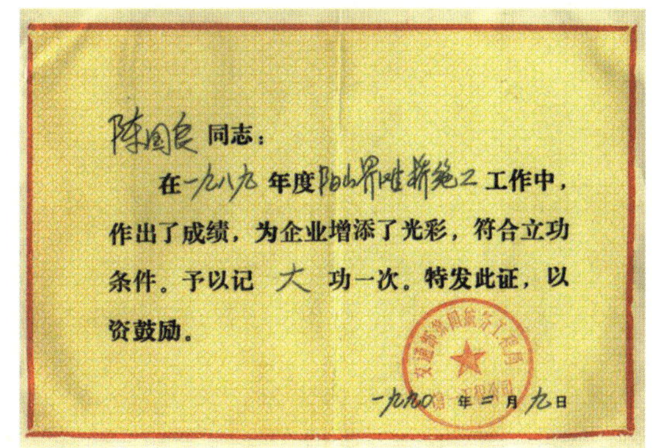

陈国良同志：

在一九八九年度阳山界滩桥施工工作中，作出了成绩，为企业增添了光彩，符合立功条件。予以记大功一次。特发此证，以资鼓励。

一九九〇年二月九日

■陈国良同志在“我为企业增光彩”职工立功活动中被记大功一次。图为立功证书

四航局一公司开展这项立功活动，既不排除传统的评选选模制度，还能较好地弥补评选选模过程中周期长、条件全而不具体、抠比例、表彰面窄等不足，也减少了以往实行的经理奖金分配中人人有份的不足，明显增加了“激励成分”，具有精神鼓励和物资鼓励相结合的优越性。

通过开展职工立功活动，四航局一公司内逐渐形成了“人人思创业，个个争立功”的良好风气，激励职工为争取更好的经济效益、社会效益多做贡献，增强了企业的活力和凝聚力。1990年2月，首批12名立功职工获得四航局一公司的表彰奖励。在107国道阳山段界滩桥施工中，为完成施工任务做出了突出贡献的项目负责人陈国良（现任四航局一公司党委书记）和在四航局一公司计量业务三级升二级工作中，为企业建立了计量检测管理网络组织和计量制度的两位同志获记大功；在广州大道圆管涵洞施工中，一名青年技术员提出用沉击圆木桩处理软基础的工艺，使工程提前190天开工，实际工期缩短25天，记小功。

1989年7月15日，《羊城晚报》在头版显著位置，以《职工立功活动“新瓶新酒”》为题，报道了四航局一公司开展“我为企业增光彩”职工立功活动

的情况，引起了社会的反响，不少单位还前来四航局一公司学习取经。

三、创立推广“心系职工活动月”活动

四航局一公司党、政、工联席会议做出决定：从1990年开始，每年1月开展“心系职工活动月”活动，这是加强思想政治工作的好办法，取得了良好的效果。

该项活动不仅在四航局一公司是首创，后来推广到全局，在全局也产生了深远的影响。从2006年起，每年1月，四航局都要在全局范围开展“做贴心人、办贴心事”为主题的“心系职工活动月”活动，受到广大员工的欢迎，更成为四航局创新党建工作、保持党与群众联系的一大特色。

开展“心系职工活动月”活动的目的，是要求四航局一公司、施工处两级领导班子全体成员、各业务部门负责人及有关人员要发扬党密切联系群众的优良传统和作风，全心全意依靠工人阶级，树立关心、爱护职工的思想，为职工办实事、办好事，排忧解难，增强企业的凝聚力、向心力，增强广大职工的主人翁责任感；在做法上，通过自觉检查服务态度和服务质量，改进工作，改变思想作风和工作作风，从抓思想作风建设，密切联系群众，整顿后勤服务部门和为群众办好事、实事等十个方面开展活动。具体内容包括检查和改善生活、文化设施，对病伤和离退休职工的慰问、普访，向达到规定年龄的老职工做生日祝贺和对经济困难突出的职工给予特殊补助，为出境工作人员排解后顾之忧等。

四航局一公司还根据实际情况，提出了年内（1990年）为职工办12件好事：规划夏园生活区，搞好第二施工处的搬迁工作；加紧塘头、北村的宿舍建设，解决职工的住房困难问题；进一步办好离退休“职工之家”，争取全日制开放；成立专门组织，协助解决大龄青年的婚姻问题；建好单身职工的招待所；把子弟学校的学生组织起来，办好暑假兴趣班；六一儿童节，向子弟学校赠送一批图书和体育用品；妥善解决子弟学校学生的午餐问题；解决好职工子女集中接送机电公司托儿所的问题；为离退休职工祝贺生日；进一步搞好职工宿舍的维修，加强宿舍大院管理委员会的工作；做好为职工送石油气上门的工作。在兑现了以上的12件好事后，第二年，四航局一公司又提出了年内（1991

年）再为职工办9件好事：开展多种经营，建设杨梅岭储运站，年内安排好塘头地区一部分职工的工作；做好职工宿舍建设的三年规划，并在年内建造职工宿舍50套；办好全公司职工食堂，做到年内全部达标；全部解决子弟学校的无房户职工子弟的寄宿问题；对家住农村尚未解决住房问题的职工提高贷款标准，给予1200元的无息贷款；继续办好暑假学生兴趣班，延长办班时间，提高办班质量；为第15栋宿舍加设阳台，改善这部分职工的居住条件；建立保安队，维护好大院宿舍区的治安；为生产工作岗位上的在职职工办理人寿保险。

第三节　深入一线排忧解难

四航局一公司两级党组织按照局党委"引领、结合、创新、推进"的工作要求，融入企业管理、施工生产中心工作，为企业解难题、办难事；尤其是在重大项目、重要关口发挥战斗堡垒作用。

一、千方百计解决征拆难题

四航局一公司各项目党支部书记除了主抓党建思想政治工作、企业文化建设、队伍建设等主业外，还协助抓好征地拆迁工作。

征地拆迁工作是路桥工程特别是铁路工程的最大难点之一，"工程施工，征拆先行"，搞好征地拆迁工作是推进施工生产的前提条件。四航局一公司两级党组织以协助抓好征地拆迁工作为切入点，较好地融入了施工生产，有效促进了工程施工。

在太中银铁路建设中，因征地拆迁工作非常艰巨，在工程前期，四航局一公司党委还专门设了1名项目书记和2名项目副书记（一般情况下，1个项目部只设1名党支部书记），为开展征地拆迁工作提供了坚强的领导保证。在哈大铁路建设中，每个分部的党支部书记都主动承担了最艰巨的征地拆迁工作，迎难而上，千方百计完成"征拆先行"的任务，为推进工程建设奠定了重要的基础。在贵广铁路建设中，项目党组织开展了军民共建活动，不仅顺利解决了临时用地的大问题，而且有利推动了工程建设的顺利进行，获得了业主的称赞：

“四航局与部队的军民共建活动是贵广铁路全线的一个亮点”。在云桂铁路、道安、广明、忠万、铜合、咸宁、海南、贵隆等国内所有项目以及国外的蒙内等项目，项目党组织在征地拆迁工作中都发挥了重要的作用。

二、冲锋在前攻克重大关口

四航局一公司两级党组织和广大共产党员身先士卒，在重大项目、艰苦偏远地区项目的施工生产，以及四航局一公司高速发展的重大关口中，有作为、敢担当，充分发挥先锋模范和战斗堡垒作用，生动地诠释“四个特别能”精神。

2011年春节前，埃及发生大规模暴乱，埃及塞得东港集装箱码头项目部周边警察和边防部队基本全部撤离，项目部处于无保护状态，局势十分严峻，员工人身安全受到严重威胁。四航局、一公司立即启动红色预警方案，分别成立了应急管理指挥小组，负责应急救援工作。项目部召开全体员工会议，领导班子、党员、业务骨干主动提出自己留下，让女员工和农民工兄弟先走。2月2日和4日，在中国驻埃及大使馆的协助下，项目部前两批撤退人员乘坐中国政府派遣到开罗的航班回国。鉴于埃及局势有所缓和，原定于2月6日最后撤退的22人暂时留守项目部并于5日组织复工，留下的22人是党员和项目部领导班子、业务骨干等中坚力量。整个过程，项目党组织和党员发挥了重要作用。

2016年4月13日，由于受强暴风雨和瞬时极端强对流天气袭击，四航局一公司东江口预制厂一龙门吊冲出轨道，砸中附近工棚，造成重大人员伤亡。在四航局的正确领导下，一公司两级党组织迅速行动起来，成立“4·13”应急处理指挥中心，东莞周边的多个项目书记自发火速前往支援。根据遇难者人数成立了18个“一对一”安抚工作小组，每个小组安排有丰富工作经验的党支部书记担任组长，并配组员2—3人，积极推动调处化解工作。工作组人员在短时间内陆续到达，没有一句怨言、没有一丝拖延，四航局一公司两级党组织的凝聚力、战斗力，四航局一公司职工的大局意识、团队意识在此次事故处理中得到了集中呈现。自4月13日事故发生至4月22日最后1组家属签署赔偿协议书，在短短的10日内，四航局一公司完成了全部18个遇难者家属的情绪安抚、赔付谈判、遇难者遗体火化、家属安全返乡等善后处理工作。

2017年8月，第13号台风“天鸽”侵袭珠海、澳门地区，澳门口岸和珠海城际等项目受到极大的冲击。澳门口岸项目部的党员和青年突击队员积极主动配合落实各项防台措施，并坚持做到最后撤离。澳门口岸项目部不到5个小时，2000多名建设者从人工岛安全撤离，党支部在协调避难场所、组织交通运输、保障餐饮后勤等方面做了大量工作。台风后，项目营地完全毁坏，项目部广大党员和骨干人员顶着烈日高温参与灾后重建，2天清理完现场，5天建起新营区，虽然受灾最严重，但是恢复重建最快。

2017年8月，肯尼亚举行总统选举，当时四航局一公司在肯尼亚就有蒙内铁路、内马铁路和拉姆港项目3个在建项目。随着8月8日选举日益临近，肯尼亚项目的气氛也越来越紧张。由于拉姆港临近索马里，安全形势最为复杂，3个项目党支部抱团取暖，守望相助，拉姆港项目人员分批前往到内马铁路项目，部分项目领导和党员留在拉姆项目驻地内值班留守，最终顺利渡过了肯尼亚两次大选的关口，确保了项目人员生命财产安全，巩固了四航局一公司在东非市场的“领头羊”地位。

第四节 培育弘扬企业文化

企业文化，是企业在实践中创建和发展的，用以解决企业适应外部环境和整合内部资源问题的一套共同价值观，与价值观一致的行为方式，以及由这些行为所产生的结果与表现形态。企业文化是企业在长期生产经营活动中逐步形成并确立，为企业员工普遍接受并共同遵循的价值观和行为规范的总和。企业文化是企业之魂，是企业发展的深层次动力。

一、文化建设“三步走”

四航局一公司企业文化作为四航局企业文化的重要组成部分和特色子文化，伴随局和集团的发展，不断丰富、完善和发展，大致经历了三个阶段：

1. 萌芽阶段（2003年9月15日以前）

四航局一公司历史久远，具有深厚的历史底蕴和光荣的文化传统，在其历

■四航局一公司巡回党课

■四航局一公司开展学习贯彻党的十九大精神"不忘初心跟党走，牢记使命勇担当"主题演讲比赛

■四航局一公司于2009年荣获"广东省文明单位"称号

史上先后孕育了丰富的企业文化元素。

2. 推进落实阶段（2003年9月15日—2006年12月）

以四航局召开企业文化建设推进大会为主要标志，大力宣传贯彻四航文化理念，推进落实四航文化建设，搭建企业文化建设平台，开展企业文化建设活动，促进四航文化的"落地"。

3. 丰富发展阶段（2007年1月至今）

丰富载体，夯实企业文化建设基础，把四航文化转化为企业持续发展的软实力和优势，并与中交的企业文化理念和社会主义核心价值观相融合，为企业持续健康发展提供文化支撑。

二、企业精神在各时代的注解

民族危难的抗战时期：在滇缅公路建设中形成了"既负此重大使命，自当全力以赴，冀此唯一的国际路线能于短期打通"的强大意志，即"不怕牺牲，保家卫国"的家国情怀。

新中国成立初期：“不畏艰辛，巩固国防”的海榆中线精神。

“三线建设”时期：“自力更生，为国争光”“先生产后生活”“好人好马上三线”“一颗红心、多种准备”的“中南处”精神。

改革开放时期：创造了70天建成“两路”的“深圳速度”、名扬全国的“拓荒牛”精神；用汗水和智慧谱写了一曲“顾全大局、诚实守信、协力拼搏、决战决胜”的内环路建设者之歌的“内环精神”。

进入新世纪：“一诺重千金、敢于担当、敢于拼搏”的“吕梁亮剑”精神；克服文化差异、军方停工、政治动乱、埃及大撤退等重重困难的“埃及传奇”。

在大力弘扬“三个特别能”精神（特别能吃苦、特别能战斗、特别能奉献）的基础上，在2016年新员工岗前培训上，四航局一公司党委又提出了要在“三个特别能”的基础上，增加“特别能包容”的理念，形成四航局一公司特色的“四个特别能”精神。四航局一公司党委指出，人才是企业发展的基石，对人才的培养和使用要具有包容精神，以“海纳百川”的宽广胸怀吸纳更多的人才，投身到企业的发展中来，推动企业可持续发展。

“一代人有一代人的长征，一代人有一代人的使命”，四航局一公司人紧随时代的脉搏，在国家建设的征程中发挥了积极的作用，孕育了深厚的文化，淬炼了崇高的品质，这正是四航局一公司薪火相传、不断兴旺的力量之源和精神家园。

三、多措并举建设企业文化

2004年，四航局一公司官网正式启用；创办《四航路桥》（从2011年起连续多年获得全国工程建设行业优秀报刊银页奖）；2009年编印四航局一公司画册；2014年开通了微信公众号，丰富活跃了企业的文化生活。

■《四航路桥》在2019年度工程建设企业内报内刊展示交流中，被评为精品报刊

■四航局一公司二处开展安全知识竞赛

■四航局一公司省外、境外职工家属座谈会现场

在企业文化建设过程中，四航局一公司通过各种措施大力宣传贯彻四航文化核心理念，如实施企业形象识别系统；编辑整理历史文化故事；为每一集的《四航文化故事》提供稿件；积极参加四航局企业文化节活动；加强宣传报道工作，不断提升企业形象；倡导“快乐工作、健康生活”的工作理念；构建和谐企业，提高员工幸福感；成立了四航局一公司崇德诗书社和羽毛球社，定期开展活动。

在推进企业文化建设过程中，采取“培育典型、树立典

■四航局一公司本部组织开展登山活动

型、以点带面、整体推进、总结提高”的工作方法，既有四航局的文化建设示范点和创建点，也有四航局一公司内部的创建点。2003年，东江口预制厂和高明大桥项目部分别列入四航局第一批企业文化建设示范单位和示范集体；2010年，山西太阳项目部列为四航局企业文化建设创建点。各重点项目则列为四航局一公司内部企业文化建设创建点。

四航局一公司通过书记例会、党建与企业文化建设论文发布交流会等形式，总结经验、交流提高。同时，在四航局历次召开的企业文化建设现场会议上，东江口预制厂、山西太阳项目部、铜合项目部、广明西延线项目部、太中银项目部、哈大项目部等项目部分别作了会议发言，介绍做法与经验。

四航局一公司加强对外联系宣传，以蒙内铁路、澳门口岸、开春高速为代表的一批重点工程项目先后得到人民日报、新华社、中央电视台、南方日报等数十家主流媒体的宣传报道，展现了四航局一公司良好的实力和形象，擦亮了四航局一公司品牌。

此外，四航局一公司在参加四航局历次举办的一系列文化活动中，也取得了良好的成绩。

■四航局一公司开展“扶贫济困”捐款活动

第五节　秉持善心奉献社会

四航局一公司积极履行央企社会责任，干一项工程、创一个品牌、拓一片市场、交一方朋友，在国内外参建一大批工程项目的同时，积极履行社会责任，参与扶贫、修路、救灾、助学等活动，展现了良好的企业公民形象。

四航局一公司从2005年开始参与广东省扶贫工作，积极参与广东省委组织部开展的“十百千万”干部下基层驻农村工作活动。四航局一公司员工林清进驻阳江市阳西县儒洞镇河洞村，帮助驻点贫困村发展经济项目，扶贫工作取得显著成效，林清被评为“优秀驻村干部”。2010年，根据广东省组织实施“规划到户责任到人”扶贫开发工作安排，四航局迅速成立了扶贫工作领导小组和工作小组，选派四航局一公司员工黄权到梅州市大埔县茶阳镇广陵村对口扶贫，成为该县首家进驻扶贫的单位，帮助当地发展种养殖项目。黄权被广东省授予2010年度“扶贫使者”荣誉称号，被评为大埔县“扶贫开发双到工作优秀驻村干部”，中央电视台还对其先进事迹进行了报道。

近年，四航局一公司积极投身国家三大攻坚战之一的脱贫攻坚战，贯彻中国交建精准扶贫政策，落实中交集团50年不变帮扶怒江州的承诺，参与中交集团对口帮扶云南怒江傈僳族自治州扶贫工作，助力脱贫攻坚。

作为“三区三州”深度贫困地区之一，云南怒江州农村富余劳动力就近务工渠道窄，增收致富门路少。云南都香高速项目正好地处云南，把工作机会创造在云南怒江务工人员家门口，2019年初，项目部共接收了19名云南怒江劳务工人。项目部坚持“扶志与扶智”相结合，按照年龄、学历、兴趣爱好等，分别开展不同内容的技能培训，着力提高农村劳动力的能力素

■公司云南都香项目部对云南怒江劳务工人进行技能培训

质，帮助农村贫困群众实现外出学习技能、转变观念、有稳定收入来源。

2019年7月，四航局一公司党委成立工作小组，深入到兰坪县与当地务工人员进行深入交流，对输出人员身体状况、沟通能力、个人技能和适应的岗位进行了详细了解，为他们量身定制就业岗位，动员富余劳动力眼光向外，赴外学技能、转观念、谋脱贫，并接收了第二批20名云南怒江劳务工人，安排在四航局一公司广连高速10标段、11标段两个项目工作。他们逐渐树立了脱贫的信心，说："出去闯一闯，学技能技术，有稳定收入来源，苦干几年，脱贫致富就有希望。"

四航局一公司和各项目部也积极参与修路架桥等社会责任活动，受到当地的好评。2018年6月7日，台风"艾云尼"席卷恩平市大田镇青榄村，连接附近3个自然村的青榄桥被水冲垮，500多户村民被困。危难之时，四航局一公司开春4标段项目组织30多名抢险队员与10台设备日夜兼程，连夜抢建新桥，通过连续3天的日夜奋战，最终架起了一座救援之桥。当地百姓跑到政府相关部门主动要求将该桥命名为"四航爱民桥"，并自发给项目部送来了瓜果蔬菜表示衷心的感谢，恩平市政府及村委会向项目部送来了"全力赈灾，奉献爱心"的锦旗致谢。四航局一公司开春高速项目部还先后修建了"四航育才路"和"四航和谐路"，受到当地居民和政府的高度赞扬。

■修复后的四航局爱民桥

■四航爱民桥修复后，恩平市政府及青榄村村委会给公司项目部颁发锦旗

第六节　暖心故事口耳相传

四航局一公司十分关心员工的工作和生活，创造条件为施工一线的员工排忧解难，为广大员工办好事、实事，让广大员工安心工作。四航局一公司的一系列措施温暖了人心，凝聚了力量，挽留了一大批人才。广大员工以实际行动回报企业，在困难面前团结一心，坚守岗位，努力完成艰巨的施工任务。

一、一盒录像带“家书”

1990年2月1日，《羊城晚报》头版头条报道了这样一则消息：“本报讯，最近，交通部四航局一公司在孟加拉国工作的职工的家属，陆续收到了远方亲人的来信，信中洋溢着被一盒录像带家书引发的激动心情。”

故事回到1990年。四航局一公司首次承接了海外项目孟加拉吉大港后方设施工程的建设，近百名员工走出国门，参与了该工程建设。那时，孟加拉没有卫星电视没有网络没有手机，背井离乡的员工时时刻刻都在想家，牵挂着国内的一家老少。曾经发生过这样的事情：在宿舍里，有一位员工因为想家，呆呆地坐着，一声不吭，心事重重，同宿舍的工友问他有什么事，这位员工号啕大哭，而劝他的三位工友，也跟着一起哭了。四个大男人因为想家抱成一团，痛哭流涕。

■《四航一公司历史文化故事》

四航局一公司在即将到来的1990年春节前夕，召开一次海外员工家属春节座谈会，同时上门慰问员工家属，并将这一活动制作成录像带，寄到孟加拉工地。

1990年春节，因赶工需要，在孟加拉的员工不能回家过年。正当大家心怀遗憾时，一份令人惊喜的礼物——一盒录像带送到了工地上。录像带有两个部分：一是员工家庭的实景拍摄，二是员工家属座谈会的实况。

员工们围坐在一起，观看了这盒录像带。当自家的情景和家属的笑脸出现在屏幕上时，大家激动不已；当听到浓浓、温情的问候语时，大家再也抑制不住激动的心情，有人开始默默地抽泣……工程师黄培森从录像带中看到陌生的新居和摆设，听到妻子熟悉的声音“这下你该放心了吧，房子调好了，家也搬好了，你最牵挂的事都解决了”后，“心里久久不能平静”。年届五十的王少华说：“我在录像带中看到家人团聚的热闹场面，听到每位家人的欢声笑语和对我的问候，我十分感动。我要把这段录像翻录下来，留做永久纪念。”后来，许多员工想家时，就一遍又一遍地观看这盒录像带。

“录像带家书”深深感动了孟加拉项目部的员工。项目部40多人自发联名给四航局一公司班子写感谢信，并表示要好好工作，早日完成施工任务，以实际行动报答四航局一公司的关怀。

《羊城晚报》报道了这盒录像带的故事后，引起了不小的轰动，被视为是员工思想政治工作的一大创新。

■《长林拾翠》

二、“鸳鸯”喜栖青年楼

在广州市先烈东路159号的四航局一公司旧办公楼后面，有一幢6层楼房，叫“青年楼”，1989年10月开工建设，至2009年11月被拆除，有整整20年历史。对于那个时期的四航局一公司青年技术骨干来说，这幢楼显得格外亲切，因为这幢楼承载了他们难忘的历史记忆，也见证了他们美好的爱情。四航局一公司的职工们更喜欢把“青年楼”称为“鸳鸯楼”。

沈长林于2011年1月出版了回忆录《长林拾翠》，有一个章节详细记录了“青年楼”的建设过程，现节录如下：

青年楼在一公司20世纪90年代的发展过程中留住了一批人，达到了预期的效果，我感到十分欣慰。

福利分房在那个年代是个热点问题、敏感问题，很难被打破。按照传统的分房办法，按职务高低、工龄长短、贡献大小等要素评分排队，青年职工资历浅、工龄短，评分肯定低，而每年新建的职工宿舍屈指可数，按此办法他们不知猴年马月才能分到房，而单独拿出一部分房源来分给青年职工，也不现实，中老年职工又会有意见，况且他们也是困难重重、矛盾多多的。除了要求调房想改善住房条件的员工之外，因解决了家属户口“农转非”而要求分房的无房户比比皆是，都很难得到满足。

在这种情况下，如何做到两全其美呢？我发现一公司办公大楼旁的机关车队使用的两层车库兼管理用房年久失修，已显破旧，不正可以利用吗？于是我在脑海里产生了要把旧车库拆建成一栋单身职工宿舍的想法：每间约30平方米，设独立厨房、卫生间，取名就叫“青年楼”，这不就可以专门用于给新婚青年职工用做结婚的周转房了吗？

20世纪80年代，是计划经济向商品经济转换的时期，通过正规途径申请建房不是那么容易的，一是上级要下达指标才能立项、拨资金，二是要政府相关部门批准才许可施工、给予验收。要过这两关，手续繁杂，耗时费力，谈何容易。天无绝人之路，再难办的事我也要想办法把它办成办好。

一方面，我反复向四航局主要领导汇报情况、反映意见，争取上级理解和支持，但建设资金要自筹；另一方面，主动向政府管理部门反映企业的实际情况，积极报送建设审批资料。功夫不负有心人，终于取得管理部门的许可审批，同意规划建成一幢6层楼房，一层用作停车库，二至六层每层6间的集体宿舍。经过千方百计的努力，终于在1989年10月开工建设。

在建设的过程中，为了体现建设青年楼的重大意义，进一步形成“爱护青年、培育人才”的共识，同时也为了节约资金，尽快把青年楼建成，我要求公司团委组织团员、青年参加义务劳动，我把党委一班人也参加到义务劳动的行列，表达党委一班人修建青年楼的决心，表达党组织对青年一代的关心爱护；同时号召各施工处开展增产节约活动，积极为青年楼建设捐献钢筋水泥，增强公司的凝聚力。

经过一年多的建设，一公司青年楼在1991年初竣工并通过验收。1991年5月，第一批30对青年夫妇欢天喜地搬进新居。从此，青年们安居乐业，根植四航局，大多数在后来都成长为局里和一公司的管理、技术骨干人才。

第四篇

走向世界：拓格局谋远景

导　读

这一篇，将集中讲述四航局一公司“走出去”的故事。

包括公司的前身在内，在公司的76年的历史中，曾经有过三次“走出去”。

第一次“走出去”，发生在76年前的抗日战争时期。当时的公司前身——“军委会工程委员会第九工程处”受命走出国门，参与滇缅公路境外段的修筑。如前所述，在修筑这条抗战命脉的过程中，工程处的所有同仁不但自身不畏艰难险阻，而且还与盟军（美军工兵团）并肩作战共同奋斗，接受他们的先进施工机械帮助和先进施工技术指导。经过艰苦卓绝的奋斗，工程处胜利完成了施工任务，贯通了滇缅公路，立下了历史功勋， 而且还在艰难险阻的环境中锻炼了队伍，成为当时中国的一支装备水平和技术水平最高的施工队伍。

第二次“走出去”，发生在计划经济时期。20世纪50年代，中央明确我们的三大任务是国防建设、重点工程和援外。从1957年首批50名工程技术人员支援蒙古人民共和国交通建设开始，后又陆续派出大批技术人员和熟练工人去赞比亚、也门、马耳他、尼泊尔、巴基斯坦和越南等国参建援外工程项目，并与那些国家的人民结下了深厚的友谊。值得一提的是，当时的司属修配厂研制的仿苏制3500公升沥青洒布车，成为交通部援外办公室指定产品，有力地支援了也门、尼泊尔、巴基斯坦等国的公路建设。

第三次“走出去”，在改革开放之后。随着国门的打开和市场导向改革的推进，国人在经济发展方面的思想观念和道路选择都发生了深刻的变化：不但越来越注重通过市场去有效配置资源，而且越来越注重对国内、国外“两个市场”和“两种资源”的利用。四航局一公司这时的“走出去”，便与先前的“外援”有所不同，而且有着越来越明显的市场需求导向，以及越来越多的经济效益考量。特别是在2006年以后，公司越来越频繁地参与国际建筑市场的竞争，竞标项目也越来越多（如苏丹港新集装箱码头、马来西亚槟城二桥、安哥拉洛比托港、埃及塞得东港、肯尼亚19号泊位、莫桑比克纳卡拉煤码头等），公司本身的业务结构也越来越趋向于多元化，公司海外事业进入了一个“大繁荣、大发展”的新阶段。

2013年国家“一带一路”倡议的提出，在中国同相关国家之间创建出了一个开展合作包容发展的新平台。这个平台的构建，为包括四航局一公司在内的中国企业在实施“走出去”的战略中拓展了新的前景。公司抓住机遇，主动承接“五商中交”战略、对接“一体两翼”平台，不但参加了“一带一路”在非洲的标志性项目——肯尼亚蒙内铁路的建设，而且，最近又启动了马来西亚东部海岸铁路项目的建设。在“一带一路”的鼓舞下，公司正以全球的眼光进行谋划，并通过多区域、多形式、多层次的国外项目的参建，逐步形成一种带有长远性和战略性的“走出去”的大格局。

可以预见，随着“一带一路”倡议的更大规模、更广范围和更深层次地推进，四航局一公司积极实施“走出去”发展战略，必将呈现出如星辰大海一般的广阔前景，推动并激励着公司的全体员工不忘初心地奔向更加美好的远方！

Introduction

This part focuses on the “going global” course of the Company.

The Company, including its predecessors, experienced “going global” three times over the past 76 years.

The first “going global” took place over 76 years ago during the War of Resistance Against Japanese Aggression. The Ninth Engineering Division of the Engineering Department of the Military Commission of the KMT Government, the predecessor of the Company then, was assigned to the construction of the Burmese section of Yunnan-Burma Road. As mentioned above, in the process of building this lifeline during the counter-Japanese War, the Division staff overcame difficulties and dangers, worked side by side with the allied US Army Corps of Engineers, with the aid of their advanced construction machinery and following their guidance when using the advanced construction technology. With painstaking efforts, the Division successfully completed the construction tasks, and connected the Yunnan-Burma Road, and thus achieved a historically remarkable feat. In the process of surviving all hardships, a great team was built up, and a construction group with the highest level of equipment and technology in China at that time took shape.

The second "going global" occurred when China was still a planned economy. In the 1950s, the central government made it clear that our three major roles were the participant of national defense construction, key projects and a infrastructure service provider in foreign aid. In 1957, our first team, consisting of 50 engineers and technicians, went to the Mongolian People's Republic and supported the construction of transport infrastructures there. Later on, more technicians and skilled workers were sent to Zambia, Yemen, Malta, Nepal, Pakistan and Vietnam to participate in foreign aid projects. They forged a profound friendship with the local people. It is worth mentioning that the 3500-litre asphalt distributor truck, which imitated the relevant type of USSR vehicle and developed by the Department's repair plant, became a designated product of the Foreign Aid Office of the Ministry of Communications of China, and strongly supported the road construction in Yemen, Mongolia, Nepal, Pakistan and other countries.

The third "going global" was after the reform and opening-up. With China's doors open wide and the promotion of market-based reforms, the Chinese people's ideology and choice of development path underwent profound changes. Not only did we pay more and more attention to the effective allocation of resources through the market, but also focused much more on the utilization of "two markets" and "two types of resources" at home and abroad. The "going global" strategy of the Company then was different from the previous "foreign aid", and it turned to increasingly obvious market-orientated demand and gave more and more consideration to economic benefits. Especially after 2006, the Company participated more frequently in the market competition of international arena of construction and more bidding projects (such as the new container terminal in Sudan Port, the Penang Second Bridge in Malaysia, the port of Lobito in Angola, and the Port Said East in Egypt, the No. 19 berth in Kenya and the Nacala Coal Terminal in Mozambique, etc.). At the same time, the business structure of the Company became more diversified, and our overseas business entered a new stage of great prosperity and development.

In 2013, a new platform for cooperation and inclusive development between China and other countries was set up through the Belt and Road Initiative (BRI). This offered total new prospects for Chinese enterprises including the Company when implementing the "going global" strategy. Seizing the opportunity, we took the initiative to undertake a strategy, namely "making CCCC a provider in 5 sectors" together with "a body with double wings", a platform consisting of China Communications Construction Group , China Harbour, and China Road & Bridge Corporation. We participated in a landmark BRI Project in Africa-the construction of the Mombasa-Nairobi Railway in Kenya, and more recently we launched the construction of the East Coast Railway Project in Malaysia. Encouraged by the BRI, the Company is planning with a global vision, forming a long-term and strategic "going global" structure through the active participation in multi-regional, multi-form and multi-level foreign projects.

With the progress and deepening implementation of the BRI and our vigorous pursuit of the "going global" strategy, it can be foreseen that the Company will continue to achieve more prosperity, and this exciting prospect will motive and encourage all employees to keep staying true to our founding mission and embrace a brighter future!

第十一章 着眼全球：善行天下 建者无疆

“走出国门”一词对于四航局一公司来说并不陌生，四航局一公司甚至可以称得上是“老海外”“先行者”了。从抗战时期走出国门修筑滇缅公路，矢志保家卫国，到社会主义建设时期对亚非拉第三世界兄弟国家的建设支援，再到改革开放后紧跟时代大潮，逐步参与国际市场竞争，国家改革开放不断深化、市场经济体制日趋完善和“走出去”国家战略稳步实施，对于四航局一公司来说，越来越具有深远的时代内涵和意义。

第一节 “走出去”战略的先行者

四航局一公司1989年跟随四航局参与建设孟加拉吉大港后方设施工程，2001年参与开发苏丹水工市场，2002年参与巴基斯坦瓜达尔港建设。这一时期四航局一公司的海外事业在四航局的带领下，开始加快发展，也开始慢慢从原来的单一国家援建向参与国际竞标与承担政府框架项目相结合拓展。

一、再出国门 孟加拉项目振先声

1989年，对四航局一公司员工来说，是难忘的一年。这一年，四航局一公司再次走出国门，参加建设孟加拉吉大港后方设施工程。这也是国家改革开放后，一公司第一次走向海外。

四航局承担的第一项国外总承包工程——孟加拉国吉大港多功能泊位A&B辅助设施工程。这是20世纪80年代末，四航局以国际招投标方式中标的第一项海外总承包工程，由孟加拉国总统签署中标。首批人员9人于1989年5

月14日前往孟加拉国接收标书，筹备进场前期工作。工程由国际开发联合组织贷款，英国设计并控制管理施工，工程造价2400万美元，主要工程项目有20万平方米码头后方堆场软土地基加固处理，后方堆场铺砌20厘米×10厘米×8厘米小方块1000万块，预制和施打钢筋混凝土桩790条，各种地面建筑面积21,720平方米，开挖铺设各种沟渠管线13,680米，还有码头护岸、沥青混凝土路面和围护墙，地下油库等附属建筑。

为了加强领导，明确责任，全面完成任务，四航局成立了孟加拉吉大港后方设施经理部，并从四航局机关、一公司、机电公司、科研所等单位抽调人员参加施工。

工程于1989年7月23日开工，1990年4月，后方设施首期5.2万平方米预压面积已进砂54万立方米，1990年6月中旬，填塘作业基本完成，6.7万平方米的软土地基预压完成过半。

据参加过工程的四航局一公司员工回忆，这项工程由英国咨询公司设计监理、实行FIDIC（国际咨询工程师联合会）条款管理，与国内传统的计划经济

■孟加拉吉大港

下的施工管理、观念有很大的冲突，加上工程开工后，当地长达四个月暴雨天气和复杂的施工环境导致工期严重滞后。当时四航局一公司的人员初次迈出国门，语言又造成了工作的障碍。时任四航局党委书记张恩持兼任项目部负责人要求管理人员转变思想，虚心向英国咨询工程师学习FIDIC条款，为工程顺利开展创造了良好的管理环境。为了克服语言难题，员工们利用一切机会自发地学习英语。等旱季黄金施工季节一到，张恩持就带领管理层制定了滚动施工计划，实行经济责任制，奋力拼搏，加快了施工进度。

经过三年的奋力拼搏，工程于1992年7月竣工。在国际市场上赢得了良好信誉，为四航局、一公司积累了海外施工承包的管理经验，并培育了一批国际承包工程的管理人才。

二、以质取信　苏丹市场细作深耕

撒哈拉沙漠以东，红海以西的广袤区域是被称为“世界火炉”的苏丹。其东北部的苏丹港是红海省首府。苏丹港以港命名，凸显出港口对整座城市的重要性——始建于1906年的苏丹港承担着全国90%以上的进出口货物运输重任。20世纪80—90年代，这座老码头只能停泊排水量仅数千吨的货轮，无法满足苏丹发展的需要。

20世纪90年代，国内水工建筑市场不断萎缩，投标项目“僧多粥少”，竞争十分激烈。1996年，四航局在苏丹建筑市场承建了第一个项目——苏丹港17#—18#码头修复改造工程。此后，四航局又于1999年中标苏丹港17#—18#码头延伸和疏浚项目。

2001年，四航局凭借良好的信誉和服务，承建了苏丹港达玛达玛5万吨级油码头和绿地一期21#、22#泊位两个5万吨级通用码头。在施工中，四航局始终为业主着想，恪守商业信用，维护业主利益，克服重重困难，使几个项目提前竣工。四航局的安全快速、优质服务和诚实守信赢得了咨工、业主的高度评价，奠定了四航局在苏丹市场的地位。苏丹港21#、22#泊位被苏丹港务局称为“土木工程施工典范”；达玛达玛5万吨级油码头受到苏丹总统的称赞，成为苏丹一道亮丽的风景线，每逢节假日，都有大批市民到此游玩。许多国家元

■苏丹新集装箱码头

首来到苏丹港，必去参观这一具有象征意义的工程典范。

四航局以良好的工程质量和企业信誉赢得了苏丹政府和人民的长期信任，2005年，又承建绿地二期23#、24#泊位两个5万吨级通用码头。该项目同样获得业主、监理的高度评价。在良好信誉基础上，绿地二期工程完工，这三个

■时任苏丹总统巴希尔出席苏丹港新集装箱码头竣工典礼

项目，四航局一公司和三公司都是主要参建单位，派出了一批技术管理骨干和施工力量。2006年12月，四航局承建了苏丹港新集装箱码头项目及航道疏浚工程，2009年四航局又接着承建苏丹港新集装箱码头堆场项目等。

2001年以来，四航局一公司开始参与苏丹港项目施工，2006年四航局一公司开始独立负责苏丹港新集装码头项目的实施。无论施工管理主体如何变更，四航人的诚信履约从来没有改变，深深得到业主的信任，苏丹港务局几乎将所有的水工项目都交与四航局施工。四航局在苏丹持续经营十多年，据统计，2001年至2011年，四航局在苏丹实现营业额10多亿美元。

三、临危不惧　勇铸中巴友谊丰碑

巴基斯坦是中国传统友好国家，也是“一带一路”倡议沿线惠及的重要国家。它位于南亚次大陆西北部，南濒阿拉伯海，海岸线长840公里，北枕喀喇昆仑山和喜马拉雅山，东、北、西三面分别与印度、中国、阿富汗和伊朗接壤。

2002年，四航局一公司参建巴基斯坦瓜达尔港口项目一期工程。该项目由我国政府援建，合同额1亿多美元，工程内容包括：新建三个总长602米的码头泊位（码头结构按5万吨级集装箱码头设计），1个长100米的工作船泊位。东西护岸长度1628米，软基处理面积41万平方米，施打插水板657万米，总压载砂量320万立方米。工程于2002年8月1日开工，四航局一公司派出人员参建。

■瓜达尔深水港项目奠基纪念牌

项目位于巴基斯坦最落后的边远地区，地处半沙漠地带，天气十分炎热，土地寸草不生。当地施工材料十分匮乏，缺水少电，而且局势复杂。2004年5月3日，工程施工进入高潮之际，项目部经历了震惊全球的“5·3”恐怖袭击事件。事件造成中方工程人员3

■巴基斯坦瓜达尔深水港

人死亡、9人受伤。在工程即将完工的重要关口发生这种骇人听闻的恐怖袭击事件，其目的就是要吓走中国工程人员。如果继续施工，恐怖袭击可能再次发生；如果停工撤退，国家形象和企业利益就会严重受损。当时，我国外交部也同意工程人员撤回国内。但是，四航局项目部主动向中港总经理部请战，要求尽快恢复施工，采取措施加快工程进度，以实际行动告慰遇难英灵，粉碎恐怖分子的阴谋。中港总经理部召开会议，最后决定以大局为重，不撤退，工地全面恢复生产。

最终工程在2004年6月18日提前了7个月完成。经历了严峻的挑战和流血牺牲的考验，瓜达尔深水港项目部优质高效地为巴基斯坦建造了一座美丽壮观的码头，得到了我国外交部和商务部质量检查组及巴方的高度评价。瓜达尔市行政长官在码头竣工庆贺仪式上高度赞扬四航人：“你们给巴基斯坦带来的不仅仅是一座码头，还有勤劳勇敢的精神，这种精神对巴基斯坦人民来说比一座码头更为重要。”时任巴基斯坦总统穆沙拉夫称赞该工程是“中巴友谊的里程碑”。2009年该工程还获得鲁班奖和“中交品牌工程”称号。为了表彰项目负责人刘文华在该项目的杰出表现，四航局破例授予他“突出贡献奖”。

第二节 角逐国际市场 亮相亚非舞台

随着我国加入世界贸易组织，全面深化改革开放，“走出去”正式上升为国家战略，充分利用好国外和国内“两种资源、两个市场”，不断加快“走出去”的步伐，积极主动参与经济全球化的竞争，成为这一时期四航局一公司的发展主基调。

特别是2006年以后，四航局一公司随着自身力量的增强，开始独立组织实施海外项目，逐步进入参与国际建筑市场竞争的新阶段。这一时期四航局一公司海外事业迎来了大发展，竞标项目越来越多。先后承接了苏丹港新集装箱码头、马来西亚槟城二桥、安哥拉洛比托港、埃及塞得东港、肯尼亚19号泊位、莫桑比克纳卡拉煤码头等项目，四航局一公司的海外份额逐步占到了公司全部营业额的三分之一，利润率和贡献度不断增高，有力地支撑了公司的可持续发展。

一、海外市场的探索与发展

2007年，四航局一公司把握机遇，接手苏丹项目，迈出真正勇闯海外的第一步。2008年，四航局一公司收获颇丰，承接安哥拉洛比托港扩建工程、埃及塞得东港集装箱码头工程和马来西亚槟城二桥主桥工程3个项目，合同额合计约4.5亿美元，这无疑给当时还处于困难时期的四航局一公司注入了极大的发展动力。

四航局一公司领导班子逐渐意识到了海外市场的重要性。在2008年12月底，四航局一公司成立了海外部，文件显示：为适应海外施工业务发展的需要，加强四航局一公司对海外施工项目的管控和支持力度，经四航局一公司研究决定，设立海外部，归口负责四航局一公司海外业务的管理工作。为了适应海外业务的发展，更好地管理22艘海外施工船舶，2014年11月3日，四航局一公司成立了船舶部，组建了自己的船队。截至2019年9月底，船队共计航行556个航次，累计完成运输里程约13.13万海里，约24.3万千米。

在思想认识上，四航局一公司领导班子着眼长远，形成了“国内与国外并举”的共识。往后四航局一公司召开的党代会及历年工作会，都反复提及“加大海外市场经营力度”。

在人员配置上，选配精兵强将。四航局一公司领导班子坚持优中选优，组成精干高效的项目班子，遴选业务水平高、工作能力强、具有吃苦耐劳精神的优秀人才，为拓展海外市场提供了强有力的人才支撑，并且在政策上对海外项目予以支持。

四航局一公司借船出海，稳扎稳打，2011年，进军肯尼亚，建设蒙巴萨港；2012年，迈入莫桑比克，参建纳卡拉煤码头工程；2013年，中标肯尼亚拉姆港项目；2014年，参建蒙内铁路等工程。2017年，四航局一公司在海外共有9个项目，其中港口项目3个，公路项目3个和铁路项目3个，是四航局内海外业务范围唯一覆盖码头、铁路、公路的子公司。经过多年打拼，四航局一公司海外业务从无到有，从单独承揽一个项目到业务拓展至非洲东部、非洲北部和东南亚，培养了一大批海外项目施工管理人才，培育了同时承建多个海外项目的能力。出台了一系列制度，如海外项目应急管理制度、海外项目员工休假制度等，逐步实现海外项目常态化管理。

（一）苏丹港新集装码头——“独立组织实施海外项目的开始”

2006年，四航局一公司负责组织施工的苏丹港新集装码头项目，是苏丹开港以来最大的港口项目，合同额为7490万美元，合同工期为30个月，码头总

■苏丹港码头

长860米。

苏丹港新集装码头项目的施工区域面对空旷的红海，无任何掩护。每年12月到次年3月，该区域吹东北风，造成巨大的风浪和涌浪，增加了基床抛石、水上抛石、平整和沉箱安装等水上作业难度。该工程遇到过四次特大涌浪的袭击和严重破坏。

苏丹港新集装码头项目工期紧、施工难度大、作业环境恶劣，项目部积极应对挑战。为了组织作业船组上岸维修，通过气囊拖运，将几艘庞大的施工船舶拖上岸，圆满完成了大修任务。这为海外施工船舶就地维修，开辟了先河，提供了可借鉴的经验，还节省了船舶拖航维修的费用。为了应对技术力量薄弱的现状，熟练的技术员主动帮带不熟练的人员，加强对年轻技术人员的训练。为了顺利推进项目的实施，项目部强化生产调度，实施动态管理。为了降低工程成本，项目部经业主、监理同意，对原设计进行变更，将护岸栅栏板改为块石铺面，将沥青铺面改为砼路面等，取得了较好的经济效益。项目部抓住关键线路，强化计划管理，确保关键工序，终于圆满完成了施工任务。

2008年12月10日，时任中国驻苏丹大使李成文参观了施工现场，对工程的进度、安全、质量等工作给予了高度评价。

（二）洛比托项目——“安哥拉市场上的首个项目”

安哥拉洛比托港位于安哥拉西海岸的中部，是安哥拉南部的主要港口之

■安哥拉洛比托港

一，为非洲大西洋岸最好的天然良港之一，也是扎伊尔和赞比亚部分物资的中转港。安哥拉洛比托港扩建项目属于EPC总包合同，由中国港湾工程有限责任公司总承包，四航局负责施工，三公司和一公司为主要参建单位。其中，后方堆场处理和土建工程及附属工程由四航局一公司承建，合同总金额为1.86亿美元，是四航局一公司在安哥拉的第一个项目。施工内容包括堆场与道路、房建、排水、给水及消防、电力、控制、通讯及导航、暖通工程及后续增加的铁路专用线等。整个扩建项目从2008年12月开始施工，2010年5月因资金问题停工，至2011年8月开始复工，2013年10月25日完工，2013年12月11日正式移交。四航局一公司在建设过程中克服了因资金问题停工、物资短缺、签证等困难，高标准、严要求完成了项目施工，得到了业主和咨工的一致肯定，并且取得了很好的经济效益，为公司的发展做出了贡献。时任安哥拉总统多斯桑托斯多次到工地视察，对工程的进展和建设质量表示肯定，极大地鼓舞了参建员工的士气。2016年，安哥拉洛比托扩建项目荣获2016—2017年度国家优质工程奖。

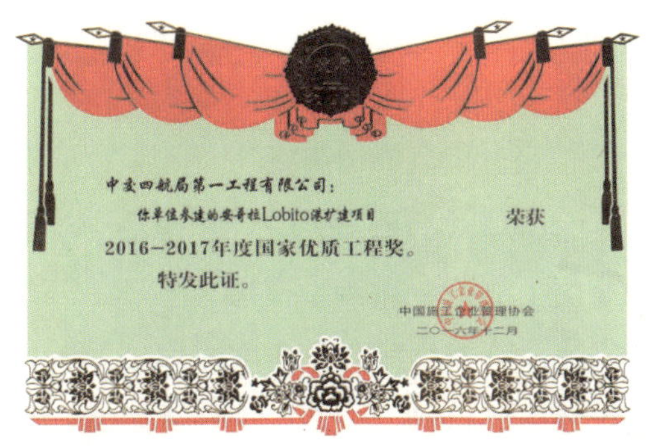

中交四航局第一工程有限公司：
你单位承建的安哥拉Lobito港扩建项目　荣获
2016-2017年度国家优质工程奖。
特发此证。
中国施工企业管理协会
二〇一六年十二月

■安哥拉洛比托项目荣获2016—2017年度国家优质工程奖的奖状

■2009年9月10日，时任安哥拉总统多斯桑托斯（左）到四航局一公司参建的洛比托码头修复及扩建工程和洛比托道堆旱码头工程施工现场视察

（三）埃及传奇——首战塞得奏凯歌

由四航局一公司负责施工的埃及塞得东港集装箱码头二期工程，主体项目是建设能停靠新一代超级后巴拿马型集装箱船4个10万吨级泊位。工程内容主

要包括长1200米的方桩加围帘式码头、1200米×42米码头后方回填以及125米护岸、56,400平方米地基处理。工程于2008年9月开工，2011年7月完工，获得了业主和咨工的高度认可。工程荣获2013年度国家优质工程银质奖。

该项目是当时中国企业在埃及实施的最大项目，也是中港和四航局进入埃及市场的首个项目。在投标阶段，四航局一公司将原来业主推荐的四排地连墙优化成三排，将原来T型地连墙宽度2.8米改成6.4米，由此提高了设备的要求。成槽深度超过60米，造成液压抓斗的成槽工效低，安装钢筋笼的吊机需要300吨，场地的承载力要求高，这些因素都会加大成本费用。因此，对设计进行优化并选取合适的设备完成地连墙是工程成功的关键。四航局一公司通过技术研究，形成一套完整的深T型地下连续墙施工技术，包括导墙、成槽、护壁与清孔、钢筋笼吊装、浇筑水下混凝土等技术。四航局一公司优化设计方案并成功中标。

在项目实施的过程中，项目部克服军方停工、施工许可、场地狭窄、生产压力大、工期紧张、技术难度高等重重困难，认真履行合同条款，保质保量、安全有序地推进工程建设，按时完成业主各个节点的工期要求，积极开展技术

■埃及塞得东港集装箱码头

■黎明时分的埃及塞得东港码头

创新活动，首次开发使用国内领先的软基超深（60米）T型地下连续墙施工工艺，该项工艺荣获水运行业科技进步一等奖，获评国家级工法。“地下连续墙码头桩基础结构”科研成果获国家知识产权局授予实用新型专利。

此外，埃及项目部注重文化融合，在劳工和分包管理上，实现了本地化的资源整合，成为四航局一公司第一个局级海外文明工地，还成立了四航局一公司第一个海外架子队和第一个海外青年突击队。

埃及的项目一方面在工程上要攻坚克难，另一方面还要应对复杂的地方局势。工程实施过程中上演了现实版的“战狼”，为项目增添了一抹传奇色彩。2011年1月25日，埃及开罗发生反政府示威大游行，1月29日情况突变：苏伊士、亚历山大、塞得港等地也相继爆发大规模游行并演变成骚乱。局势十分严峻，项目部处于无保护状态，员工人身安全受到严重威胁。为此，四航局以及一公司立即启动红色预警方案，分别成立了应急管理指挥小组，负责应急救援工作。埃及项目部采取一系列应急措施，确保员工安全。

当时根据局势及时转移人员，在撤退过程中，优先安排女员工撤退，中共党员垫后。2012年2月2日，在中国驻埃及大使馆的协助下，项目部首批撤退人员乘坐中国政府派遣到开罗的航班回国。2月4日，第二批34名先行撤退人员也顺利搭上飞回中国的飞机。鉴于埃及局势有所缓和，原定于2月6日最后撤退的22人暂时留守项目部并于5日组织复工。

留下的22人大都是部门负责人和项目部的中坚力量，而负责施工一线的中国人只有两名技术员和两名工长。经过分析讨论，项目部决定不再增派施工管理人员，由现有技术员和工长牵头，放权给当地工程师组织劳工进行施工，不分包。2月5日复工之后，经过一周的过渡、调整期，从2月13日开始，现场施工已经基本进入常态化模式。之后，项目部掀起赶工高潮，由中方人员带着当地劳工施工，项目部还出台了激励措施，激发施工人员的工作积极性，经过全体施工人员的共同努力，最终按时完成了节点任务，缔造了埃及传奇。

（四）马来西亚槟城二桥——“中国制造”惊艳美国

2014年，《感知中国企业》形象片在美国纽约时代广场播放，该片由国务院国资委新闻中心出品，是中国企业集体形象向世界的一次全新展示。其中，马来西亚槟城二桥作为“中国创造”之一惊艳亮相。

槟城二桥设计全长22.5千米，其中跨海桥16.5千米，桥面宽28.8米，双向4车道加双向摩托车道，设计时速80千米/时，是东南亚最长的跨海大桥，也是马来西亚最大的工程建设项目。中马两国政府高层都将该项目视为政府合作的典范、两国人民友谊的象征，工程建设肩负着重要的政治意义。在槟城二桥建设中，四航局一公司负责海中桥梁主桥段施工，是全线的关键控制点，工程内容主要包括主桥钻孔桩基础、承台、塔柱、桥面连续梁、斜拉索安装及桥面附属设施，合同额1亿多美元，2008年11月8日开工。

槟城二桥主桥为三跨矮塔门式斜拉桥，中跨长240米，两端主墩各21根桩基础，为大直径2.0—2.3米的变径嵌岩钻孔灌注桩，最长桩实钻孔深超过133米，入微风化岩层深度最深为8米，在桥梁工程建设中少见。在中国交建专家会上被评价为“施工难度及技术含量处于国内领先”。

主跨合龙段施工技术要求高，工作内容复杂，是直接影响主桥内力和线形的关键步骤。斜拉索索力和梁段高差这两个重要因素的误差能否控制在规范范围内，是检验主桥质量的主要标准。项目部通过精心筹划，不断细化施工方案，严密监视各个施工细部环节，专人专项对索力、标高进行全天候无缝跟踪测量，确保所有结构处于安全合理状态。通过分析对比各项实测数据，得以顺利排除温差及荷载变化导致的不利影响，成功计算出桥面堆载要求、索力及合龙标高，为主桥顺利合龙提供了有力保障。

■施工中的马来西亚槟城第二跨海大桥

项目部积极开展“海上超深嵌岩钻孔灌注桩施工技术研究”课题研究和“海上厚砂层超长入岩钻孔灌注桩施工控制”QC小组活动，进行技术攻关，施工方案最终获得业主的认可，并于2011年1月27日顺利完成全部66根桩基施工。

■马来西亚槟城第二跨海大桥主桥合龙

嵌入超厚硬岩的海上超深钻孔灌注桩施工技术经中国水运工程协会查新施工技术难度水平处于国际领先，获得2012年中国水运协会科技进步三等奖。

2013年4月21日凌晨3点，槟城二桥主桥合龙段混凝土浇筑顺利完成，全体职工1000多

■槟城第二跨海大桥合龙后，部分施工人员合影留念

■马来西亚槟城二桥获中国建设工程鲁班奖

个日夜的连续奋战，终使主跨成功完成合龙，至此海上全桥贯通。

2014年3月1日晚，马来西亚政府为庆祝槟城二桥通车，在大桥现场隆重举行了嘉年华会和启用开幕式。中马双方近万名社会各界人士前来观礼。马来西亚政府表示，槟城二桥是中马合作的结晶，是中马建交40周年象征两国友谊不断增强的新里程碑，作为东南亚最长跨海大桥的二桥创下诸多大马新纪录，以国家元首名字苏丹阿都哈林为大桥命名，成为大马新地标，造福人民，促进发展。

该工程荣获2016—2017年鲁班奖、2015年度布鲁内尔大奖（该奖项由英国土木工程学院颁发，槟城二桥是东南亚首个获此殊荣的建筑），第十五届中国土木工程詹天佑奖。

二、区域市场的形成和优势产业的输出

从2011年，公司承建了肯尼亚蒙巴萨港19号泊位及堆场工程为肇始，在东部非洲区域，先后参建了“一带一路”在非洲的重要标志性项目——肯尼亚蒙内铁路，并且承建了全线的关键性标段蒙巴萨段之后，又先后中标肯尼亚拉姆港、内马铁路一期工程、坦桑尼亚达累斯萨拉姆1—7号泊位以及新增蒙内填海和附属工程。

从2012年，公司承建莫桑比克纳卡拉煤出运码头为起始，在南部非洲区域市场，先后中标莫桑比克彭巴项目、马普托公路项目、贝拉渔港项目，并新开辟了马达加斯加公路工程、赞比亚公路工程等项目。

2018年，四航局一公司开始向西非进军，成功开辟了尼日利亚市场，参建尼日利亚凯菲至马库尔迪公路改扩建工程项目。

2019年2月1日，蒙巴萨港新建KOT油码头项目正式开工，该项目是四航局在肯尼亚区域市场首个集设计、采购、施工和试运行于一体的大型EPC项目，也是四航局第一次以总承包的身份承接工程。同年，四航局正式入选国家商务部2018年对外承包工程业务百强企业，名列第18位，成为获此殊荣中排名第一的局级单位。这是对四航局海外事业发展最无可比拟的嘉奖。

公司在非洲市场开始朝着业务多元化，市场区域化方向发展，打破了原先以水工为主的格局，逐步形成公路、铁路、隧道、水工并进的多元化局面，构筑起了以肯尼亚、莫桑比克为中心，辐射马达加斯加、赞比亚、坦桑尼亚等国家，既有重点又有纵深的区域市场大格局。

（一）东非市场的开拓及发展

肯尼亚和莫桑比克是公司在东部非洲区域市场的两个重要支点，这两个国家市场的开疆项目对于公司区域市场的形成具有重要的战略意义。

1. 蒙巴萨19号泊位项目

2011年初，四航局一公司与中国路桥携手成功中标蒙巴萨19号泊位及后方堆场项目，这个项目是肯尼亚30年来的首个水工项目。项目位于东非第一大港蒙巴萨港。项目为高桩码头，最大的施工难点在于能否成功从外海水下50米取砂50万立方米。为克服这一困难，项目部团队仔细研究砂源报告，充分利用GPS、AIS（船舶自动识别系统）等先进的仪器设备，最终成功锁定抽砂点。项目部还非常重视HSE（健康、安全和环境管理体系）工作，为了不影响和污染海岸线的珊瑚礁，项目部将卸泥区外移了1.5千米，保护了海洋生态。项目的成功实施，得到了咨工和业主的赞许，业主再托重任，将80米码头延长项目以议标形式交付给项目部。2013年8月28日，蒙巴萨港19

■蒙巴萨项目全景

号泊位举行盛大的官方启用仪式，作为肯尼亚30年来的首个新建集装箱码头正式运营，并获得2014年度中国交建优质工程奖。正是由于四航局一公司在这个项目的优异表现，赢得了中国路桥和肯尼亚港务局的认可，也为肯尼亚后续市场的打开奠定了基础。此后，四航局一公司陆续承接了蒙内铁路、内马铁路及拉姆港、KOT油码头等项目。

2. 纳卡拉煤码头项目

该项目是莫桑比克纳卡拉走廊项目的组成部分，位于莫桑比克北部楠普拉省的纳卡拉港。这是中国港湾和四航局进入莫桑比克的首个项目，也是与国际矿业巨头淡水河谷公司第一个合同项目。工程为离岸式深水嵌岩桩码头，主要工程包括建设1座突堤式码头的主体、引桥，以及后方岸上通道等。码头采用高桩式结构，主体长435米，引桥长776米，岸上通道长550米，合同工期24个月。项目全面采用淡水河谷内部管理体系，作为采矿企业，淡水河谷对安全管理要求非常高，其管理体系庞大且标准要求非常高，共分12大要素，近100个

■纳卡拉煤码头

程序文件，按美加法规规范中偏高的标准予以量化。在项目实施过程中，项目团队克服了工期紧、环境恶劣、设计变更频繁等困难，在2014年12月15日顺利验收移交。项目的成功实施得到了中国港湾和业主淡水河谷的高度肯定，也为四航局及一公司立足莫桑比克水工市场奠定了基础。此后，四航局一公司在莫桑比克市场上陆续承接了彭巴油气服务中心项目及贝拉渔港等项目。

3. 贝拉渔码头重建项目

渔业是莫桑比克的主要经济支柱之一。贝拉港是莫桑比克第二大港口城市，现有渔码头已遭受严重破坏，几乎无法使用。贝拉渔码头重建工程拟建设岸线长度为377米的渔船泊位以及相应部分配套工程，共8个泊位，最大可满足停泊600马力渔船。项目由中国港湾总承包，四航局一公司负责码头主体结构的施工建设。施工面狭窄、水底及旧码头障碍物影响新桩基位置、钢护筒需穿越旧护岸块石等是项目施工的重难点。项目的实施，将对促进莫桑比克渔业发展，改善当地就业，促进经济发展有重要作用。

■莫桑比克贝拉渔码头项目

（二）传统优势主业走向非洲

1. 马普托道路项目

该工程的中标和实施对于推动四航局一公司传统优势业务走向非洲、走向海外具有重要战略意义。项目是莫桑比克首都马普托市长达181千米马普托大桥南连接线道路，连接马普托通往旅游胜地“黄金角”和南非边境口岸。四航局一公司承建项目全长75.6千米，主要工程有路基、路面、排水、防护、涵洞、交通安全及绿化等所有工程。项目建成后，将成为马普托以北地区通往南非的唯一干线通道。

这是四航局一公司在海外首个公路项目，项目部全面采用架子队管理模式，招聘本地雇工进行培训，不少当地雇工已经成长为混凝土工、试验工、钢筋工、模板工等复杂技术工。项目成本、安全质量、综合治理良好，获得了中

■马普托大桥南连接线工程全景

交集团2016年海外协助奖、中国路桥2016年“大干100天”劳动竞赛二等奖以及四航局2016年“金锚杯”劳动竞赛先进单位等多项荣誉。

2018年11月10日，在莫桑比克首都马普托迎来建城131周年之际，马普托大桥及连接线项目正式通车。莫桑比克总统纽西携夫人、前总统格布扎、马普托市长西芒戈等政府部门官员以及时任中国驻莫桑比克大使苏健等出席开通仪式，莫桑比克总统纽西对项目建设表示高度赞赏和认可。

2. 马达加斯加机场升级改造项目

该工程总长约13.66千米，含1号路和2号路两条道路。1号公路长约10.97千米，2号公路长约2.69千米，总长约13.66千米。

这条道路可以说是马达加斯加的“形象道路”，四航局一公司光荣地接下了这项任务。项目施工时间只有半年，工期紧、任务重，项目部必须赶在

■马普托大桥南连接线工程

2016年11月法语国家峰会召开前完工，容不得半点耽搁，也没有任何退路。

2016年2月8日，项目正式开工。大年初二，四航局一公司就派了第一批员工到达马达加斯加，从零开始，紧锣密鼓地筹备工作。20天后，已经开始路基试验段施工，这在海外施工是很罕见的。3月1日，项目开始动土施工；3月8日，开始路基试验段填筑；3月25日，第一批77台土方主要施工设备到场；4月6日，新修8米宽施工便道4.5千米实现贯通；5月7日，第一次爆破，业主惊讶地发现项目部几乎与提前一年多准备的另外一家中资企业同一天爆破。由法语峰会组织代表团团长率领的30多人媒体采访团在看到项目进展后，连连称赞项目部组织有序、进展快速、成绩可喜。2016年12月，经过10个月的紧张施工，马达加斯加机场道路升级改造项目正式通车，有力地保障了马达加斯加第16届全球法语国家峰会如期举行，获得业主的肯定。

由于在马达加斯加机场升级改造项目的优良表现，2019年6月，公司重返

■马达加斯加机场道路升级

马达加斯加，参建5A国道升级改造项目。项目位于马达加斯加北部地区，起点位于安比卢贝市，止于武希马里纳，总长72.643千米，计划工期约24个月，主要施工内容包含建点、准备工程、路基、路面、桥梁维修、涵洞、排水、安全与信号及绿化工程等。

3.尼日利亚公路项目

2018年，四航局一公司成功开辟了西非尼日利亚市场，参建尼日利亚凯菲至马库尔迪公路改扩建工程项目，该项目是中尼友谊深化的见证，也是尼日利亚公路网“三横四纵”的重要组成部分，是响应“一带一路”倡议、促进中尼经济合作的重要举措与抓手，项目共220千米，四航局一公司负责其中的76.8千米，主要施工内容为将现有双向两车道加宽至双向四车道，主要施工内容包括路基、桥梁、涵洞、防排水、路面、收费站房建、交通安全设施及机电设备、绿化等工程，包含1座两跨中桥、145道涵洞。

项目于2019年4月1日正式开工，计划工期为36个日历月。项目的建设对构筑尼日利亚“黄金三角”环路的规划，促进西非、中非与北非的国际互联沟通，扩展21世纪海上丝绸之路都具有重要意义。

第十二章 紧抓机遇：一带一路　再造辉煌

2013年，“一带一路”倡议的提出，作为旨在加强区域合作，促进世界经济增长的国家间合作平台，基础设施的互联互通则作为畅通国家间联系的基石，成为“一带一路”建设的优先领域。

四航局一公司紧紧抓住这一历史机遇，紧跟国家战略步伐和中交集团、四航局的“大海外”战略，主动对接“一体两翼”平台，在“一带一路”沿线国家和地区先后承揽了很多重要的标志性工程，为推动中国技术、中国标准、中国装备走向世界做出了积极贡献。

四航局一公司参建了“一带一路”在非洲的重要标志性项目——肯尼亚蒙内铁路，承建了全线的关键性标段。四航局一公司承建的蒙巴萨港站和蒙巴萨西站对蒙内铁路的顺利通车起到了至关重要的作用。水工方面，公司承建了肯尼亚拉姆港项目，号称“非洲有史以来最为宏大的基建项目”。在东南亚，公司参建的马来西亚东部铁路在2017年8月隆重开工，2019年又参建了柬埔寨全国首条高速公路——金港高速。

第一节　中国标准　走向世界

在“一带一路”的倡议下，四航局一公司紧随中国交建和四航局的步伐，在海外阵地上沐风栉雨，砥砺前行，攻坚克难，谱写峥嵘。在共商共建共享的潮头上勇毅担当，在“一带一路”的倡议下勇敢作为，为当地谋福，为企业增效，为祖国争光！四航局一公司在“一带一路”沿线国家建设了许多“连心桥、致富路、发展港”，为基础设施建设领域中国技术、中国标准、中国装备走向世界做出了积极贡献，在东非铁路网建设和东南亚地区互联互通中贡献了四航局一公司的力量和智慧。

一、蒙内铁路——百年铁路工程

2013年，公司参建了“一带一路”标志性工程——蒙内铁路。蒙内铁路是中肯两国政府高度关注的世纪铁路工程，是肯尼亚独立以来最大的基建工程，也是肯尼亚“2030年远景规划”旗舰项目，是“一带一路”峰会后第一个竣工的相关项目。蒙内铁路完全采用中国标准。2013年11月28日开工建设，2017年6月1日正式通车运营。

2014年5月11日，国务院总理李克强见证了蒙内铁路项目合作协议的正式签署，他说：“它只是一个开始，这条铁路的总规划是要连接东非7个国家，它将成为东非次区域互联互通的一个重大项目，也希望它成为东非立体交通网

■蒙巴萨西站

■赖茨港站

发展的典范”。蒙内铁路全长480千米，项目运营后，从蒙巴萨到内罗毕的时间将从15小时缩短到4小时。

蒙内铁路是海外第一个全部采用中国铁路建设标准实施的项目，是中国首个全产业链、全过程走出去的轨道交通典范工程，是名副其实的“中国造”。全线采用“中国标准、中国技术、中国装备、中国管理”建设，蒙内铁路作为东非铁路网的起始段采用中国标准，具有重要意义。蒙内铁路采用中国标准后，将给肯尼亚铁路技术带来系统性提升和革命性变化。随着技术转移的推进，肯尼亚将自己掌握发展的钥匙，建立肯尼亚标准。

四航局一公司承建的蒙内铁路第一标段正线全长70千米，被认为是蒙内铁路的咽喉，蒙内铁路十大控制性工程中蒙巴萨港站、蒙巴萨西站、蒙巴萨特大桥三项均位于蒙内一标，其中蒙巴萨港站工程挖填超过220万立方米，填海217万立方米；蒙巴萨西站是全线最大的站台之一，站场填方量达到420万立方米；蒙巴萨特大桥全长2129米。这三项控制性工程，拆迁难度大，安全风险非常高，生产组织形势严峻。蒙内一标是蒙内铁路制约性、控制性的关键标段，是全线5个土建标段中桥隧比例最高的标段，在全线施工任务中难度最大。

■2013年11月28日，肯尼亚总统肯雅塔（前左二）、副总统卢托（前左一），时任中国驻肯尼亚大使刘光源（前右三），时任中国交建董事长、党委书记刘起涛（前右二）出席蒙内铁路开工仪式

蒙内铁路是中交集团三大工程之一，四航局和一公司举全局之力把蒙内铁路建设成中国标准走出去的精品工程和样板工程。项目建设高峰期，公司蒙内铁路项目配置近200人中方管理人员，超过4000名当地雇员，近400台套土方机械设备，价值超过6亿元人民币，另外还投入了施工船舶11艘。以项目负责人伍伟军为首的团队，顶住压力，全面推进生产，根据项目实际情况划分4个工区，由项目副经理直接进行现场协调管理，将指挥体系直接推到最前线。蒙内铁路控制性工程蒙巴萨港站、港站填挖方超过220万立方米，填海217万立方米，高峰期有近400台车往返于沿线19千米外的石场与海边，每天运输8000车以上。经过近三年半紧张建设，2017年3月，公司蒙内铁路第一标段顺利通过静态验收，有力地保证了蒙内铁路全线顺利通车。

■时任中国交建董事长刘起涛到四航局蒙内铁路第一标段项目检查指导工作

蒙内铁路第一标段多次获得中交蒙内铁路项目总经理“绿牌”嘉奖。蒙内一标跨越三个郡，征拆工作是全线征拆工作最难啃的硬骨头，仅一工区短短3000米线路，就有蒙巴萨莫伊国际机场、东非油气公司、非洲油气公司、印度工业园COLFAX公司等大型单位、企业，以及多达3000户居民的马干达村。项目部全力以赴投入征拆工作，经过不懈地努力，征拆工作取得突破性的进展，得到了总经理部的“绿牌”嘉奖。项目建设过程中，特别重视安全和环

保工作，因为蒙巴萨特大桥要穿越海滨的一片湿地，所以把保护红树林作为重点，记录每一棵被砍掉的树，并在项目结束后，重新栽植，并特别预埋了多处过水管涵，确保红树林在隔离带中依然能够受到海水的滋润，安全环保工作也多次获“绿牌”嘉奖。

四航局一公司蒙内铁路项目部严格推行中国标准和技术交底制度，重视对肯尼亚属地技术管理人员及班组的技术交底、质量管理培训，推动中国标准和铁路技术转移。

项目部高度重视对肯方技术人员的培训，提高肯方技术人员的理论水平及实操技术。项目团队把《质量管理办法》《质量管理责任书》《质量控制一览表》等一系列中国式的三级质量管理体系和标准化建设带到蒙内铁路建设中，蒙内项目自检、互检、专检的工程质量三级检查制度的使用也给当地劳工创造了前所未有的管理体系学习机会。项目部还选拔有相应检测水平的肯方实验员参加蒙内铁路中心实验室及监理联合体举办的检测能力考核。

蒙内铁路监理联合体的肯方监理工程师Amos感触颇深：“在蒙内铁路一年的试验检测工作，让我了解和理解了中国铁路标准，现在我越来越信任中国标准。中国公司对我们的培训很系统也很全面，感谢你们！”

中国制造和中国标准在蒙内铁路建设过程中得到国际同行业者的认可，中国铁路标准大步走向世界。

2017年5月31日，蒙内铁路提前两年半时间正式建成通车。本次的通车仪式正是在四航局一公司承建的蒙巴萨港站举行。中国国家主席习近平特使、国务委员王勇，时任中国驻肯尼亚大使刘显法，时任中国交建总裁陈奋健，时任中国交建副总裁陈云，时任中国交建副总裁宋海良，时任四航局董事长、党委书记梁卓仁，一公司党委书记陈国良等参加通车仪式。来自肯尼亚政府、中国驻肯尼亚大使馆和中国企业的数百名嘉宾及当地上千民众齐聚蒙巴萨西站，见证这一历史性时刻。肯尼亚总统肯雅塔亲自来到蒙巴萨站，挥舞肯尼亚国旗，送走第一列正式运营的列车，并激动地连发11条推特，庆祝蒙内铁路通车，感谢中国政府和中国建设者，称蒙内铁路为肯尼亚工业化打下了基础。

蒙内铁路是四航局在海外参建的第一个铁路项目，尽管十年间四航局先后

■蒙内铁路

参建了太中银、哈大、京沪、沪宁、贵广和云桂铁路建设，但海外铁路建设是四航局的一个新课题。公司在蒙内铁路建设中展示了出色的管理能力和资源配置能力，受到中交路桥轨道交通事业部总经理，时任中国路桥副总经理、蒙内铁路项目总经理孙立强的高度赞扬，认为“确立了四航局海外铁路市场的江湖地位”。

2018年，蒙内铁路获评《工程新闻纪录》（ENR）全球最佳项目——优秀铁路项目。四航局一公司副总经理、蒙内项目经理伍伟军作为蒙内铁路建设者获得中交三大工程“建设功臣”表彰和中央企业劳动模范。

■肯尼亚总统肯雅塔挥动肯尼亚国旗庆祝蒙内铁路通车

鉴于公司在蒙内铁路建设中的出色表现，公司还承接了蒙内铁路港支线工程，它是蒙内铁路向蒙巴萨港区内延伸的铁路支线工程，是实现东非第一大港——蒙巴萨港和蒙内铁路“港铁联运”的关键。

二、内马铁路——蒙内铁路的延伸

新建的内罗毕至马拉巴铁路（内马铁路）位于肯尼亚境内，起点在肯尼亚首都内罗毕，终点在肯尼亚和乌干达的交界城市马拉巴，线路全长487.5千米，分三期实施，目前正在建设的内马铁路一期内罗毕至纳瓦沙段，线路全长120.4千米。肯尼亚总统肯雅塔于2016年10月19日在内马铁路1号隧道进口端正式宣布开工。内马铁路最终将与蒙内铁路和乌干达境内铁路接轨，项目

■内马铁路

■内马铁路恩贡山隧道

的建设将构筑肯尼亚的国家铁路网主骨架，对促进肯尼亚的国民经济发展具有非常重要的意义。作为蒙内铁路的延长线，全线也将采用中国标准和中国技术建设。

四航局一公司承担内马铁路第二合同段8千米施工任务，项目部以较快速度取得肯尼亚当地环保局颁发的环评证书，成为内马铁路所有施工标段中第一个取得环评证书的标段，为后续施工奠定了基础。同时还获得中国路桥内马铁路指挥部下发的全线主体工程首张施工进度考核“绿牌”，奖励项目部全线隧道首板二衬成功浇注。

2018年9月15日，四航局一公司承建的内马铁路恩贡山隧道顺利贯通。原合同内规定掘进1303米，因采用架子队模式精心组织施工，提前5个月到达贯通面，并在总经理部协调下继续向进口掘进，最终实际贯通面向进口端推进679米。

恩贡山隧道为肯尼亚境内首条隧道，同时也是东非区域最长的一条隧道，隧道所在区域穿越地球最大的断陷带——东非大裂谷，地质构造复杂。为保证隧道顺利贯通，项目部邀请专家做好施工方案，坚持“短进尺、弱爆破、早支护、勤量测”的施工原则，攻克了粉细砂层、断裂带、富水区等重大隐患区，顺利实现隧道贯通。

恩贡山隧道的顺利贯通为内马铁路全线铺轨工作的顺利开展奠定了基础，标志着公司在东非铁路网的建设上升到一个全新的台阶，同时也是“一带一路”工程在肯尼亚及东非迈出的具有重要意义的一步，对后期东非大裂谷区域的隧道施工安全、质量、工艺技术管控等具有重要参考价值。

2019年7月19日，内马铁路全线静态验收工作全面启动，为后续联调联试工作奠定了坚实基础。

三、马来西亚东海岸铁路——再次参建“一带一路”旗舰项目

马来西亚东海岸铁路项目是“一带一路”倡议下的旗舰项目，是“一带一

■2019年7月马来西亚东海岸铁路项目青年突击队正式授旗

■马来西亚东海岸铁路项目复工点——龙运隧道

路”沿线重要的战略支点项目，对于提升马来西亚交通基建水平，深化区域经济合作发展，推动落实“一带一路”倡议具有十分重要的意义。

2016年11月1日，中国交建与马来西亚铁路衔接公司在北京签署马来西亚东海岸铁路项目协议。2017年8月9日，马东铁路正式开工建设，这是当时中国企业在建的最大海外工程。

项目采用中国国家一级客货两用标准电气化铁路。线下土建部分采用马来西亚及其他国际标准，线上全部采用中国标准。按照原计划，四航局一公司承建马东铁路项目四分部标段，线路全长103千米，从登嘉楼州的巴永山CK154+400开始，至北加镇CK231+400结束，公司参建标段在开工后属于领先标段。

由于马来西亚国内政治原因，2018年7月，项目整体暂停施工。直至2019年4月12日，中国交建与马来西亚铁路衔接公司负责人在中马双方政府代表的见证下，在北京签署了东海岸铁路项目有关补充协议，就继续实施建设东海岸铁路项目达成一致。根据补充协议，东海岸铁路总造价为440亿马币（约合711亿元人民币），线路全长640千米，计划于2026年底前完工，新的补充协议对线路走向和里程、工作范围、设计方案进行了调整。

2019年7月25日，中国交建马来西亚东海岸铁路项目复工仪式在公司负责实施的四分部龙运隧道隆重举行。马来西亚东海岸铁路项目复工，是中马两国人民共同的愿望，也是中马经贸合作日益深入的客观需要，彰显了“一带一路”倡议具有强大的活力和巨大潜力。

四、金港高速——参建柬埔寨首条国家高速公路

2018年，公司进一步开拓东南亚市场，进入柬埔寨，参建中柬“一带一路”框架下高质量合作的重点项目——柬埔寨金港高速公路项目。柬埔寨金港高速公路是柬埔寨首条国家高速公路，项目起点位于金边市，终点位于西哈努克港，项目采用BOT模式，由中国路桥工程有限责任公司投资建设，总投资超过20亿美元，全线长约190千米，设计时速100千米，采用双向四车道，建设工期4年，运营期50年。采用中国公路技术标准，对推动中国高速公路建设

■柬埔寨金港高速公路项目效果图

标准走出海外，提高中国标准的知名度和影响力具有重大的意义。

公司承建的柬埔寨金港高速公路第二标段全长35千米，主要施工内容包括清表及场地恢复原貌、土方工程、涵洞工程、排水与防护工程、交通维护、底基层与基层、面层、桥梁工程和道路附属设施等。金港高速公路连接了柬埔寨的首都金边市和柬埔寨最大的海港、对外口岸——西哈努克港，项目建成后将结束柬埔寨没有高速公路的历史，成为西哈努克市（港）通往全国的重要疏港公路，进一步促进金边西哈努克两市的社会经济高速发展。金港高速公路的建设是践行国家“一带一路”倡议，促进中国和东盟互联互通的重要工程。金港高速建成后，从金边至西哈努克港的车程将由原来5个小时缩短至2个小时以内。

2019年3月22日，柬埔寨金港高速公路开工典礼隆重举行，柬埔寨首相洪森、中国外交部副部长孔铉佑、中国驻柬埔寨大使王文天出席开工典礼。

第二节　郑和故事　谱就新篇

根据中国史书记载，郑和船队在15世纪七下西洋，先后访问了亚洲和非洲的30多个国家，最远到达了非洲东岸。肯尼亚、坦桑尼亚等国家都曾留有郑和及其船队的足迹故事。600年后，四航人重走这段“海上丝绸之路”，用智慧和技术谱写郑和故事新的篇章，为了“一带一路”建设，漂洋过海，参与基础设施工程建设，造福当地人民。

一、肯尼亚拉姆港——非洲“北部走廊”的起点

600年前郑和下西洋来到肯尼亚，第一个登陆的地方就是南部的拉姆（Lamu）小岛，这个至今仍保留原始纯朴一面的小岛曾经是个重要港口，阿拉伯、波斯、印度商队乘着帆船漂洋过海，把象牙、香料、布匹、水果等带来以物易物。流传到肯尼亚深厚的阿拉伯文化，混合了非洲本土的文化习俗，形成这里独特的斯瓦希里（Swahili）文化。

2013年3月2日，四航局一公司参建的“拉姆港—南苏丹—埃塞俄比亚交通

■肯尼亚拉姆港施工现场

走廊”（LAPSSET）起点工程——拉姆港1—3号泊位项目正式拉开序幕，肯尼亚总统肯雅塔、南苏丹总统基尔与埃塞俄比亚总理梅莱斯出席了典礼。肯尼亚“拉姆港—南苏丹—埃塞俄比亚交通走廊”项目耗资约250亿美元，被认为是非洲国家独立以来“非洲大陆最大工程”。拉姆港坐落于肯尼亚最北边的海岸曼达湾，是非洲大陆最大工程“拉姆港—南苏丹—埃塞俄比亚交通走廊”项目（简称“北部走廊”）的起点。四航局一公司承建的肯尼亚拉姆港1—3号泊位是“北部走廊”工程的首个项目，工期45个月。拉姆港是肯尼亚2030远景规划的重要组成部分，深度契合“一带一路”倡议。

拉姆港1—3号泊位项目是拉姆港项目的一期工程，项目主码头包含三个泊位，共1200米，属高桩梁板结构，共需钢管桩1440根，还包括港区道路、堆场、港区房建等，是一个大型综合性项目，规模大，施工内容涵盖疏浚、码头、道路堆场、房屋建筑及水电等设施，涉及多个专业方向。

针对项目建设钢管桩用量大、运距远、成本高的特点，项目部进行大胆尝试和创新，建立了四航局海外首个钢管桩加工厂，也是东非地区首条大型钢管桩自动生产线，可辐射整个东非钢管桩生产市场，完全实现钢管桩的加工自给自足，为主码头钢管桩加工打下坚实基础，钢管桩加工厂为项目节约了巨大的成本。拉姆港1—3号泊位工程砂石料需求巨大，涉及163万立方米，卷钢板运输量超过30,000吨。为此，公司成立了由专业船员，打桩船、采砂船、自航运输船、驳船、拖轮、锚艇等组成的“东非舰队”，截至2019年4月，四艘运输船舶累计共完成403趟运输，累计航程179,125千米，相当于围绕地球赤道航行4.5圈。

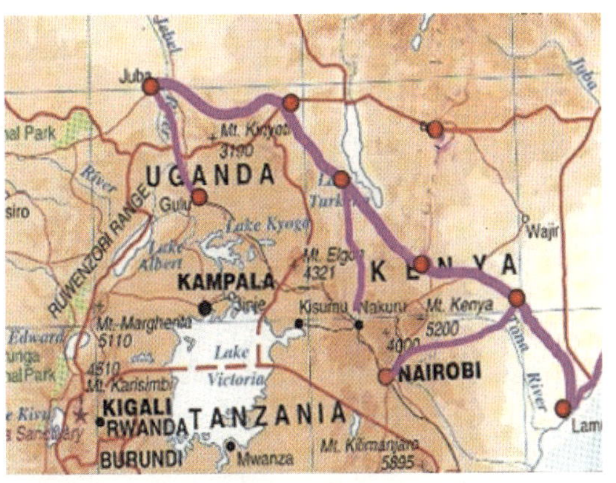

■肯尼亚拉姆港—南苏丹—埃塞俄比亚交通走廊项目示意图

■2016年1月8日上午，肯尼亚总统肯雅塔到拉姆港项目视察工作

项目受到肯尼亚各方高度关注，肯尼亚总统肯雅塔2016年1月8日到项目部视察工作，对项目整体实施进展情况表示满意，要求有关部门积极配合。项目顺利完成各分项节点：

2016年8月23日，项目新建钢管厂试生产成功，为主码头钢管桩生产打下坚实基础。

2016年12月24日，肯尼亚拉姆港1—3号泊位工程项目顺利完成首根沉桩施工，拉开了项目部全面展开水上作业的序幕。首根沉桩的顺利完成，极大鼓

■拉姆港1-3号泊位项目码头面

舞了项目员工的士气，为下一步施工生产打下良好的基础。

2017年8月14日，拉姆港项目顺利完成了1号泊位所有钢管桩沉桩施工，比计划节点目标提前完成施工任务。2017年8月21日，拉姆港项目顺利完成了主码头上部结构首次纵横梁浇筑。此次纵横梁浇筑是大选结束后第一个关键节点，标志着主码头工作面的全面铺开。2018年9月15日，拉姆港项目主码头全部桩基顺利完工，比预定节点提前了近半个月。

2019年2月，肯尼亚拉姆港项目顺利完成1号泊位主码头主体工程，项目建设取得重大进展，项目各项工作进展顺利。

在项目建设期间，拉姆港项目部连同在肯的蒙内铁路项目部及内马铁路项目部，团结一心，成功应对了两次肯尼亚总统大选，奏响了一曲“守望相助，无悔坚守”的建设者之歌。

2017年8月至10月，因肯尼亚反对党不承认8月8日的首次总统选举结果，肯尼亚出现了该国历史上罕见的两次总统大选。一时间社会治安形势骤然升

■拉姆港项目部成员庆祝项目沉桩施工顺利完成

级。同时，“索马里青年党”频繁地在索肯边境制造恐怖袭击，制造恐怖气氛，位于索肯边境的拉姆首当其冲。针对此情形，四航局、一公司及项目部立即启动应急机制，停止施工，加强戒备。在肯尼亚片区的三个项目部积极行动起来，根据各自项目的特点，制定应急对策，同时三个项目之间相互协助，形成联动，共享安保信息、安保力量。“危险面前，大家共同担当，共同进退。”对于安全形势更为敏感的拉姆港项目，其他的两个项目也积极接纳分流的拉姆员工，很多党员同志主动选择坚守

■拉姆港1—3号泊位码头堆场区施工

■拉姆港项目部在驻地周围建起了层层“堡垒”

岗位。三个项目间形成了一个团结的整体。“这里有更多的中交人、四航人，大家团结起来，无论出现任何状况，我们一个员工也不能落下。”通过“人员分流”，“分区域、分层次管理”，蒙内铁路、内马铁路和拉姆项目三个区域形成“三区联防、互为照应、互相保护、快速应对”的体系，平稳度过肯尼亚大选，将企业损失降至最低。

新华社记者在两次大选期间还专程到拉姆港项目进行采访，并刊文《无悔的选择——记肯尼亚拉姆港的年轻建设者》，向仍然坚守一线的建设者表达了崇高的敬意。业主肯尼亚港务局，对于中国建设者在大选期间的表现大为感动。

二、达雷斯萨拉姆港——世界银行点赞的项目

达雷斯萨拉姆港是坦桑尼亚门户港口，坦桑尼亚90%以上的货物从达港进出，同时它也是东非重要的出海口之一，为卢旺达、乌干达、布隆迪、赞比亚、马拉维等内陆邻国提供进出口服务。达港现有泊位结构残旧，设施老化，1—3号泊位的使用期已接近60年，4—7号泊位也已服役超过40年，无法满足达港飞速发展的需要。

2017年7月，四航局一公司首批达港建设者来到了美丽的达雷斯萨拉姆，开始了达港项目的改扩建建设。建设内容包括新建一个3万吨级的滚装泊位，对现有达港1—7号泊位进行升级改造，主要是将已有的1—4号泊位多用途、集装箱泊位，浚深、加固改造为多用途泊位，满足70000DWT多用途船舶停靠；将已有的5—7号多用途、集装箱泊位浚深、加固改造为集装箱泊位，满足70000DWT集装箱船舶停靠，以此提高达港整体通过能力和服务水平，从而提升达港作为东非区域重要港口的整体竞争力。其中，滚装泊位年

■坦桑尼亚达港建设施工现场

吞吐量约40万辆汽车，1—4号泊位年吞吐量约800万，5—7号泊位年集装箱吞吐量达到约100万标箱。2018年11月28日，坦桑尼亚达港1—7号项目1号泊位顺利完工；2019年7月，坦桑尼亚达港项目2号泊位顺利完工并移交。

■坦桑尼亚达港项目部首根PHC桩沉桩顺利完成

达港1—7号泊位升级改造项目是近十年来中交集团的第一个世行项目，意义重大。四航建设者们将与业主紧密合作，尽可能在施工过程减少对现有码头运营的影响，保质保量，按期完成项目建设工作，

■坦桑尼亚达港项目2号泊位PHC桩沉桩施工

为坦桑人民奉献一个精品优质工程。

三、蒙巴萨港新建KOT工程项目——肯尼亚能源大动脉

2011年，公司承建了肯尼亚蒙巴萨港19号泊位及堆场工程，赢得了中国路桥和肯尼亚官方的认可，为肯尼亚后续市场的打开奠定了基础。其间，在2012年，四航局一公司协助肯尼亚港务局完成了新建KOT油码头专业性报告，但因为种种原因，直到2018年，项目才开始招标，通过资审的11家企业，就有7家为中资企业，竞争异常激烈，中国路桥将该项目的投标组织完全交由四航局一公司来组织。

2018年10月，中国路桥工程有限责任公司以中国交建的名义与肯尼亚港务局签订蒙巴萨港新建KOT工程项目合同，并于2018年12月交由中交四航局一公司自筹资金、自担风险、自负盈亏，承担并履行合同规定的承包人的全部义务和责任，全面负责工程的施工和养护工作。这是四航局一公司在海外自主实施的第一个EPC项目,也是中国交建在国家“一带一路”倡议中东非沿线肯

■蒙巴萨港新建KOT工程项目效果图

尼亚区域的第一个集设计、采购、施工与试运行于一体的大型EPC项目。

蒙巴萨港新建KOT工程项目为EPC合同（疏浚为单价计量），非免税项目，使用FIDIC条款，业主为肯尼亚港务局，设计单位为中交四航院，总工期30个月（不含试运行的2个月），其中节点控制工期（疏浚12个月）。

项目于2019年2月1日正式开工，2019年2月23日，长131.3米的大型万方耙吸挖泥船“浚海6”顺利开工，“浚海6”是我国最先进的耙吸挖泥船之一，其先进的疏浚集成控制系统和动力定位和动态航系统，在数十米深海底清淤堪称可以“无人驾驶”实现“海底绣花”。“浚海6”的进场，将极大助力KOT项目疏浚工程，展示中国交建乃至中国强大的疏浚施工实力。截至2019年7月，项目已完成615.5万立方米，累计完成港池疏浚量41.79%。

本项目疏浚工程具有工程量大、工期紧、占用航道施工干扰大、港区交叉作业危险系数高等难点，项目部经过精密策划，克服了船舶设备调遣与清关等难题，推进疏浚工作顺利开展，为施打钢管桩、海底管道铺设等后续施工打下了良好的基础。2019年6月26日，设计组完成所有专业初步设计成果提交，为后续工作的开展奠定了坚实基础。

项目建成以后，将助力蒙巴萨港这座东非第一港向前迈进一大步，将大大缓解肯尼亚石油运输困境，提高港口的石油处理和储存能力，对拉动肯尼亚经济发展具有重要的战略意义，为肯尼亚这个东非经济振兴发展“领头羊”国家经济增长注入新的动力。

第三节　担当责任　传播友谊

当好企业公民，履行社会责任，是四航局一公司的优良传统，也是四航局一公司作为央企的责任担当。四航局一公司在“走出去”的过程中，不仅出色地完成了一项项工程项目，同时还积极践行社会责任，为所在国人民做了许许多多的好事实事。四航局一公司海外项目部根据所在国地区的实际情况，帮助改善居民的生存条件；慰问学校、孤儿院和村民；开展捐赠活动；促进当地就业，培养属地人才，受到当地人民的称赞，与所在国人民建立友谊，促进民心相通，共同构建人类命运共同体。

一、真心关怀 患难见真情

埃及项目部从点滴上，真心关怀劳工生活。穆斯林礼拜前须洁净手脚，伏地膜拜，极为虔诚。项目部便建立了祷告室，并在室外安装水龙头。当地劳工齐聚一堂，唱经祈祷，祷告声辽远清越。而且设立了冲凉房，允许当地人在营区开设小卖部。很多劳工来自同一地方，没有交通车，上下班极为不便。项目部积极筹划，免费提供交通巴士。太阳炙烤，项目部在现场、搅拌站、钢筋加工场设立饮水站，按时添加，定期清理。穆斯林斋月期间，调整上班时间，各班组轮班，防止强度过大，劳工出现不适。开斋节、宰牲节及其他节日，项目部向当地员工发放礼品。此外，项目部遵照埃及法律，制定平等的管理制度，明确权责，并一以贯之。确保每个月按时发放劳工工资，并采取适当的激励措施，给予适当奖励，设立宣传栏，对工作努力、表现优秀的当地劳工进行表彰。

以心换得心，以爱博得爱。项目部的真情关怀赢得了理解和支持。项目部自开工以来，就进入赶工状态，24小时连轴转施工。当地员工都积极配合，所有工期节点都能按时甚至提前完成。很多家庭人口众多，以粗粮烤制的大饼为主食，但还是会邀请我们去家中做客，拿出米饭、烤鱼款待。当自己或兄弟姐妹订、结婚时也会盛情邀请。

■埃及项目部走进埃及当地人家

“患难见真情”。2011年初，埃及发生骚乱。项目部周边警察撤离，军队停止巡逻，不法分子甚至抢劫了项目部驻地外港区一家当地公司，项目部很担心。Baluza劳工自发集结，到项目部进行日夜保卫，及时报告探听到的最新消息。项目部食物储备不足，他们送来了家里的鸡、蔬菜。项目部人员撤离，Baluza劳工积极响应，成立了护送队。项目部保安经理军人出身，熟悉线路且与沿线各村落、城镇有良好的社会关系，即使埃及多地宵禁，道路封锁，关卡重重，沿途有惊无险，护送82人（项目部61人、香港海事9人、中港8人、业主咨工4人）平安到达开罗机场，登机回国。

二、真情关爱　传递温暖

非洲是世界上最不发达的地区之一，经济、教育、医疗相对落后，四航局一公司从踏上非洲土地那一刻起，在建设基础设施的同时，开展一系列助学、捐赠等公益性活动，传递温暖。

■六一儿童节之际，项目部人员为当地小学生送去节日祝福

公司莫桑比克纳卡拉项目部在项目建设期间，每年坚持对当地学校、孤儿院等机构进行公益慰问。2011年六一儿童节之际，公司莫桑比克纳卡拉项目部来到NACALA-VELHA第二小学进行慰问，向学校捐赠了黑板、粉笔、书包、文具、饮料、牛奶等物品，学校校长和教育局长高度赞赏项目部热心公益。此后，项目部一直坚持为当地儿童机构进行公益活动，2012年12月，莫桑比克纳卡拉项目部到当地孤儿院进行慰问；2013年六一儿童节，项目部继续对当地儿童机构进行节日慰问，受到NACALA-VALE市长和当地妇女儿童基金会会长的赞扬。

2014年11月，蒙内铁路建设伊始，项目部即前往沿线的一家孤儿院看望慰问了孤儿，并送去了米、面粉、玉米油、饼干、糖果等急需的生活物资。孤儿院的资助建立者Kwale郡议员Musa及孤儿院院长对项目部的此次捐赠行为表示感谢：“项目部提供的物资都是孩子们最需要的。”2015年9月，蒙内铁路项目部援助修建的Mariakani小学临时学校举行了移交典礼，临时性学校有34间教室，可供1400余名学生上课，会议室、厨房、储物室、厕所等一应俱全。项目部为该校捐赠了学生课外书籍、文具和体育用品等。各方代表对项目部营建的教室高度赞赏，感谢项目部对当地社区经济、教育事业一直以来的支持与贡献。在2014年至2017年项目建设期间，对6所当地小学和孤儿院进行捐款捐献物资20余次，累计为村民修路30余公里，并为营地附近村民解决了生活用水难题等，与当地人民建立起深厚的友谊。

■2015年，Mariakani小学揭牌仪式

■蒙内铁路项目部为当地孤儿院捐献物资和学习用品

公司大部分海外项目都开展了不同形式的公益活动，例如：与当地医疗机构合作预防艾滋病、开展节日慰问、捐赠活动等。

三、真诚襄助　造福一方

公司在参与海外项目建设的过程中，为当地修建便民路，兴建水利工程，甚至参与当地抗灾救灾，做了许多实实在在而且普通民众具体可感的民生项目，受到当地的好评。

2013年1月，安哥拉洛比托道堆项目部主动帮助安哥拉Catubela市修复公路，该条道路长约7千米，搭建3座钢结构小桥，是连通市区主干道与附近两市居民用水的水库的必经之路。因路基经久失修，严重受损，给两市人民的出行造成极大不便。项目部得知情况后，决定修复公路，为当地居民的出行提供便利。项目部的举动获得当地政府高层及业主方的高度肯定，各媒体纷纷前来参加开工仪式，并进行了实时报道。

2018年9月，公司在建设内马铁路期间建设了Kimuka社区水利援助工程。内马项目部在恩贡山隧道施工期间遇到裂隙水，最大涌水量1400立方米每小时。项目部经过多方协调沟通，决定将涌水合理利用，修建蓄水设施以缓解当地居民缺水困境，项目由中国交建资助，项目共有两座蓄水设施，预计可共储水1600立方米，这项工程将可使超过5000名当地居民获益。肯尼亚卡贾多郡长约瑟夫·奥勒·伦库表示卡贾多郡只有约35%的家庭能够有条件获得清洁水，该设施对缓解卡贾多郡居民的用水困难非常重要，将改变卡贾多郡，造福当地人民。

2019年8月初，柬埔寨金港高速公路的终点城市——西港遭遇连续暴雨，

■恩贡山隧道水利援助项目签字仪式

很多城区街道、住房被淹，居民面临着断水、断电等生活困难。项目部在确保项目生产和安全的情况下，组织人员设备，赶赴灾区一线，协助当地政府做好排污泄洪、疏通河道以及修复部分破损路面，项目部在抗洪救灾的同时，为当地民众捐赠了雨衣、清凉饮料、一次性毛巾、水果等物资。西港政府对项目部的及时应援表达了感谢，交通局局长Boreiy Vong Sanid表示，项目部的无私援助不仅加快了救援速度，也提高了政府救援信心。

■公司项目部派遣参与柬埔寨抗洪救灾的设备

四、践行环保　绿色同行

四航局一公司在海外项目建设中坚持可持续发展理念，在保护野生动物、保护自然环境方面做了大量工作。

肯尼亚被誉为“野生动物的天堂”，公司在参建蒙内铁路和内马铁路时，为野生动物保护做了大量工作，得到当地环保机构的肯定。在修建内马铁路时，项目部得知每年有大量的长颈鹿等野生动物在内马铁路DK40+720附近活动。为避免因内马铁路的修建而影响野生动物的活动空间，缓解长颈鹿等野生动物对铁路运行的干扰，专门为穿越铁路的长颈鹿等野生动物修建了双孔涵洞动物通道，最大程度地减少了对野生动物的干扰，并确保动物能安全穿越铁路。

2019年3月，植树节当天，内马项目部前往肯尼亚恩贡山开展“植树和环保公益”主题志愿活动。恩贡山地处东非大裂谷边缘，位于内罗毕市、裂谷省与中部省三辖区交界之处。著名丹麦女作家凯伦·布里克森的自传体小说《走

■公司项目部在恩贡山开展“植树和环保公益”主题志愿活动

出非洲》就以“我有一座农场，位于恩贡山脚下……”开头。然而，随着恩贡山名声渐起，游客增多，恩贡山的自然环境遭到了破坏。此次活动先在恩贡山种植了一批树苗，然后将游客随意丢弃的水瓶、包装袋、糖果外壳集中运送到垃圾收集点，清洁自然环境。

■公司项目部在恩贡山开展“植树和环保公益”主题志愿活动

在坦桑尼亚达港、肯尼亚拉姆港和KOT项目等工程建设期间，项目部都特别重视海洋生态环境保护。蒙巴萨KOT项目附近是东非海洋生物赖以生存的地方，是海豚、座头鲸等2000多种海洋生物和珊瑚美丽的家园。“给海洋生物一个安稳的家”是肯尼亚KOT项目部给

■海洋水质监测

■潜水员对海底观测站取样分析

出的庄严承诺。项目施工区域涉及大面积的红树林湿地公园，海底清淤从-3米水深要挖掘到-26米，海底沉积物多，疏浚污染隐患大，外海卸泥区域周边是肯尼亚海洋公园，一旦造成污染，将无法挽回。为兑现承诺，项目部聘请当地大学海洋生物学教授组建咨询监测团队，与当地权威水质检测实验室签订日常海水监测协议，每天取样分析和收集海底生物的监测的反馈。

施工过程中，监测团队分析卸泥点附近的监测站的水样后发现，弃置外海的淤泥在洋流作用下有回淤，可能到达海洋公园，造成污染和海洋生物死亡。项目部和环保咨询团队反复研究后决定，将卸泥点再往更深的海洋往东2海里，改变卸泥点虽然增加了施工成本和时间成本，却守护了海洋生物的安稳的家。参与整个过程的肯尼亚Pwani大学海洋生物科学院的弗兰达教授高兴地说："中交建设者做得真不错！及时发现问题并解决问题。你们在为我们建设码头的同时，还用心保护肯尼亚国家的海洋生态环境，这给我们以后项目建设树立了榜样。"

五、促进就业 授人以渔

四航局一公司在海外参建一大批工程项目，开发了当地人力资源，为当地创造了大量的就业机会，也为属地国培养了港口、公路、铁路、桥梁建设人才，有一批已经成为其中的佼佼者。

以肯尼亚为例，公司先后参建了蒙巴萨港19号泊位、蒙内铁路、内马铁路、拉姆港、蒙巴萨KOT油码头项目，为当地提供了近万个工作岗位，培养了一批工程技术人员，不少优秀属地员工长期固定地跟随公司，参建了不同项目。

公司在参建蒙内铁路期间，提供了超过4000个工作岗位，接收了一批内罗毕大学、蒙巴萨理工大学等高校的工程专业毕业生，培养了一大批肯尼亚工程师和管理人员。其中“工地女超人”万吉库是代表人物之一。

2014年12月，蒙内铁路一标段项目刚进场不久便在当地举办现场招聘会，当时，万吉库是一个刚从学校毕业的女大学生。进入项目部后，万吉库被分配到蒙巴萨西站工区工作，在工地上，万吉库争分夺秒地熟悉施工流程，想尽快地融入全新的工作环境，不管工作多苦、多累，她都不会抱怨。中国工程师手把手地教授她铁路工程专业知识，传授管理经验。万吉库还通过自学掌握了自卸车驾驶、装载机驾驶和挖掘机驾驶等技能。从2016年5月开始，万吉库已经能够独立带领现场作业队工作，高峰时，她能带领500多名当地劳工，每天完成4万多立方米的土石量，成为一名出色的工程师。一时间，万吉库的事情在工地上传了开来，成为大家学习的榜样。中央电视台、新华社等媒体多次对万吉库的事迹进行报道。蒙内铁路项目结束之后，她凭借扎实的专业知识和出众的工作能力，顺利应聘到了肯尼亚铁路局监理的职位。

肯尼亚籍雇员阿尔弗雷德，在2011年公司参建的东非第一个项目——蒙巴萨19号泊位，他加入了项目部工作。虽然之前有相关工作经验，但是那时候操作技术并不好。经过中国师傅的“传、帮、带”、耐心的讲解和演示，年轻好学的阿尔弗雷德很快就掌握了绝大部分操作知识，最终成为一名熟练的吊机操作手。

■万吉库

■中国员工指导肯尼亚员工操作吊机

■肯尼亚雇员对中国师傅的悉心指导发出由衷赞叹

2015年，阿尔弗雷德再次成为公司海外雇员，参加蒙巴萨拉姆港建设，阿尔弗雷德成为150T吊机的主力操作手，他负责上部结构钢模板、预制面板的吊装以及浇筑纵横梁时混凝土的吊运。拉姆地区天气情况复杂，尤其是在海上施工的上部结构工区，更是面临着暗涌强、风浪大、天气条件变化快等多种不利因素，但他都出色地完成了吊装。

2018年12月4日，在中国驻肯尼亚大使馆主办，肯尼亚中国经贸协会承办的肯尼亚籍杰出员工评选表彰大会现场，阿尔弗雷德荣获“优秀员工”，获得人生第一块奖牌。凭借着阿尔弗雷德的努力，他已经成了当地的“小富翁”。一块地、一栋刚起不久的楼房和一对可爱的儿女，让他成为全村人羡慕的对象。

同样在拉姆港项目工作的当地雇员，上部结构工区助理里根也在业主的表彰大会上，获得了业主的表彰。

四航局一公司在海外建设的过程中，传播中国技术、中国标准，同时传播友谊，中国工程师与当地工程技术人员亦师亦友，实现民心相通。

结 语
星辰大海 奔向远方

在人类历史的长河中，四分之三个世纪只是弹指一挥间，然而，对于四航局一公司来说，过去的76年时间，却是一段极不平凡、难以忘怀的历程。

回眸往昔，四航局一公司的发展所留下的轨迹跌宕起伏，宛如天际线上一抹群山的轮廓，竞相簇拥，连绵不断，砥砺奋进，直指前方；如今，公司站在新世纪的岗峦之上，眼前的景致和未来的境况，恰似苍穹之下的星辰大海，浩瀚无边，闪烁光芒，感召着和激励着人们，满怀豪情，奔向远方。

现实世界，既充满着前所未有的机遇，也存在着前所未有的挑战：以人工智能、云计算和大数据的发展为标志的科学技术，日新月异；以跨界整合、颠覆传统、超常发挥为特征的产业形态变化，令人目不暇接；以各种形式向前推进的经济全球化，正在达到创新的广度并企及新的深度；以人为本、包容增长、共享成果、强调人与自然和谐相处的发展新理念和发展新模式，正在日益深入人心……凡此种种，正在形成一种天下大势，正在汇合成一股时代潮流，以磅礴的气势，对大至一个国家、小至一个企业进行着拍打和冲击，既为它们带来发展的机会，也向它们发出逆水行舟不进则退的挑战。

即对四航局一公司而言，其目前所处境地也概不能外。

生存与发展，是企业永恒的主题。在经济活动中，企业是组合和使用资源、生产产品和服务的主体。面对着目前这种科技飞速进步、业态剧烈蜕变、全球化不断推进和发展理念深刻变化的环境，企业为了能应对这种环境的变化，在组合资源的种类、数量和范围，在使用资源的方式、方法以及在产品服务的类别、形态等诸多方面进行技术创新、产品创新、管理创新和组织创新，努力抓住天下大势和时代潮流所创造的机遇，以一种创新的发展方式和发展模式，对国民经济和世界经济的增长做出贡献，促进和加快自身的发展，从而创造出更多、更大和更好的经济效益、社会效益和生态效益。

体制和机制的改革，对于四航局一公司来说，是必须完成但又尚未完成的一项极重要任务。

四航局一公司是一家历史较为悠久的国有企业。在较长的一段时间内，企业在计划经济体制框架下进行运转，难免受到这种体制的局限。为了冲破这种局限，四航局一公司跟其他国有企业一样，在1978年的十一届三中全会之后走上了锐意改革的历史必然之路。

41年的历史证明，正是这种改革，产生了和释放出前所未有的“改革红利”，强有力地促进了四航局一公司的发展，出现了“惊人一跃”。

然而，改革之于四航局一公司，未有穷期。

目前的四航局一公司，无论从体制上还是从机制上来说，距离现代市场经济的要求，依然还有相当长和相当艰巨的道路要走。

在当今如火如荼的全面深化改革中，四航局一公司与其他国有企业一样，只有以坚决和积极的态度投身到改革之中，努力创造适应现代市场经济要求的管理体制和运转体制，使公司得以真正成为一家高效、灵活的现代企业，创造出新的“改革红利”，促进企业更大、更快和更有效率地发展。

在海外市场方面，四航局一公司是践行“走出去”战略的先行者，迈出了比较坚定和比较扎实的步伐，取得了相当可观的成就，在探索之中积累了不少规范管理的经验。

2013年，中国提出了“一带一路”的倡议，努力创造中国与其他国家开展合作的重要平台，以实现共同建设、助推发展、包容增长、共同繁荣。这也给四航局一公司带来了千载难逢的发展机遇。目前公司正以更加开放的心态和更加广阔的胸襟抢抓这个机遇，在中交集团、四航局“海外优先发展战略”的指引下，四航局一公司将充分借助“一体两翼”平台，结合自身特点和优势，下定更大的决心，迈出更大的步伐，四航局一公司海外业务的占比必将越来越大，企业治理的国际化水平也将越来越成熟和完善。

我们坚信，在抗日战争中接受过血与火的洗礼，在恢复国民经济时期受过艰难困苦淬炼，在改革开放中经历过剧烈的市场竞争考验，在实施“走出去”战略中经历过风高浪急的国外市场搏击的四航局一公司，将始终紧跟党和国家步伐，紧随中交大海外战略，积极参与国家重大项目建设，勇挑央企重担，扮演好“做强做优做大”践行者的角色；将更加注重生态文明和以人为本，更加注重创新驱动和效率提升，加快转型升级步伐，以新思想新理念为引领，推动高质量高效益可持续发展，取得更大的经济、社会和生态效益，担当更多的经济、政治和社会责任。而“创新”“改革”和“走向世界”，也定能导引四航局一公司在星辰大海般的前路上，自信十足、豪情千丈地奔向远方！

延伸阅读

一、历史溯源

（一）公司历史概括及时期划分

从1943年夏，四航局一公司的最早前身——当时的“国民政府军事委员会工程委员会第九工程处”，到21世纪的今天，诞生于国难深重时期，伴随着中国人民抗日战争的伟大胜利和中华人民共和国前进的脚步，伴随着改革发展的步伐，四航局一公司走过了不平凡的光辉历程，经过70多年的发展壮大，成为世界500强企业中国交通建设股份有限公司旗下中交四航局的全资子公司。

从1943年至2019年的76年时间，按照隶属关系划分，四航局一公司经历了三个历史时期：

第一时期：1943年夏至1949年9月，是中国抗日战争时期隶属于“国民政府中央军委”指挥、带番号的非军事编制单位。这一时期共有三个单位名称，分别是“国民政府军事委员会工程委员会第九工程处”（1943年夏至1944年11月）、“滇缅公路保密公路工程处第二施工处”（1944年11月至1946年1月）、“国民政府交通部公路总局第二机械筑路工程总队”（1946年1月至1949年9月）。当时全国有三个机械筑路总队，一总队设上海，二总队设广州，三总队设福州，而二总队的前身因参与了滇缅公路建设，是唯一用大量先进的美式工程机械装备武装起来，并由美军机械工程师作指导。

第二时期：1949年10月至1974年9月，从“广东省机械筑路工程总队”“交通部中南公路工程处”到“第一公路工程分局”，体制分去合来、易名改属14次，在25年中，只是名称变了，整体编制没变，每次更名都是全建制划归交通部或全建制划归广东省交通厅，为老牌的交通基建队伍，被行家称为

■广州市先烈东路316号公司办公楼旧址

■广州市海珠区艺苑南路13号大院公司办公楼

“老公路”。

第三时期：1974年10月至今，合并到四航局，成为四航局的主力子公司。45年中，随着体制的改变，单位名称又变更了几次，分别是：交通部第四航务工程局第一工程处（1974年10月）、交通部第四航务工程局第一工程公司（1985年1月）、中港四航局第一工程公司（1998年12月）、中交第四航务工程局第一工程公司（2005年底）、中交四航局第一工程有限公司（2006年10月）。

（二）公司办公地点的数次搬迁

1959年秋，公司办公地点从广州沙和路10号迁至广州市先烈东路134号（后改为159号）。

2002年，公司搬迁至先烈东路316号。

2012年8月13日，再次搬迁至广州市海珠区艺苑南路13号大院。

（三）新中国成立后组织机构设置及变迁

1949年10月14日，广州解放，隶属“国民政府交通部公路总局”领导的第二机械筑路工程总队，由中国人民解放军广州市军事管制委员会交通委员会接管，任命吴智民为军代表接管后，直属广东省交通厅领导，名为广东省机械筑路工程总队，总队长是罗贵贤，原遣散、退职人员纷纷归队，至年底，总队人数回升为108人。总队设经保股、秘书股、人事股、总务股、会计股、材料股、工程股、两个工程队和一个修配厂。

1949年10月接收后有中共党员5名，成立了第一个党支部，支部书记是吴智民。1950年3月有共青团员5人，成立了第一个团支部，黎明任团支部书记、张希仁任副书记。7月派张希仁代表参加了广州市首届团代会。1955年机构升格，党团组织由党支部、团支部升格为党委、团委，并成立了工会组织。1958年8月召开首次党代会和职代会，1961年召开第二次党代会和职代会。

1951年9月14日，军管代表吴智民病逝后，由广东省交通厅军管代表柳南（女）接任，协理员马永平主持总队工作。后军管撤销，马永平转任总队长，罗贵贤、周铭波为副总队长。9月将原修配厂改建为制配和修理两个大组。

1952年5月，郑州机筑五队、衡阳机筑六队、福州机筑八队合并，组建成中国交通建设企业总公司中南机筑区队。9月，海南岛海榆中线、广东广海北线工程上马，广州管理处主力调赴海南岛，12月，中国交通建设企业总公司中南机筑区队同广东省机械筑路工程总队合并，改建为华南区公路修建工程总指挥部机械筑路总队第一机筑大队。

1953年4月，机筑总队撤销，第一机械筑路大队划归交通部公路总局机械筑路总队，改称为交通部公路总局机械筑路总队第三大队。队部设在海南岛秀英港进口处，大队下设土方组、石方组、大修组、制配组和驻广州工作组。

1953年下半年，为改变机构设置不科学而造成的管理混乱局面，调整了组织机构，成立三个专业施工中队和一个修配厂。

1954年1月，根据交通部指示精神，公路总局所属机械筑路总队被撤销，机筑三大队改称华南公路工程指挥部机械筑路第一大队。大队设行政股、政工股、财务股、机务股、供应股、计划股、劳动工资股和路基中队、路面中队、桥梁中队、修配厂及广州工作组。此时，全大队职工已达506人，队址仍设在秀英港。

1955年1月，华南公路修建工程指挥部撤销，奉命改组为交通部公路总局第二工程局，局址迁武汉。2月，第一大队也相应改称为“交通部公路总局第二工程局机械筑路总队”。原机械筑路第二大队长沙配件厂改属机械筑路队。

1956年，交通部公路总局改称公路工程总局，机械筑路队改称为公路工程总局第二工程局第一工程处，1957年升格为团级单位，以下设3个机械工程队和一个配件厂（后复称公路总局和修配厂），原各股室相应升格为科室。

1957年元月，长沙配件厂撤销，大部分职工和设备调入西安筑路机械厂（现中交西安筑路机械厂前身），17名职工和7台设备并入工程处修配厂。

1958年3月，遇到经济困难时期，处属机构进行精简，将原经办机械出租维修业务的业务科、修配厂、第三机械工程队合并，成立机械供应站，全处机械设备由供应站集中统一调度，办理出租机械、运输、修理机具等业务。7月体制下放，第一工程处易名为“广东省交通厅公路基建处”。

1963年11月，交通部成立第三公路工程局，将原广东省交通厅公路基建处收回，编为交通部第三公路工程局机械筑路工程处。

1966年1月，经国家建委批准，将机械筑路工程处改称为“交通部中南公路工程处”，隶属交通部直接领导。1968年10月成立“革命委员会”，各职能科室被取消，只设政工、生产、办事三个大组。

1971年，郴州筑路机械厂由原属中南公路工程处划归交通部直辖。1972年1月，中南公路工程处与广东省交通厅公路工程团合并，改称广东省公路运输管理局公路工程分局。年底，根据全国交通工作会议精神，撤销机关三大组，建立政治处、组织科、宣传科、团委、武装部、生产计划科、财务材料科、技术科、人事保卫科、行政科等科室。

1973年初，与公路工程团分家，改称广东省公路运输管理局第一公路工程分局，为合并到交通部四航局作准备。

1974年10月，第一公路工程分局合并到交通部第四航务工程局，改称交通部第四航务工程局第一工程处。

1985年1月，为适应改革开放形势的迅猛发展，将企业从生产管理型转变为经营管理型，原第一工程处改称为交通部第四航务工程局第一工程公司。

1998年12月，更名为中港四航局第一工程公司。

组织机构沿革年表

时　期	单　位　名　称
1943年夏	国民政府军事委员会工程委员会第九工程处
1944年11月	滇缅公路保密公路工程处第二工程处
1946年1月	国民政府交通部公路总局第二机械筑路工程总队（选址广州沙河镇）
1949年10月	广东省机械筑路工程总队
1952年5月	中国交通建设企业总公司中南机筑区队（广州管理处）
1952年12月	华南区公路修建工程总指挥部机械筑路总队第一机筑大队
1953年4月	交通部公路总局机械筑路总队第三大队
1954年1月	交通部华南公路指挥部机械筑路第一大队
1955年2月	交通部公路总局第二工程局机械筑路总队
1956年9月	交通部公路工程总局第二工程局第一工程处
1958年7月	广东省交通厅公路基建处
1963年11月	交通部第三公路工程局机械筑路工程处
1966年1月	交通部中南公路工程处
1972年1月	广东省公路运输管理局公路工程分局
1973年初	广东省公路运输管理局第一公路工程局
1974年10月	交通部第四航务工程局第一工程处
1985年1月	交通部第四航务工程局第一工程公司
1998年12月	中港四航局第一工程公司
2005年底	中交第四航务工程局第一工程公司
2006年10月至今	中交四航局第一工程有限公司

2005年底，改称为“中交第四航务工程局第一工程公司”。

2006年10月至今，随着中国交通建设集团整体改制，改称为“中交四航局第一工程有限公司”。

（四）易名改属探究

从1949年到1974年的25年中，体制分去合来、易名改属14次。如华南公路工程指挥部机械筑路第一大队、交通部公路总局第二工程局机械筑路队、广东省交通厅公路基建处以及交通部中南公路工程处等。唯“中南处”此称谓及隶属维持较长时间，但也仅6年。14次易名没有一次在称谓中缺“路”字，由此，老牌的交通基建队伍被行家称为“老公路”亦属实至名归。

为什么在与四航局合并之前的25年中会经历“易名改属14次”的历史？四航局原局长、党委副书记、中南处原党委书记、处长惠恩泽在接受采访时道出了其中的原因：

中南处是独立处，隶属交通部直接领导，其前身（1949年）广东省机械筑路工程总队，拥有众多当时最先进的施工机械设备和一大批工程技术人员、工程机械操作手。其间，吸收了中国人民解放军公路工程部队第一师首批转业的优秀战士230名，继而又吸收了该师优秀的转业干部，许多官兵转业后成为中南处的核心干部和骨干人员。之后，中南处又招收了一批批大中专毕业生、社会招聘人员等。因中南处的施工机械化程度高，中央（交通部）和地方（广东省交通厅）都要依靠广东省机械筑路工程总队来完成重要的大型工程项目，当时的中南处是一个“香饽饽”。所以，每当交通部要实施重大工程时，就将广东省机械筑路工程总队整编收归到交通部，而当广东省要实施重大工程时，又将机械筑路工程总队下放到地方。从1949年到1974年的25年中，只是名称变了，整体编制没变，每次更名都是全建制划归交通部或全建制划归广东省交通厅，而我们也没有辜负中央和地方的期望，每次都圆满完成了施工任务，这是几代中南处人引以为傲的辉煌历史，也是中南处的核心竞争力

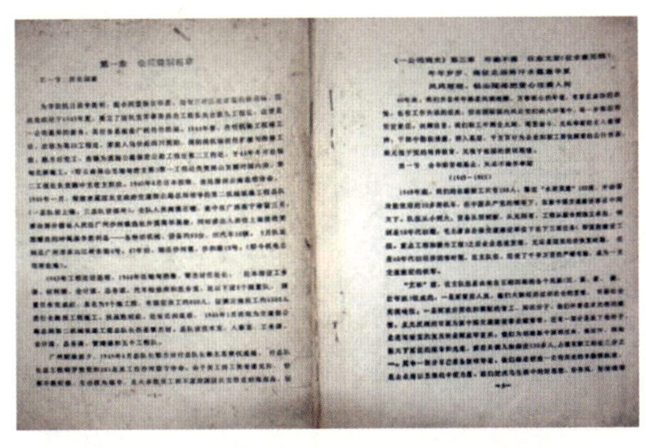

1989年编写的《四航局一公司简史》记载了公司建制沿革

之所在。中南处的核心竞争力有两点：一是拥有众多大型施工机械设备；二是拥有一大批工程技术人员。交通部、广东省交通厅、交通部西安筑路机械厂等抽调了我们的骨干人才，在新单位有的同志还走上了领导岗位。

1946年1月，成立隶属于“国民政府交通部公路总局”领导的三个机械筑路工程总队，经过半个多世纪的沧桑巨变，如今只剩下二总队（即中南处较早的前身）全建制地保留了下来。

二、郴州厂的建设与划出

在参建滇缅公路时，为了加强对施工机械的维修保养，1946年，“国民政府交通部公路总局第二机械筑路工程总队”设立了机修组，1947年9月，机修组扩大为修配厂，这个小厂就是1969年从中南处划出去的“中交郴州筑路机械厂”的前身。当时，厂内仅有职工15人，其中技术员1人，修理工3人，车工、钳工、锻工、电工各2人。

1949年10月，人民政府接收“国民政府交通部公路总局第二机械筑路工程总队”时，同时接收了全部机械设备和总队下属的修配厂，厂址在广州市沙河镇沙和路10号第二机械筑路工程总队内。当时修配厂职工只有29人，因机械设备大部分残旧失修，维修任务繁重，修配厂分为修理和制配两个大组，仅有工程修理车一台（内有四尺车床一台、钻床一台以及钳台和各种修理工具）、打铁炉一盘，负责总队机械车辆之保养修理。

从1947年至1969年迁厂前，修配厂经历了两个发展阶段，第一阶段为1947年至20世纪50年代末，为修理制配阶段；第二阶段为20世纪60年代初至1969年迁厂前，为修造并举阶段。

广州解放后，修配厂以崭新面貌加入新中国建设行业。此时，生产始终以筑路、施工机械的修理、制配为主。新中国成立初期和第一个五年计划期间的生产基本上是单纯的修理业务。在“一五”计划中期，机车修理能力已达年修理量100标准台的生产水平。

随着我国社会主义建设事业的发展，修配厂从小到大不断发展，并于1957年元月，接收了交通部公路总局长沙配件厂部分设备和17名技工，修配厂不断增人扩厂，修理、制配业务日精，业务量与日俱增，至1969年9月修配厂内迁湖南省郴州市前，修配厂已有生产工人636人，机械设备69台，尤其擅长修理进口筑路设备而远近闻名。

1969年9月，为了适应战备形势要求，贯彻中央建设三线指示精神，交通部决定将中南公路工程处和修配厂由沿海迁往内地。嗣后，中南公路工程处先后派人到广东马坝、仁化，河南郑州，湖南长沙、株洲、衡阳等地进行地址勘察，最后选定湖南郴州（当时为湖南省郴县郴州镇）作为中南公路工程处内迁后方基地，厂址位于湖南省郴州市西南面五里堆燕泉路68号。

郴州厂于1965年9月开始筹备，1966年4月破土动工兴建，1969年1月，中南公路工程处成立郴州厂筹备小组，负责郴州厂的厂房和设备接收、安装工作，为郴州厂早日投产做准备。1969年3月27日，郴州厂被交通部军事管制委员会定名为交通部郴州筑路机械厂，12月底结束迁厂工作。

郴州基地原计划分两部分：中南公路工程处处本部，建筑面积1.2万平方米；郴州厂，建筑面积2.01万平方米，建成后可年修筑路机械150台次，年产装配式公路钢桥等金属结构件1000吨，年产值300万元，职工约400人。但随着形势发展，中南公路工程处未能内迁，处本部全部建筑设施并入郴州厂。郴州厂建成后，由原计划的修配厂改为制造厂。

1973年8月1日，将郴州厂正式移交，归交通部直属，约400人，73台设备。李德、韦同声分别代表交接方在清册上签字。经过40多年的发展，交通部郴州筑路机械厂成为中国交通建设集团有限公司成员企业——中交郴州筑路机械厂。

郴州厂被划出后，1976年7月2日，经交通部批准，四航局第一工程处机械修理厂（位于广州沙和路10号）划归四航局管理，改名为交通部第四航务工程局机械修理厂，为科级单位。

三、企业领导体制改革与机构演变

1984年10月召开的党的十二届三中全会通过了《中共中央关于经济体制改革的决定》，标志着我国经济改革的重点从农村转向城市，自1985年开始在全国部分国有企业改革企业领导体制。改革的基本内容是：实行局长负责制，发挥党组织的保证和监督作用，健全职代会和各项民主管理制度。1986年9月，中共中央、国务院颁发了《全民所有制工业企业厂长工作条例》《中国共产党全民所有制工业企业基层组织工作条例》《全民所有制工业企业职工代表大会条例》，1988年4月全国人大通过了《中华人民共和国全民所有制工业企业法》。

1999年政企分开，公司紧跟经济发展步伐，加大改革力度，为了适应经济体制改革的需要，从1985年1月至2006年10月，公司经历了四次企业领导体制改革与更名。

第一次是1985年1月1日——

四航局是交通部部属企业进行领导体制改革的试点单位之一。1985年1月1日开始实行局长负责制，即局长受国家委托，负责全局的生产经营和行政管理工作。全局的生产经营和行政管理方面的问题由局长决定，对国家和职工负责，改变了过去企业党委集体领导下的分工负责制的领导体制。

在四航局试行和正式实行局长负责制的同时，局属单位同步实行经理（所长、校长）负责制，基层单位实行施工处主任责任制。

1985年5月，四航局修订颁发了《局长、公司经理、施工处主任工作条例》，从制度上分清了三级职务的职责权限和相互关系。按照局、公司、施工处三级管理的组织形式，调整了局、公司、施工处三级责任分工，简政放权，在生产、管理、经营、开发等四个方面的工作中，局以经营、开发为主，公司以管理为主，施工处以生产为主。

为适应经济体制改革的需要，搞活经营，发展经济，四航局在实行局长负责制的同时，1985年1月下发了《关于更改部分局属单位名称的通知》，原第一、第二、第三工程处分别改称为第一、第二、第三工程公司，原各工程处属下的工程队改称为施工处，预制场改为预制构件厂。

上述各局属单位及其所属队、场，更改名称后，单位原有级别不变。第一、第二、第三工程公司设经理、副经理（正、副处级）；施工处设主任、副主任（正、副科级）；厂设厂长、副厂长（正、副科级）。

第二次是1998年12月——

建立现代企业制度是国有企业改革的重要目标，也是适应市场经济需要的必由之路。1997年12月6日，作为120家国家试点企业集团之一，中港（集团）总公司成立。1998年中港（集团）总公司出台了《中港集团试点方案》。四航局作为集团的一个子公司，积极地配合和参与了集团的改革。

1997年12月6日，中港集团暨中国港湾建设（集团）总公司成立的揭牌仪式在北京人民大会堂新闻发布厅隆重举行。中港集团成立后，四航局作为其紧密型企业，自然归属中港（集团）总公司领导，并根据中港（集团）总公司关于中港集团成立后中港集团、集团总公司、集团子公司对内、对外名称变更的通知进行了更名。

经广州市工商局批准，1998年12月23日四航局法人名称由原来的交通部第四航务工程局更名为中港第四航务工程局。局属单位除广州（四航）宏华工贸工程公司、广州港湾工程设计院沿用原名称不变之外，其余单位名称也相应进行变更：交通部四航局第一、第二、第三工程公司分别更名为中港四航局第一、第二、第三工程公司；交通部四航局机电工程公司更名为中港四航局机电工程公司；交通部四航局科学研究所更名为中港四航局科学研究所；交通部四航局船舶工程公司更名为中港四航局船舶工程公司。

第三次是2005年8月——

2005年8月，中国港湾建设（集团）总公司与中国路桥（集团）总公司合并成为中国交通建设集团有限公司。四航局成为中交集团下属的全资子公司，改制上市工作纳入中交集团的整体上市规划。中港四航局第一工程公司更名为中交四航局第一工程公司。

第四次是2006年10月——

2006年10月8日，中国交通建设集团有限公司独家发起设立中国交通建设股份有限公司，并于2006年12月15日在香港上市。按照中交集团的统一部署，四航局整体改制为中交第四航务工程局有限公司，于2006年10月12日获得广州市工商局核发的企业法人营业执照。2006年10月18日，中交第四航务工程局有限公司正式创立，标志着四航局的管理运作进入一个崭新的阶段。

为此，中交第四航务工程局第一工程公司同时改称为中交四航局第一工程有限公司，成为中国交通建设股份有限公司的三级子公司，并于2006年10月23日获得广州市工商局核发的企业法人营业执照。

四、“沙河机筑巷”名称的由来

据广州市天河区地方志办公室编写的广州市天河区地方志丛书《天河之最》（2010年版）记载：“沙河，因为有沙河涌流经而得名，因流水含沙较多，故取名为沙河。因此处有白云山和河涌，清光绪年间又名山河。”

广东省公路运输管理局第一公路工程局其最近前身称“交通部中南公路工程处”，简称“中南处”，是当时沙河地区最大的单位。由于当时办公楼是崭新的，筑路机械多，在沙河地区声名鹊起，“中南处”这一称呼在当地妇孺皆知。

据四航局一公司组织科原科长臧胜娱、卫生所原所长黄瑞潮等多位退休干部集体回忆，中南处所在地广州市先烈东路134号（后改为广州市先烈东路159号）因名声在外而被称为“沙河机筑新村”（筑路机械村）。而位于先烈东路159号旁的小巷，在新中国成立前是经营棺材生意的棺材铺，后来成为肉菜市场。这条小巷当时没有名字，也因紧邻沙河机筑新村（先烈东路159号）而得名“沙河机筑巷”。这就是“沙河机筑巷”名称的由来，该地名沿用至今，沙河机筑巷如今成为服装批发综合商场，旁边还有沙河小学及住宅楼。

五、新一军印缅阵亡将士公墓

新一军印缅阵亡将士公墓是异国抗日英灵的最大型归葬。

据广州市天河区地方志办公室编写的广州市天河区地方志丛书《天河之最》（2010年版）记载：

1941年，太平洋战争爆发后，日军占领了越南、缅甸、新加坡、马来西亚、泰国、菲律宾各国及香港和东印度群岛等地区，并企图截断当时盟军向中国抗日战场运送物资的唯一通道——滇缅公路（中国昆

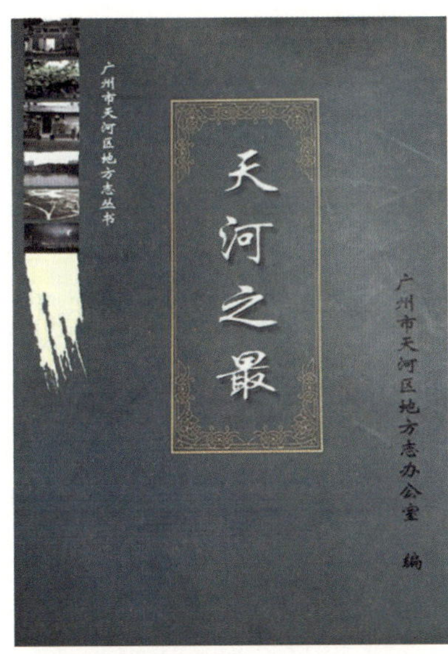

■广州市天河区地方志丛书《天河之最》封面及其中有关新一军印缅阵亡将士公墓的内容

明—缅甸仰光）。中国政府派出远征军，于1942年深入印缅，协同盟军抗击日军，共同保卫滇缅公路。后远征军撤至印度，改编为陆军新编第一军，由郑洞国、孙立人先后任军长。在远征作战期间，新一军经历大小战斗700余次，歼敌7.4万余人，为保卫祖国和世界反法西斯战争做出了重大贡献。抗战胜利后，新一军在白云山马头岗南面征地，修建阵亡将士纪念公墓。1945年10月5日始建，1947年9月6日建成。

新一军印缅阵亡将士公墓原面积100多亩，主要由墓门、墓志铭、记功亭、纪念塔几部分组成，规模较大。由于世事变迁，现公墓已难觅昔日景象。广园路、铁路、濂泉路成双十字从公墓中间通过，把公墓分割成几部分，整个公墓混杂在单位、营房及闹市中，墓门中间坊门被毁，相关题字和两座士兵塑像已无存，小河、小桥已湮没，两座记功亭只剩一座，而且还被农贸市场团团围住，纪念塔上铜鹰也不知去向。

1993年8月9日，广州市人民政府公布其为广州市文物保护单位。

六、广东省公路工程施工机构沿革

据1993年中山大学出版社出版的《广东省公路志》记载：“广东公路工程施工组织及施工队伍，在解放前没有国营队伍，全是私营营造商（或建筑商）采取委托承包制，或招标承包，队伍是大包分包给各工种小包（包工头），层层剥削的生产组织形式。解放初期除勘测、设计由公路部门自己掌握外，工程施工仍是发包给营造承包商，劳动力、材料、施工设备均是营造商掌握，公路部门只是代表甲方进行工程施工监督。通过‘三反’‘五反’运动后，开始建立自己的施工专业队伍，抽派公路技术人员、工程师等还有一批‘五反归队’的原营造商的技术人员和技术工人，接收和购置一批施工机械。1953年省公路局承担佛山沙堤机场场外公路工程，局长亲自领队，总工程师也在现场边测设边施工。工程结束，队伍也解体。随着第一个五年计划的开始，施工任务增加，1954年正式成立基建队，是一个国家专业公路施工队伍，掌握一定的施工设备、技术人员和技术工人。

“1953年中央为了广东国防公路建设，在原来的广东公路修筑会的基础上，又改成立华南区公路修建工程总指挥部并配有两个工兵师配合施工，是一个集测设施工于一体的组织。随着国家基本建设的需要，工兵师也全部转业，组成工程局，成为公路施工专业队伍。华南指挥部下属有三个工程局，到1958年工程基本结束，中央下放了第二工程局第三工程处给广东省，并入广东省公路局建制，并将施工队伍重新组建为一至五个工程队，其中第四工程队（即原公路局的基建队），负责全省公路基建工程和新改建工程施工任务。

“1958年以后，省公路局属下的地区养路总段（后期改为公路局），根据部的养修分工的精神，地区级也成立工程队，专负责本辖区内的新（改）建公路工程，这些工程队伍也日趋壮大，特别是改革开放以来，地（市）公路局属下的工程队也改组为公路工程公司，承担大型桥梁及路线改造工程。

“省交通厅于1961年根据形势的需要，将原省公路局几个工程队抽出成立工程总队，下设几个施工现场。1964年又恢复四个工程队，直属省公路局编制。‘文化大革命’时期改为工程团，下属五个工程连，至1974年正式成立公路工程处（1989年成为国家一级企业），属省交通厅领导。

“省公路局随着改革开放的发展，于1987年5月成立省公路施工总公司（是一个施工集团公司），各地（市）的公路施工公司属子公司，是省的一级施工单位。承担公路、大型桥梁及高等级公路的施工。”

参考文献

主要参考资料：

[1]广东省地方史志编纂委员会.广东省志：水运志[M].广州：广东人民出版社,2006.
[2]广东省地方史志编纂委员会.广东省志：公路交通志[M].广州：广东人民出版社,1996.
[3]广东省地方史志编纂委员会.广东省志：铁路志[M].广州：广东人民出版社,1996.
[4]广州交通邮电志编纂委员会.广州市志：交通邮电志[M].广州：广东人民出社,1993.
[5]中共广州市委党史研究室.广州接管史录[M].广州：广东经济出版社,2009.
[6]广州市天河区地方志编纂委员会.广州市天河区志[M].广州：广东人民出版社,1998.
[7]广东省公路管理局.广东省公路志[M].广州：中山大学出版社,1993.

其他资料来源于：

《贵港市文史资料》（贵港市文史资料办公室1991年编写）
《天河之最》（广州市天河区地方志丛书）
《中港第四航务工程局大事记（1951—2002）》
《风雨历程：中港第四航务工程局1951—2001》（中港第四航务工程局2001年编写）
《跨越——中交第四航务工程局有限公司2001—2011发展纪实》
《中交第四航务工程局有限公司》（宣传画册）
《诚信四航》
《四航人风采》（上、下）
历年出版的四航局《华南港工》报、《四航》杂志
《四航局一公司简史》（四航局一公司1989年编写）
《四航一公司》宣传画册
《长林拾翠》（四航局原党委书记沈长林回忆录）
部分离退休职工档案、部分离退休技术骨干《个人业务自传》
部分老领导、离退休职工采访记录
中交郴州筑路机械厂厂史资料
四航局一公司有关文件
其他方面的有关资料

附 录

附录一 四航局一公司最早前身（1943—1949年）负责人名录

姓名	单位名称	职务	任职时间
黎杰材	国民政府军事委员会工程委员会第九工程处、滇缅公路保密公路工程处第二工程处、国民政府交通部公路总局第二机械筑路工程总队	处长、总队长	1943—1949.6
沈锡林	滇缅公路保密公路工程处第二工程处	副处长	1944—不详
秦丕基	国民政府交通部公路总局第二机械筑路工程总队	副总队长	1946.1—1949.6
罗贵贤	国民政府交通部公路总局第二机械筑路工程总队	副总队长、总工程师	1946.1—1949.6
吴智民	广东省机械筑路工程总队	军代表、第一任党支部书记（1955年后，党支部升格为党委）	1949.10—1951.9.14
罗贵贤	广东省机械筑路工程总队	总队长	1949—1951
耿贵苍	第二机械筑路工程总队		1949.10—1950

附录二　四航局一公司前身（1950—1974年）负责人名录

（由于资料不全，未能全部收录）

姓名	主管上级	单位名称	任职时间
柳南（女）		广东省机械筑路工程总队	1951—不详
马永平		广东省机械筑路工程总队	1951—1952
罗贵贤		广东省机械筑路工程总队	1951—不详
周铭波		广东省机械筑路工程总队	1951—不详
耿贵苍	中国交通建设企业总公司	中南机筑区队广州管理处	1951—1952.6
马永平 董宏恩	华南区公路工程总部指挥部	机械筑路总队	1952.12—1953.4
马永平	交通部公路总局机械筑路总队	第三大队	1953.5—1954.1
马永平	交通部公路总局机械筑路总队	第一大队	1954.1—1955.2
马永平	交通部公路总局第二工程局	机械筑路总队	1955.2—1955.12
李志强	交通部公路工程总局第二工程局	第一工程处	1956.1—1958.6
李志强	广东省交通厅	公路基建工程处	1958.6—1963.9
惠恩泽	交通部公路第三工程局	机械筑路工程处	1963.10—1966.12
惠恩泽 徐德春	交通部公路总局	中南公路工程处	1967.1—1971.12
马德祥 徐德春 孙金彪	广东省公路运输管理局（原交通厅）	公路工程局第一工程分局	1972.1—1974.4

附录三 四航局一公司历年党、政、工负责人名录

（1974年10月起，以任职先后为序、以任免文件为准）

注：1974年10月成立交通部第四航务工程局第一工程处，1985年1月更名为交通部第四航务工程局第一工程公司，1998年12月更名为中港四航局第一工程公司，2005年底更名为中交第四航务工程局第一工程公司，2006年10月更名为中交四航局第一工程有限公司。

姓 名	职 务	任职时间
孙金彪	主任、处长、党的核心小组组长、党委书记	1974. 10—1979. 12
黄克忠	副主任、副处长	1974. 10—1983. 5
徐德春	副主任、副处长、党委副书记、代理处长	1974. 10—1983. 5
胡 康	副主任	1974. 10—1979. 6
李俊峰	党委副书记兼政治处主任	1974. 10—1979. 11
周文莲	工会主席	1978. 4—1984. 5
马德祥	党委书记	1979. 12—1982. 5
程远恒	副处长	1979. 8—1983. 5
唐训炎	副处长	1979. 8—1983. 5
李祥茂	副处长、党委副书记兼政治处主任	1979. 11—1982. 1
张振芳	副处长、党委书记	1981. 11—1983. 1
陈锡寿	副处长	1981. 12—1986. 7
曹立大	党委副书记、党委代书记、纪委书记	1982. 1—1985. 2
阳至忠	副处长、主任工程师	1982. 1—1984. 5
张恩持	副处长（主持工作）、处长	1983. 1—1984. 4
廖谅九	副处长、处长、经理	1983. 5—1987. 4
黄希中	副处长、副经理、总工程师	1984. 5—2002. 6
罗开云	党委副书记、副经理	1982. 1—1990. 5
朱伟明	党委副书记、纪委书记、党委书记	1985. 2—2001. 2
龚如江	副经理、经理	1985. 3—1989. 3

（续表）

姓　名	职　　务	任职时间
吕国良	工会主席	1985.4—1990.4
付中川	副经理、经理 经理	1986.3—1992.4 1995.12—1996.12
杨守瑜	副经理	1987.4—1988.3
沈长林	党委书记、经理	1987.5—1990.8
陈汉兴	副经理、经理	1988.3—1995.12
曾广才	副经理	1989.5—1994.6
陈永芳	工会主席	1990.4—1994.8
陈振民	副经理、党委副书记、纪委书记	1990.8—2001.2
何广珊	纪委书记	1991.1—1993.2
谢势强	副经理	1992.4—2000.3
黄洪长	总经济师	1992.4—1993.1
陈兆桐	副经理	1994.2—1994.6
陈奋健	副经理、经理	1994.6—2000.7
刘文华	副经理、经理	1994.6—2002.7
索之津	工会主席、党委书记、副总经理	1994.9—2007.1
张世军	副经理	1997.8—2001.6
张尊宣	总经济师、副经理	1997.8—2002.12
张学军	总会计师	1997.8—2001.7
陈东港	党委副书记 党委副书记、纪委书记、工会主席	1999.3—2002.4 2008.11—2010.12
周达培	副经理兼总经济师、主持工作、经理	2000.3—2006.3
黎　敏	纪委书记、工会主席、党委副书记	2001.2—2008.11
梁鉴亮	副经理	2001.7—2006.10
何维标	总会计师	2001.7—2007.7
李加才	总工程师	2002.6—2008.3

（续表）

姓 名	职　　务	任职时间
卢玉荣	总经济师 总经理、党委副书记	2002.1—2005.5 2014.12—
万军杰	党委副书记 党委书记、副总经理	2002.4—2002.10 2007.1—2008.1
陈国良	副经理、副总经理 党委副书记、纪委书记、工会主席、党委书记、副总经理	2003.1—2008.1 2008.1—
姜兆义	纪委书记	2003.2—2007.9
方嘉煊	总经理	2006.3—2007.12
李俊勇	副总经理	2006.9—2010.6
梁青强	副总经理	2007.1—2008.3
江和明	总经理 党委副书记	2007.12—2011.12 2008.1—2012.3
温爱民	总经济师（兼）	2007.7—2011.12
贾凌武	总会计师	2007.7—2015.1
王亚林	副总经理	2007.7—2008.1
袁求武	副总经理、总经理、党委副书记	2008.3—2013.10
荣劲松	总工程师	2008.3—
吴　浩	副总经理	2009.3—2013.6
周盛初	党委副书记、纪委书记、工会主席	2010.12—2013.10
吴文锋	副总经理	2010.12—2016.6
李明忠	副总经理	2011.1—2017.8
徐洪华	副总经理	2012.1—2017.7
罗宽荣	总经理（兼）	2013.10—2014.12
刘光兵	副总经理	2013.6—2019.3
张　猛	党委书记（兼）	2013.10—2014.12
伍伟军	副总经理	2014.12—

（续表）

姓　名	职　　务	任职时间
苏　迨	总会计师	2015. 1—
苏铁忠	党委副书记、纪委书记、工会主席	2015. 5—
王胤彪	副总经理	2016. 11—
周拥军	副总经理	2017. 8—
庄宏斌	副总经理	2017. 8—
曾华彬	副总经理	2019. 3—
张丛明	副总经理	2019. 3—
官斌锋	安全总监	2019. 4—

附录四 四航局一公司已取得专利统计表

序号	专利号	申请号	专利名称	专利类型
1	ZL 2011.2.0047426.4	2011.2.0047426.4	一种跨拱肋龙门吊	实用新型
2	ZL 2011.2.0139640.2	2011.2.0139640.2	一种大型钢筋笼专用吊具系统	实用新型
3	ZL 2011.2.0139355.0	2011.2.0139355.0	一种钢筋笼悬挂环装置	实用新型
4	ZL 2011.2.0416075.X	2011.2.0416075.X	海上轻型可调钢护筒定位装置	实用新型
5	ZL 2011 2 0363374.1	2011 2 0363374.1	栈桥悬臂提梁系统及桥面预制梁架设施工系统	实用新型
6	ZL 2011 2 0446872.2	2011 2 0446872.2	一种入土深度小的深水单壁钢板桩围堰钢板桩围堰结构	实用新型
7	ZL 2012 2 0121724.8	2012 2 0121724.8	钢箱梁步履式多点顶推施工系统	实用新型
8	ZL 2011 2 0527992.5	2011 2 0527992.5	墩柱盖梁双抱箍支撑体系	实用新型
9	ZL 2010 1 0577470.6	2010 1 0577470.6	用于钢筋笼垂直转体吊装的抬架.吊装系统及吊装方法	发明
10	ZL 2010 20638445.X	2010 20638445.X	地下连续墙码头桩基础结构	实用新型
11	ZL 2010 2 0646370.X	2010 2 0646370.X	用于钢筋笼垂直转体吊装的抬架.吊装系统	实用新型
12	ZL 2012 2 0338888.6	2012 2 0338888.6	一种步履式顶推装置	实用新型
13	ZL 2012 2 0279716.6	2012 2 0279716.6	地下隧道无拉杆侧墙施工方法及施工用模板台车	实用新型
14	ZL 2011 1 0023907.6	201110023907.6	大跨度隧道洞口软弱围岩段施工方法	发明
15	ZL 2013 2 0035548.0	201320035548.0	一种挂篮行走系统	实用新型
16	ZL 2013 2 0036315.2	201320036315.2	后支点三角挂篮	实用新型

（续表）

序号	专利号	申请号	专利名称	专利类型
17	ZL 2013 2 0150554.0	201320150554.0	一种挂篮的悬吊固定装置	实用新型
18	ZL 2013 2 0308809.1	2013 2 0308809.1	一种可拆卸式C型检修小车	实用新型
19	ZL 2013 2 0280624 4	2013 2 0280624 4	一种索鞍快速安装、定位系统	实用新型
20	ZL201110358519.3	201110358519.3	一种入土深度小的深水单壁钢板桩围堰钢板桩围堰结构及其施工方法	发明
21	ZL201110289197.1	201110289197.1	一种预制梁架设施工方法	发明
22	ZL201310025479.X	201310025479.X	后支点三角托架挂篮及应用该挂篮的桥梁施工方法	发明
23	ZL 2015 2 0713361 0	2015 2 0713361 0	桥梁高墩现浇箱梁施工支撑体系	实用新型
24	ZL2015 2 1060708.2	2015 2 1060708.2	一种可拆卸式斜拉桥直塔柱的检修平台	实用新型
25	ZL 2015 2 0876153.2	2015 2 0876153.2	一种节段梁偏心起吊装置	实用新型
26	ZL 2016 2 1038213.2	2016 2 1038213.2	一种可评价现场新拌混凝土分层状况的试验装置	实用新型

后　记

《峥嵘岁月 筑造辉煌——中交四航局第一工程有限公司发展简史（1943—2019）》与公司广大员工和读者见面了。

编写这部简史，是四航局一公司领导及广大员工的心愿，为了挖掘抢救宝贵的精神财富以“致敬前辈，激励后人”，公司党委决定启动编写公司司史工作，并把该项工作列入2016年公司党委工作要点。公司党委书记陈国良、副书记苏铁忠，对编写公司司史工作给予指导和支持，多次提出具体的工作要求，有效促进了编写工作。

在编写过程中，得到了暨南大学资深教授李金亮、四航局原局长张恩持、四航局原党委书记沈长林、四航局党委工作部副部长肖明葵的指导和帮助。在此表示衷心的感谢。

编写这部简史，是新时期四航局一公司这一代人义不容辞的责任和义务。四航局一公司的前身，生于危难，长于磨难，前辈们在国难当头表现出英雄本色；为了振兴经济勇当骨干；在改革开放的浪潮中砥砺前行；半个多世纪三次走出国门。薪火相传，一代代四航局一公司人用自己的心血、汗水和高尚情操筑造了可歌可敬的辉煌历史。

然而，编写这部简史，是一项非常艰巨的浩繁工作。一是时间跨度大，需梳理76年的历史；二是手头上没有完整的、系统的资料；三是许多前辈已经不在世了，如编者准备前往采访当年参加修筑滇缅公路的仍健在的三名员工，当采访了其中的两位后，准备再采访第三位的前一天，那位103岁的老员工却因病去世了。而直至9月本书最终付梓，当年亲身经历过的前辈也只余一人……

面对艰巨的编写任务，编委会只有挑战自己。挖掘、搜集、整理大量的历史资料，查阅各个时期公司有关文件，查阅许多离退休职工档案、技术骨干的《个人业务自传》，上门采访公司离退休老领导、老干部。历时三年多，五易其稿，并召开离退休老领导、老干部座谈会，对讨论稿广泛征求意见，最终完成了16万多字的文稿。在编写过程中，编委会每一位成员，作为四航局一公司的职工，被四航局一公司人“特别能吃苦、特别能战斗、特别能奉献、特别能包容”的精神所感动，更需要发扬这种精神，并将这种精神注入司史编写中。

本书中大量引用了很多老员工的口述材料和历史照片，目的是让读者能更加生动、更加真实地了解公司的发展脉络，又可增强可读性，提高读者兴趣，增强员工对企业的自豪感和向心力。书中不单单记录了公司的沿革变迁、工程的概况和建造过程，也用很大篇幅采用口述历史的手法形象记述了建设者的艰辛、拼搏、奉献和温情，再现了工程人的可歌可泣的家国情怀。

由于部分史料的缺失和编者的能力水平有限，在内容上难免有不当或疏漏之处，特别是涉及一些具体人物或具体事件时，误差也在所难免。本书中的未尽之处，还需未来不断修缮提升。

在此，十分感谢在1989年为编写第一部《四航局一公司简史》做出贡献的老领导、老同志。

最后，特别感谢接受编委采访、提供珍贵历史照片及情况、参加座谈讨论的以下离退休老领导、老干部：

惠恩泽、张恩持、沈长林、孙金彪、周文莲、索之津、黎敏、朱伟明、陈振民、马仁秋、臧胜娱、宋红峰、肖汉雄、常包庚、陈飞雄、胡永强、黄瑞潮、张万秋、朱树民、陈三、刘自立、陈慕仪、陈玲仪、仇德斯、马穗、彭标梅、钱齐达、徐怀球。

编　者

2019年9月